devocional

mulheres

devocional

mulheres

viviane martinello

Vida
Editora Vida
Rua Conde de Sarzedas, 246 — Liberdade
CEP 01512-070 — São Paulo, SP
Tel.: 0 xx 11 2618 7000
atendimento@editoravida.com.br
www.editoravida.com.br
@editora_vida /editoravida

DEVOCIONAL MULHERES

■

Exceto em caso de indicação contrária, todas as citações bíblicas foram extraídas da Nova Versão Transformadora (NVT), © 2024 Life.Church / YouVersion.

Todas as citações bíblicas e de terceiros foram adaptadas segundo o Acordo Ortográfico da Língua Portuguesa, assinado em 1990, em vigor desde janeiro de 2009.

■

As opiniões expressas nesta obra refletem o ponto de vista de seus autores e não são necessariamente equivalentes às da Editora Vida ou de sua equipe editorial.

Todos os grifos são do autor, exceto os indicados.

Editora-chefe: Sarah Lucchini
Edição/preparação: Eliane Viza e Jacqueline Mattos
Revisão ortográfica: Rosalice Gualberto
Revisão de provas: Eliane Viza
Projeto gráfico: Claudia Fatel Lino
Diagramação: Philipe Santos, Marcelo Alves e Willians Rentz
Capa: Lira Lira

1. edição: set. 2024
1ª *reimp.*: set. 2024

Dados Internacionais de Catalogação na Publicação (CIP)
(Câmara Brasileira do Livro, SP, Brasil)

Martinello, Viviane
Devocional Mulheres / Viviane Martinello. -- São Paulo : Editora Vida, 2024.

ISBN 978-65-5584-548-8
e-ISBN: 978-65-5584-546-4

1. Literatura devocional 2. Mulheres - Aspectos religiosos - Cristianismo I. Título.

24-220032 CDD-242

Índice para catálogo sistemático:

1. Literatura devocional : Cristianismo 242
Eliane de Freitas Leite - Bibliotecária - CRB 8/8415

Se me buscarem de todo o coração, me encontrarão.
(Jeremias 29.13)

Querida leitora,

Nas páginas seguintes, compartilharei com você alguns dos tesouros preciosos que recebi do Senhor: palavras de sabedoria, consolo, confronto e encorajamento, sussurradas pelo Espírito Santo ao meu coração ao longo dos anos. Tenho total convicção de que jamais estaria vivendo os propósitos de Deus, hoje, se não tivesse investido tempo em conhecê-lo intimamente, dia após dia, para aprender a ouvir sua doce voz, desfrutar da sua maravilhosa presença e mergulhar nas revelações contidas em sua Palavra.

Foi longe dos púlpitos e dos espectadores, onde só os ouvidos divinos me escutavam, que pude rasgar meu coração e me entregar por completo a Cristo. No secreto, fui corrigida, moldada, curada e aperfeiçoada pela graça de Deus. A minha identidade não está nas plataformas, na exposição e muito menos na influência do meu ministério, mas em Jesus, o Deus a quem verdadeiramente pertenço. Mesmo que tudo seja tomado de mim, carrego a certeza de que ninguém poderá me roubar a presença do Pai, e essa segurança me leva a prosseguir e perseverar a cada estação.

Mulher, é com muito carinho que lhe dou um conselho para aproveitar ao máximo este devocional: esteja sensível ao Espírito Santo e ao seu direcionamento. Se possível, **vá para um local silencioso** e livre-se de quaisquer distrações antes de iniciar a sua meditação. Após terminar a leitura diária, **pergunte** a Deus o que ele deseja realizar em seu interior e disponha-se a escutá-lo e obedecê-lo. Por fim, lembre-se de **agradecer** ao Pai, pois ele é sempre presente, está constantemente atento às nossas orações e inclina-se de seu trono para se aproximar de nós e nos conceder sabedoria e direção.

Com os testemunhos, aprendizados e reflexões contidos neste livro, meu desejo é que, assim como eu, você seja transformada pela glória do Senhor enquanto se esforça para buscá-lo de todo o coração, alma e entendimento. Deus não está longe de nós e, desde o início da Criação, ele anseia por se relacionar conosco. Então persevere em sua busca, "Pois todos que pedem, recebem. Todos que procuram, encontram. E, para todos que batem, a porta é aberta" (Mateus 7.8).

Viviane *Martinello*

Janeiro

Quem não sabe terminar não está pronto para começar

Terminar algo é melhor que começar [...].
(Eclesiastes 7.8)

Fins costumam ser melhores porque escondem um segredo que os inícios não têm: é apenas no fim que somos capazes de atestar se perseveramos e tivemos êxito em cumprir o que nos fora confiado até então. Qualquer um consegue começar, mas só quem de fato carrega clareza acerca do seu propósito termina o que começou.

Em minha jornada, tenho visto inúmeras pessoas que estão sempre iniciando novos projetos por empolgação ou influência dos outros, mas nunca finalizam o que se propuseram. Isso, porque, não sabem lidar com os términos — um mal presente na geração de hoje. Muitos, ao saírem de uma empresa ou encerrarem um relacionamento, tendem a acumular traumas e feridas, porque simplesmente não sabem terminar os ciclos da maneira correta.

Precisamos entender que algumas fases vão se encerrar, e isso não precisa ser doloroso. Talvez você esteja passando por um final de temporada na sua vida profissional, em seus relacionamentos ou na igreja local que costuma congregar, e pode muito bem finalizar esse tempo com honra e gratidão pelo que viveu, em vez de reclamar do que faltou e das expectativas que não foram atendidas. Quem não sabe terminar não está pronto para começar algo novo, por isso não abandone bagagens abertas ou pontas soltas. Resolva o que é necessário e deixe um rastro de honra para começar do jeito certo. Dessa forma, você assumirá uma postura madura, de alguém que está preparada para um novo começo.

Mulher, antes de tomar decisões para este ano, pense: "Existe algo mal resolvido do ano que se passou?". O meu conselho é que você resolva suas pendências ainda hoje: uma ligação, uma mensagem, uma atitude, um presente ou uma palavra bendita na hora certa podem finalizar ciclos da forma correta para que você esteja pronta para novas etapas e níveis de profundidade com o Senhor.

Ande na agenda de Deus

Jesus respondeu: "Eu lhes digo a verdade: o Filho não pode fazer coisa alguma por sua própria conta. Ele faz apenas o que vê o Pai fazer. Aquilo que o Pai faz, o Filho também faz. Pois o Pai ama o Filho e lhe mostra tudo que faz [...]. (João 5.19-20)

Imagine que hoje seja um dia especial, em que os pais podem levar seus filhos ao trabalho para que acompanhem toda a sua rotina, desde entender como organizam e executam as tarefas até como lidam com os colegas. Assim funcionava com Jesus: ele andava na agenda de Deus como uma criança que observa seu pai em um dia de trabalho.

Como filhas, existe um plano divino pensado para cada uma de nós, e o Pai ama estar conosco e revelar seu modo de pensar e trabalhar. O Senhor deseja nos guiar de acordo com sua vontade e seus projetos para nós, mas, constantemente, seremos tentadas a caminhar por conta própria, baseadas em nossas escolhas e na maneira natural com que enxergamos as situações que nos cercam — um olhar sempre míope, inexperiente e imaturo.

A agenda de Deus já está pronta e, se você permitir, o Espírito Santo irá posicioná-la onde ele deseja. Nesse processo, porém, é necessário aprendermos a ser guiadas por ele e imitarmos a Jesus, que sempre estava pronto a fazer conforme o exemplo do Pai. Quando pressionado pelas multidões, Cristo olhava para o Pai e era direcionado pelo que via. Este é o convite para você hoje: faça como o Mestre, ande com o Senhor e renda-se à sua vontade.

Digo isso, pois é possível que, mesmo neste início de ano, sua agenda esteja lotada de diversos afazeres e seja difícil dar conta de tudo. Apesar de parecer assustador entregar o controle dos seus dias, tenha coragem: deixe de lado os seus muitos planos e modos de agir, e priorize a agenda do alto. Lembre-se de que você tem um Pai e que ele enxerga muito além do que a sua visão é capaz de alcançar (cf. Isaías 55.9).

Chamadas para restaurar

Vocês são a luz do mundo. É impossível esconder uma cidade construída no alto de um monte. **(Mateus 5.14)**

Não estamos destinadas a viver em função de sentimentos, decepções ou traumas do passado, afinal, eles não definem quem somos, e nem têm o poder de sentenciar como será o nosso futuro. A partir do instante em que temos um encontro com o Senhor e nos engajamos no processo de santificação, recebemos a capacidade de romper com as nossas limitações — feridas, ansiedades e medos — e passamos a experimentar o sobrenatural, mesmo nos momentos mais simples do dia a dia.

Você e eu fomos chamadas para ter vida em abundância (cf. João 10.10), e isso acontece primeiramente dentro de nós e, então, escorre para os nossos lares. Para algumas, talvez esse seja um dos ambientes mais desafiadores de todos. Jesus, porém, deseja restaurar aquele que deve ser o seu primeiro chamado: sua família. E ele a encoraja a fazer parte desse propósito, como uma mulher edificadora e restauradora de ruínas.

Essa missão pode parecer impossível para aqueles que não conhecem a essência que você carrega — ou até mesmo para você —, mas quando somos fortalecidas pelo poder do Espírito Santo, ele nos impulsiona a viver além das fronteiras do medo e da cultura vigente que tanto nos quer amarrar com mentiras a respeito da nossa identidade. Somente assim, deixamos de focar apenas em nós mesmas e nos libertamos da prisão da vitimização, do egoísmo e da amargura.

Portanto, esteja disposta a ouvir os direcionamentos de Deus para a sua casa e tenha prontidão para obedecê-los. Desse modo, você será luz em meio à escuridão, como uma cidade edificada sobre um monte: impossível ser escondida!

A linguagem do amor de Deus

***Aqueles que aceitam meus mandamentos e lhes obedecem são os que me amam [...].* (João 14.21)**

A linguagem do amor de Deus é a obediência. E quem melhor do que Jesus para nos ensinar a respeito disso? Cristo não obedeceu parcialmente; ele foi perseverante até a morte (cf. Filipenses 2.8). Imagine, porém, se o Mestre tivesse seguido a vontade do Pai apenas tornando-se homem e servo. E se parasse por aí? Por certo, se ele tivesse negado a Cruz, seu sacrifício não seria completo. Ao obedecer e se entregar por inteiro, Jesus, o ungido de Deus, nos salvou e resgatou da prisão do pecado.

Agora, para andarmos em obediência como ele, necessitamos de um caráter humilde — afinal de contas, só assim conseguiremos aceitar a vergonha da Cruz. Sim, morrer em uma cruz era vergonha para os homens, e ainda assim Cristo abraçou a humilhação por nós; por isso Deus o exaltou acima de todo nome. Como ele, jamais haverá nenhum outro!

Mulher, nunca se esqueça de que a obediência é a parte visível da sua fé. Não basta apenas ouvir, precisamos fazer o que o Senhor nos ordena e, por vezes, isso será extremamente desafiador. Abrir mão das suas vontades, arrepender-se, soltar suas defesas, enfrentar seus medos, lidar com suas fraquezas, rasgar o coração e ser vulnerável com o Senhor faz parte do processo da obediência. Por isso, devemos abandonar a "capa da espiritualidade" que costumamos usar para esconder a nossa carnalidade. Se preciso for, volte atrás hoje e se arrependa. Que o Senhor nos ajude a abraçar o quebrantamento, para que tenhamos um coração humilde como o de Cristo, disposto a ouvi-lo e obedecê-lo até o fim.

Viviane Martinello

Não tenha medo de começar do zero

***Então Jesus se levantou de novo e disse à mulher: "Onde estão seus acusadores? Nenhum deles a condenou?". "Não, SENHOR", respondeu ela. E Jesus disse: "Eu também não a condeno. Vá e não peque mais".* (João 8.10-11)**

Em algum momento erraremos, é verdade. Nós nos sentaremos em mesas com más companhias, falaremos o que não deveríamos e decepcionaremos os outros. Tomaremos péssimas decisões, podemos agir por impulso e ser guiadas por emoções. Porém, boa parte dos aprendizados e amadurecimentos da nossa vida vêm das falhas que cometemos. O problema não é somente o erro, mas permanecer nele.

Muitas pessoas que construíram algo significativo e de valor poderão afirmar que os bastidores dessa edificação foram repletos de equívocos, falências e lágrimas. Em contrapartida, o sucesso delas está em tomar um novo rumo depois das quedas bruscas, aprender com o que passou e agir diferente. Todas somos imperfeitas. Ainda assim, podemos nos alegrar porque o Evangelho oferece restauração para quem se arrepende e deseja ter seu caráter aperfeiçoado.

Após negar que conhecia Jesus três vezes — uma traição dolorosa —, Pedro chorou amargamente, arrependeu-se e aceitou o renovo que o Mestre lhe ofereceu. Tempos depois, no dia de Pentecoste, pregou para uma multidão com ousadia e autoridade, sendo um instrumento divino usado para a salvação de milhares de pessoas (cf. Atos 2). Creia nesta verdade: os erros de hoje não definem o amanhã. Assim como o apóstolo, escolha o arrependimento que gera vida. Comece de novo. Comece do zero, se for preciso.

Neste dia, tenho convicção de que Jesus está ao seu lado enquanto você lê este devocional. Sinto como se ele a olhasse e quisesse lhe dizer: "Onde estão seus acusadores? Eu não a condeno. Vá, arrependa-se, construa novamente e continue olhando para mim".

Dentro do coração

[...] O SENHOR *não vê as coisas como o ser humano as vê. As pessoas julgam pela aparência exterior, mas o* SENHOR *olha para o coração.* (1 Samuel 16.7)

O versículo base de hoje nos lembra da perspectiva única de Deus sobre cada pessoa. No trecho que antecede o verso que acabamos de ler, o Senhor disse a Samuel, referindo-se a Eliabe, um dos irmãos de Davi: "Não considere sua aparência nem sua altura, pois eu o rejeitei". Em seguida, afirmou que o que importava era o estado do coração.

Muitas vezes, somos iludidas pela perspectiva do mundo e rápidas em julgar com base em aparências. No entanto, Deus vai além. Ele enxerga as intenções, motivações e a verdadeira natureza do coração de alguém. Nem tudo o que é aplaudido na Terra é celebrado nos Céus. Nem tudo o que é ignorado na Terra é rejeitado nos Céus. Os olhos divinos são diferentes dos nossos. Saul, por exemplo, era um homem alto, de boa aparência, mas se desviou ente totalmente dos propósitos de Deus. Davi, no entanto, era um pastor jovenzinho — ignorado até pelo pai, que não o considerou ao apresentar seus filhos a Samuel — e teve seu coração perscrutado e aprovado pelo Senhor.

Anos atrás, Deus me direcionou para um processo profundo de transformação. Nesse tempo, tudo mudou. Eu mudei, meu relacionamento com o Senhor mudou, meu casamento mudou, minha casa, meu ministério, meus relacionamentos; tudo. Compreendi que a minha maior missão não estava nos púlpitos, onde todos poderiam me ver e talvez aplaudir. A minha maior missão, contrariando a correnteza, estava no compromisso que eu teria com a santificação do meu coração e o serviço à minha família, duas comissões para as quais talvez nunca houvesse expectadores ou elogios.

Não são os números das redes sociais ou a glória dos homens que deveriam ser o nosso anseio. A verdade é que eles não dizem nada acerca da força, identidade e capacidade de alguém. Nosso valor não está nos resultados, na exposição ou nos destaques visíveis. O que importa é quem realmente somos e quem estamos nos tornando por dentro.

Portanto, minha querida, preocupe-se menos em aparentar. Coloque suas forças e atenção em se tornar mais parecida com Cristo. Foque no seu coração, porque é para ele que o Pai está olhando.

Viviane Martinello

Cisco no olho

***Por que você se preocupa com o cisco no olho de seu amigo enquanto há um tronco em seu próprio olho?* (Mateus 7.3)**

Talvez você esteja cansada de tentar mudar alguém. Mas já reparou que, muitas vezes, não consegue provocar mudanças nem em si mesma? Quantas vezes você já se decepcionou ao tentar alterar um padrão de comportamento autodestrutivo e não conseguiu? Como, então, seria possível transformar outras pessoas?

Não temos o poder de mudar um ser humano. Até podemos ser boas influências na vida de alguém, mas o processo de transformação genuína só pode ocorrer pela ação do Espírito Santo, somada ao consentimento de quem necessita de mudança. Talvez você se encontre envolta por relacionamentos em que as pessoas precisam mudar, do contrário, continuarão afetando você negativamente. Antes, porém, é crucial examinarmos nossa própria conduta. Será que é o outro quem precisa mudar ou somos nós? Algo que aprendi ao longo da caminhada é que quando o outro não muda, quem precisa mudar somos nós. Por outro lado, nem sempre a conta é simples desse jeito, eu sei.

Às vezes, determinadas pessoas precisam mesmo de uma transformação radical. O que fazemos então em casos assim? Podemos escolher ser como Jesus. Estabeleça limites, tenha uma postura madura, seja verdadeira ao mesmo tempo em que é amorosa. Perdoe. Seja gentil. Ore, creia, trate com amor. Releve o que pode ser relevado. Seja como Cristo, brilhe a luz celeste para todos ao seu redor, e entenda que da mesma maneira como você necessita de transformação, perdão e misericórdia, os outros também.

Adore

***Quando começaram a cantar e a entoar louvores, o* Senhor *preparou emboscadas contra os homens de Amom, de Moabe e dos montes de Seir, que estavam invadindo Judá, e eles foram derrotados.* (2Crônicas 20.22 — NVI)**

Diante das guerras que temos enfrentado nestes dias, precisamos das estratégias e da direção de como e onde devemos nos posicionar. Todas nós já fomos e seremos atacadas, seja pelo Inimigo, por outras pessoas, pelas dificuldades da vida ou até mesmo pelas consequências das más escolhas que fizemos. Vez e outra, é como se estivéssemos cercadas por um exército imponente, assim como o povo de Judá se encontrava em 2Crônicas 20. Entretanto, mesmo amedrontado com aquele cenário, o rei Josafá fixou sua esperança no auxílio que vem do alto: "[...] não temos força para enfrentar esse exército imenso que vem nos atacar. Não sabemos o que fazer, mas os nossos olhos se voltam para ti" (2Crônicas 20.12).

É assim que devemos lutar as guerras que se apresentam diante de nós: posicionadas em adoração. Quando adoramos em meio à dor e às adversidades, estamos construindo um altar a Deus, que, futuramente, se tornará um memorial e servirá como testemunho. Enquanto louvamos, o Senhor dos Exércitos batalha em nosso lugar e vence por nós, como aconteceu com Judá. É nessa atmosfera que receberemos de Deus a força, capacitação e a disposição para enfrentarmos os desafios.

Que nunca coloquemos de lado a adoração em nosso dia a dia, pois é justamente ela que abre espaço para que a nossa mente seja transformada e experimentemos o sobrenatural em nosso cotidiano. Ao contemplarmos a grandeza e a majestade de um Deus tão soberano e bom, passamos a compreender com mais profundidade que ele é maior do que qualquer outro inimigo. Quando o adoramos, o conhecemos mais intimamente. Logo, os medos darão lugar a coragem, e a dimensão da batalha, que antes parecia tão grande, se tornará pequena diante da grandiosidade desse Deus maravilhoso. Neste dia, volte seus olhos para aquele que já venceu e carrega a vitória.

Nosso ego vende o propósito por migalhas de aceitação

Acaso estou tentando conquistar a aprovação das pessoas? Ou será que procuro a aprovação de Deus? Se meu objetivo fosse agradar as pessoas, não seria servo de Cristo.
(Gálatas 1.10)

"Não conheço esse homem!", jurou Pedro em desespero quando questionado a respeito de Jesus (cf. Mateus 26.74). Ele quase perdeu o rumo do seu chamado, colocando em xeque tudo o que tinha vivenciado até aquele momento, porque teve medo de reconhecer a Cristo como seu mestre frente às pessoas que o atacavam. Talvez você também tenha tanto temor do julgamento alheio, que está perdendo o foco daquilo que verdadeiramente importa.

Tentar se justificar ou manter uma reputação plástica pode aprisioná-la na busca pelo louvor dos homens, uma postura vaidosa e vazia de propósito, como correr atrás do vento (cf. Eclesiastes 2.11). As pessoas podem criticar ou elogiar você sem conhecê-la profundamente, por isso não devemos nos apoiar em suas opiniões. Cuidado, o desejo de ser aceita pelos outros pode impedi-la de experimentar aquilo que Deus a chamou para viver, ainda mais nesta era digital em que estamos inseridas. Não permita que seu valor seja medido pelos comentários e curtidas nas redes sociais. O seu valor já tem uma medida, e alguém, sabendo disso, pagou o preço por ela. Cristo estabeleceu o seu valor.

Este é o meu conselho: não se preocupe de maneira desmedida com a sua reputação, pois ela está atrelada àquilo que somente a visão humana pode enxergar; foque em buscar integridade, afinal, um caráter íntegro diz respeito ao que fazemos não aos olhos do público, mas sim diante de Deus. Só ele conhece os anseios do nosso coração e sabe quem somos quando ninguém está vendo. Não caia na tentação de ir atrás de migalhas de aceitação, viva pela aprovação do alto.

A inveja é amiga íntima da perseguição

Então Deus disse: "O que você fez? Ouça! O sangue de seu irmão clama a mim da terra! O próprio solo, que bebeu o sangue de seu irmão, sangue que você derramou, amaldiçoa você. **(Gênesis 4.10-11)**

Em Gênesis 4, lemos a trágica história de dois irmãos: Caim e Abel. O mais novo, Abel, ofereceu como oferta o que tinha de melhor — as primícias de seu rebanho —, escolheu priorizar a Deus e entregou com inteireza de coração o que lhe era mais precioso. Caim, por sua vez, decidiu ofertar algo de pequeno valor, e aquilo que pouco lhe custava foi rejeitado pelo Senhor. A essa altura, tomado pela inveja, recebeu uma advertência divina: "[...] saiba que o pecado o espreita à porta; ele deseja governá-lo, mas você deve dominá-lo" (Gênesis 4.7). Por fim, na ânsia de ser aceito, em vez de dar ouvidos ao conselho e consertar o seu erro, decidiu matar seu irmão e teve de encarar a justiça divina.

Pessoas como Caim não conseguem se entregar por inteiro a Cristo e praticam um evangelho parcial, fazendo apenas o que lhes é confortável. Não honram ao Deus que dizem servir, desconhecem seu chamado e, por consequência, vivem sem propósito, desejando a vida que os outros têm. Estas jamais serão como Abel, pois não caminham em renúncia e, por esse motivo, não experimentam o favor do Céu e nem conhecem o caráter divino. Estão acomodadas, oferecendo ao Senhor apenas o que lhes resta.

A frustração que carregam por suas próprias vidas alimenta a inveja que sentem por aqueles que são genuínos e verdadeiros. A inveja pode se manifestar de várias maneiras, mas duas delas são as mais eminentes: por meio de ataques — sejam eles, verbais, sutis ou agressivos — e em forma de cópia, afinal, quem inveja tem a tendência de copiar a vida que tanto vigia.

Cuidado com ataques e cópias. Hoje, o convite de Deus se estende a você: renda-se por completo e cultive um coração genuíno. Peça ao Senhor que afira as suas motivações e traga correção. Não se deixe desanimar pelos "Cains" que encontrar na jornada e nem permita-se contaminar pela inveja. À semelhança de Abel, entregue o seu melhor, pois a inveja corrói a alma, mas a adoração sincera nos aproxima de Deus, e não existe recompensa mais sublime do que esta.

Viviane Martinello

O convite para a caverna chega

***Davi fugiu de Gate e se escondeu na caverna de Adulão. [...] Logo, outros começaram a chegar, pessoas aflitas, endividadas e descontentes. Davi acabou se tornando o líder de cerca de quatrocentos homens.* (1Samuel 22.1-2)**

A caverna de Adulão chegará para todas nós. Em algum momento, viveremos o tempo de nos retirar a fim de encontrar um refúgio em meio às perseguições e dores da alma, no qual trocaremos o palácio — conforto, aprovação e favor dos homens, sucesso e bajulações — pela caverna. Como Davi, ali nos depararemos com pessoas feridas e mal resolvidas, mas que em grande parte das vezes agirão com transparência e serão um instrumento divino para aprimorar o nosso caráter, como o ferro que afia o ferro (cf. Provérbios 27.17).

A caverna nos convida a descobrir relacionamentos que não nascem de acordos ou da troca de popularidade. É um período em que amigos se tornarão irmãos, suportando uns aos outros nos cenários desafiadores. Esses relacionamentos, profundos e duradouros, passarão pela angústia conosco, mas também estarão lá quando a celebração chegar. Além disso, muito provavelmente essa temporada será usada por Deus para calibrar a nossa vida e alinhar nossos passos no caminho correto. Ela também será uma época de maior profundidade e intimidade com o Senhor e nos proporcionará lições para as próximas estações da nossa vida.

Adulão é a passagem necessária para que aqueles que amam a Deus descubram suas verdadeiras motivações. É na caverna que você, mesmo com pouca visibilidade, começa a enxergar e entender o que não fazia sentido antes. Não se agarre ao palácio, ame as cavernas, as fases difíceis e de reclusão, pois são elas que aperfeiçoarão o caráter de Cristo em você.

Subi às montanhas, mas não esquiei

"Quem começa a construir uma torre sem antes calcular o custo e ver se possui dinheiro suficiente para terminá-la? Pois, se completar apenas os alicerces e ficar sem dinheiro, todos rirão dele, dizendo: 'Esse aí começou a construir, mas não conseguiu terminar!'." **(Lucas 14.28-30)**

Certa vez, em uma viagem, eu e meu marido subimos os famosos Alpes Suíços. A paisagem era linda e, ao observar as pessoas descendo de esqui, senti vontade de fazer o mesmo. Porém, eu não tinha o preparo para aquilo e, por isso, não esquiei. Imagine o acidente que poderia ter provocado se eu tomasse uma decisão imprudente.

Naquele dia, compreendi que acesso sem preparo pode ser muito perigoso, e essa lógica também se aplica em nossa caminhada com Jesus. Digo isso porque é o preparo que nos garante coragem e nos tira da inércia. Precisamos nos planejar, ser treinadas, instruídas e atingir maturidade antes de iniciarmos novos projetos ou aceitarmos certos convites. Senão, seremos como o homem que lançou os alicerces de uma torre, mas foi incapaz de terminar a construção.

Pensando nisso, gostaria de convidá-la a separar alguns minutos para refletir acerca da sua trajetória até aqui e responder com sinceridade: você tem sido intencional em sua vida? Tem se deixado treinar e aperfeiçoar a fim de acessar o que Deus planejou para a sua história? Não fique nas montanhas apenas observando o que os outros estão fazendo. Faça a sua parte e abra o seu coração para o treinamento do Céu hoje. Você se surpreenderá com o que Deus pode fazer com alguém que se submete ao preparo.

Talvez você esteja ansiosa

Mas o SENHOR respondeu: "Marta, Marta, você se preocupa e se inquieta com todos esses detalhes. Apenas uma coisa é necessária. Quanto a Maria, ela fez a escolha certa, e ninguém tomará isso dela".
(Lucas 10.41-42)

Talvez você esteja ansiosa, sentindo-se sobrecarregada ou perdida em meio a tantas tarefas ou expectativas alheias. Pode ser que tenta tentado se organizar sem ter sucesso, esteja com uma sensação de vazio em seu peito ou até culpando-se por gastar horas observando a vida dos outros nas redes sociais.

Quem sabe seu coração esteja angustiado por situações que nunca cheguem a acontecer, mas esses pensamentos são alimentados pelo medo que tem habitado dentro de você. Batimentos acelerados, incertezas e desânimo tentam ofuscar sua alegria e gratidão. A dor causada por expectativas frustradas, rejeição e abandono escorre pelos seus olhos.

É possível que você já tenha desistido de si mesma, esteja presa ao passado e às suas escolhas erradas e, por isso, encontra-se paralisada com receio de falhar mais uma vez. Mas existe plenitude e graça para a sua mente acelerada. Quando Marta estava se sentindo sozinha e ansiosa, ela ouviu de Jesus que havia uma escolha certa a se fazer para encontrar descanso: permanecer no lugar que garantiria a boa parte, uma porção que nunca lhe seria arrancada.

Esse é o segredo: não importa o quão agitada você esteve até aqui, mas onde decidirá estar daqui para frente. As decisões de hoje serão o seu chão de amanhã. Por isso, escolha bem; decida dizer sim a esse convite. É aos pés de Cristo, sentada próxima a ele, ouvindo suas palavras, que você receberá cura e direção. Mulher, pare agora mesmo, na sua sala, quarto ou onde estiver, posicione-se como Maria, e o escute com atenção. Ele, certamente, tem algo fresco a lhe dizer hoje.

Existe diferença entre dom e unção

***E acontecerá, naquele dia, que a sua carga será tirada do teu ombro, e o seu jugo, do teu pescoço; e o jugo será despedaçado por causa da unção.* (Isaías 10.27 — ARC)**

Pessoas talentosas podem lotar estádios e agitar multidões, mas, como afirma o profeta Isaías, somente a unção é capaz de quebrar o jugo. Quem se move apenas pelos dons que carrega corre o risco de confiar cegamente em sua própria capacidade. Na realidade, tendo ou não habilidades excepcionais, é possível deixar de ouvir o direcionamento divino e se tornar independente do Senhor. Enxergamos a consequência disso ao longo das gerações: tantas vozes lindas e palavras polidas, entretanto, sem a autoridade de Cristo (cf. Mateus 7.29).

Nos tempos bíblicos, os reis e sacerdotes eram ungidos com óleo, que, nas Escrituras, é constantemente comparado ao agir e pessoa do Espírito Santo. Esse poder sobrenatural, no entanto, nunca foi concedido para a promoção de algum ser humano. A unção é derramada para um propósito específico e nos confere a capacitação de que precisamos para cumprir a vontade de Deus. Isso quer dizer que como azeitonas que são prensadas para produzir azeite, necessitamos que o Senhor nos esmague, a fim de adquirirmos sua unção.

Lembre-se: ele não está buscando exibicionistas, mas pessoas que passem pelo processo de esmagamento — com o propósito de serem corrigidas, moldadas e purificadas — para carregar a unção, que leva boas novas aos pobres, consola os de coração quebrantado, proclama que os cativos serão soltos e os prisioneiros, libertos (cf. Isaías 61.1). Mulher, diante disso, a pergunta para você hoje é: será que está disposta a ser esmagada para que o azeite seja produzido em sua vida?

Pare de contar para as pessoas mais do que precisam saber

***Ezequias recebeu com alegria os mensageiros babilônios e lhes mostrou tudo que havia na casa do tesouro: a prata, o ouro, as especiarias e os óleos aromáticos. Também os levou para conhecer seu arsenal e lhes mostrou tudo que havia nos tesouros do rei. Não houve nada em seu palácio nem em seu reino que Ezequias não lhes mostrasse.* (Isaías 39.2)**

Sempre fui uma pessoa muito aberta com todo mundo e por isso mesmo tinha o costume de expor os meus tesouros para qualquer um. Fossem conquistas, planos ou sonhos, eu estava o tempo inteiro oferecendo aos outros acessos que deveriam ser exclusivos. A verdade é que eu não possuía maturidade o suficiente para saber que deveria reservá-los aos mais íntimos e de confiança — aqueles que me conheciam o bastante para compreender minhas intenções ou me guardar, se necessário.

Por causa dessa ingenuidade, sofri as consequências de falar demais. Fui mal interpretada, julgada e roubada. Felizmente, ao passar pela escola da dor, aprendi e amadureci. Às vezes, ainda erro, porém estou muito melhor que ontem. Pela misericórdia de Deus e ação do Espírito Santo, hoje, compreendo a importância de ter sabedoria ao falar e discernimento acerca de com quem devemos compartilhar o que quer que seja.

Como eu, o rei Ezequias colheu os resultados de mostrar seu tesouro a pessoas erradas: tudo lhe foi levado pelos inimigos. Por isso, guarde bem a sua alma, família, projetos e as promessas divinas para a sua vida. Escolha com prudência e sabedoria para quem deve abrir as preciosidades que você carrega. Quem fala demais pode acabar perdendo tudo, literalmente.

O silêncio fala alto

***Quem controla a língua terá vida longa; quem fala demais acaba se arruinando.* (Provérbios 13.3)**

Ontem, compartilhei sobre o perigo de falar além do que devemos acerca de nós mesmas. Hoje, quero trazer um aspecto importante a respeito do silêncio, que a caminhada com Cristo me ensinou.

Imagine esta situação: ao dizer que seu sonho é viajar para Paris, você é interrompida por alguém que afirma já ter visitado o país cinco vezes e almoçado em um famoso restaurante no topo da Torre Eiffel. É como se tentasse compartilhar um anseio, mas, antes mesmo de conseguir terminar, recebesse uma enxurrada de outras histórias melhores e mais impressionantes que a sua. Por fim, você desiste de contar sua aspiração e, em silêncio, apenas escuta a outra pessoa.

Eu já passei por isso e, naquele dia, orei baixinho pedindo que o Senhor nunca permitisse que me tornasse alguém assim. Entendi que o silêncio, da mesma forma que as palavras, fala alto. Saber ouvir o que os outros têm a compartilhar é sinal de respeito e maturidade. Agora, saber a hora de falar e a de calar é sabedoria. Não é à toa que a Bíblia afirma que até mesmo o tolo, quando fica quieto, parece sábio (cf. Provérbios 17.28). Às vezes, uma pessoa revela muito sobre si mesma quando diz alguma coisa; às vezes, quando decide ficar em silêncio ela fala mais.

Viviane Martinello

Perdoe a si mesma

[...] esquecendo-me do passado e olhando para o que está adiante, prossigo para o final da corrida, a fim de receber o prêmio celestial para o qual Deus nos chama em Cristo Jesus. (Filipenses 3.13-14)

Temos uma forte tendência de olhar para trás e permitir que a culpa pelos erros do passado nos paralise. No entanto, é necessário refletir: será que, naquela época, tínhamos como encarar as situações com a maturidade que temos hoje? Muitas pessoas, por conta de traumas, vergonhas, medos, culpas ou fraquezas, acabam se distanciando de Deus em vez de se aproximarem dele e clamarem por socorro.

Tenho certeza de que muitas de nós, se pudéssemos voltar no tempo, agiríamos diferente, pois agora crescemos em sabedoria, experiência, e carregamos princípios que antes não nos eram familiares. É verdade que colheremos as consequências das escolhas que plantamos, mas se existe arrependimento e rendição a Deus, ele é capaz de transformar o mal em bem.

A grande virada da minha vida aconteceu quando consegui me perdoar pelas decisões erradas que havia tomado, deixar o passado e fazer novas escolhas que desenhariam o meu futuro. Mulher, perdoe-se, ainda que esse seja um perdão difícil de oferecer. Mas não pare por aí. Permita que o Senhor faça uma obra profunda e radical dentro de você. Arrependa-se. Receba o perdão que Cristo lhe oferece e deixe que ele corrija seus caminhos e pensamentos. Então, você poderá experimentar exatamente o que Filipenses 3 afirma: esquecendo do passado e olhando para o que está adiante, prosseguir para o final da corrida, a fim de receber o prêmio celestial para o qual Deus nos chama em Cristo Jesus.

Liberte-se das expectativas alheias

Tudo o que fizerem, façam de todo o coração, como para o SENHOR, *não para os homens.* (Colossenses 3.23 — NVI)

As pessoas costumam ter grandes expectativas a nosso respeito, porém, com frequência, seremos incapazes de satisfazê-las completamente. Aliás, mesmo nos esforçando ao máximo, é bem capaz de acabarmos, uma hora ou outra, por frustrar aqueles que esperavam muito ou pouco de nós.

Não por acaso, diversos líderes e famílias de pastores vivem sobrecarregados, por exemplo. Talvez até tenham boas intenções e queiram ajudar os que precisam, mas se esquecem de priorizar o que é mais importante, porque estão ocupados demais tentando atender as necessidades de todo mundo. O resultado: pastores e líderes exaustos, enquanto, muitas vezes, seus familiares se distanciam de Deus, pois passaram a enxergar a igreja como um peso ou algo que os impedem de ter a atenção e o cuidado daqueles que amam.

Nunca conseguiremos suprir integralmente as expectativas dos homens. Portanto, não gaste tempo tentando fazer além das suas forças para agradar pessoas ou tentar provar alguma coisa. Cumpra apenas aquilo que Deus lhe delegou, ainda que isso frustre os que esperam algo de nós. Você é humana, não uma "super-heroína" — e que bom, pois nem você e nem sua família suportariam esse fardo.

Por fim, não se esqueça de que tudo é para a glória do Pai, então quer troque fraldas, quer limpe a casa, quer beije o seu esposo, quer vá ao parque ou ministre em uma conferência, faça a fim de que o Senhor seja engrandecido. Nessa estrada, estabeleça prioridades e não se sinta culpada por não conseguir abraçar o mundo. Deus não espera isso de você e é para ele que você faz o que faz.

Perseverança

Meus irmãos, considerem motivo de grande alegria sempre que passarem por qualquer tipo de provação, pois sabem que, quando sua fé é provada, a perseverança tem a oportunidade de crescer. **(Tiago 1.2-3)**

Perseverança é confiar até o fim. Mesmo que pareça não haver uma solução, escape ou luz no fim do túnel; é acreditar e permanecer até quando, aos nossos olhos, tudo está perdido; é renunciar à nossa vontade para abraçar a do Pai, que é boa, perfeita e agradável (cf. Romanos 12.2).

Atualmente, perseverar tem se mostrado um grande desafio para esta geração. Nosso coração tem sido tentado a desconfiar de tudo e todos, inclusive de Deus. Em um mundo que valoriza o prazer, o conforto e a praticidade, insistir em algo que parece difícil e custoso soa como uma atitude irracional. "Por que continuar tentando?", nós pensamos. Então, tornamo-nos reféns de medos, emoções e carências, que nos conduzem para longe do Senhor. Contudo, a Palavra é clara: quem persevera em meio às lutas e adversidades receberá a coroa da vida (cf. Tiago 1.12). Não caminhamos sem rumo, sem esperança ou sem garantias, pois há um destino e muitas promessas que pavimentam a nossa caminhada. Nosso Deus não é mentiroso, e é em seu caráter e suas verdades que devemos nos apoiar.

Agora, nesse processo, é importante lembrar também: quem persevera não usa a empolgação como combustível, que queima rápido e forte no começo, mas depois nos deixa apagados e vazios. O perseverante usa a disciplina como o principal impulso, pois, apesar de não revelar agilidade e entusiasmo no início, mantém a chama constante até todo o percurso ser concluído.

Mulher, permaneça com os olhos fixos no Senhor e não jogue a toalha. Hoje, a minha oração é para que possamos fortalecer as nossas mãos cansadas e os joelhos vacilantes (cf. Isaías 35.3), guardar o nosso coração e rogar a Deus que nos ensine a perseverar como Cristo, que foi fiel até o fim.

Celebre

Alegrem-se sempre no* SENHOR. *Repito: alegrem-se!
(Filipenses 4.4)

Temos vivido dias tão corridos, que, por vezes, esquecemos a importância da celebração. Focamos apenas nas dificuldades e, num piscar de olhos, os pequenos detalhes do dia a dia que deveríamos desfrutar transformam-se em um fardo. É assim que somos surpreendidas pelo "ladrão da alegria", que nos leva a murmurar acerca do trabalho, dos filhos, das tarefas de casa e do marido.

Se não estivermos atentas, correremos o risco de agir como o povo de Israel quando estava no deserto. Os israelitas presenciaram diversos milagres, foram libertos do Egito, viram o mar se abrir, receberam alimento vindo dos céus e o Senhor os protegia e guardava todos os dias. Mesmo assim, tomados pela ingratidão e cansaço, eram incapazes de reconhecer a bondade de Deus: "Então toda a comunidade começou a chorar em voz alta e continuou em prantos a noite toda. Suas vozes se elevaram em grande protesto contra Moisés e Arão. "Ah, se ao menos tivéssemos morrido no Egito, ou mesmo aqui no deserto!", diziam" (Números 14.1-2). Será que, assim como Israel, você tem reclamado daquilo que deveria agradecer?

Que o Pai nos ajude a caminhar em alegria e gratidão, e que saibamos enxergar o cuidado que ele sempre tem para conosco. Neste dia, peça ao Espírito Santo que traga à sua memória motivos pelos quais celebrar. Assim como Paulo, eu a encorajo: Alegre-se, mulher! A bondade de Deus está com você mesmo em meio aos desertos da vida.

Quem são eles?

O vento sopra onde quer. Assim como você ouve o vento, mas não é capaz de dizer de onde ele vem nem para onde vai, também é incapaz de explicar como as pessoas nascem do Espírito. (João 3.8)

Eles estão caminhando em nosso meio, mas sua espiritualidade não está à mostra. Você não os verá debatendo teologia de maneira agressiva, ou tentando ostentar a última revelação bíblica, porque têm no olhar a humildade e a mansidão de Jesus. Hoje, pela manhã, é muito provável que já tenham desfrutado da presença do Pai, sido fortalecidos pelo seu amor e alimentados pela Palavra. Diariamente, almejam estar cada vez mais próximos do Senhor e o buscam de todo o coração.

As pessoas ressentidas ao redor deles não são capazes de arrastá-los a uma vida de ansiedade e desesperança, pois suas emoções e pensamentos estão voltados para Cristo, a quem desejam como uma corça anseia por águas (cf. Salmos 42.1). São homens, mulheres, jovens, adolescentes e até crianças. Fiéis e apaixonados pela glória de Deus, eles estão por aí e se parecem com Cristo.

Há tempos, deixaram de se preocupar com planos egoístas, pois, como filhos amados, seguem a direção do Pai, que já planejou tudo, desde a fundação do mundo. Quem são eles? Aqueles que nasceram do Espírito Santo. Hoje, existe um convite neste devocional: andar mais perto dele; e, nessa jornada, você descobrirá que foi para essa vida que você nasceu.

Antes da criação do mundo

Mesmo antes de criar o mundo, Deus nos amou e nos escolheu em Cristo para sermos santos e sem culpa diante dele. Ele nos predestinou para si, para nos adotar como filhos por meio de Jesus Cristo, conforme o bom propósito de sua vontade.
(Efésios 1.4-5)

Talvez você tenha o costume de pensar que Deus não deveria tê-la escolhido, pois tudo o que vê é imperfeição e incapacidade. Porém, nem esses ou quaisquer outros motivos podem separá-la do amor do Pai.

Nenhuma de nós é boa o bastante, capaz ou digna, mas ainda assim o Senhor nos amou primeiro e, por isso, hoje, podemos amá-lo (cf. 1 João 4.19). Todos dependemos da graça e misericórdia divinas. Jamais chegaríamos a algum lugar sem o sacrifício de Cristo. Estávamos mortas em nossos delitos e pecados, mas o Filho Unigênito de Deus nos deu vida novamente, nos ressuscitou com ele e nos fez assentar nos lugares celestiais (cf. Efésios 2.1-10).

Não se trata de estar preparada ou se comportar da maneira correta. Nossos esforços, boas ações ou sacrifícios não podem comprar o Senhor. Ele nos escolheu, independentemente de nós. Ele nos ama, não porque mereçamos, mas porque ele é amor. Quem sabe você olhe para si mesma e não veja motivos para ter sido escolhida. Não posso culpá-la, eu também me sinto assim. Não tenho ideia do que o Senhor viu em nós, porém, compreendi que isso pouco tem a ver conosco. Fomos escolhidas, porque ele nos escolheu. Antes da criação do mundo, o Pai nos predestinou para si e nos adotou. Que privilégio. O meu desejo e oração é que possamos, dia após dia, viver à altura desse amor e sacrifício.

Não vemos as coisas como são, vemos como somos

Davi ficou furioso com esse homem rico e jurou: "Tão certo como vive o Senhor*, o homem que faz uma coisa dessas merece morrer! Deve restituir quatro ovelhas ao pobre por ter roubado a cordeirinha e não ter mostrado compaixão". Então Natã disse a Davi: "Você é esse homem! [...].* (2Samuel 12.5-7)

A régua com a qual você mede os outros pode ser usada para julgar suas próprias atitudes. Às vezes, o que condenamos nas pessoas é justamente o que detestamos em nós mesmas, mas não somos capazes de enxergar por estarmos com a visão embaçada pela nossa perspectiva distorcida.

Davi passou por isso quando foi abordado por Natã após adulterar com Bate-Seba e assassinar o seu marido, que era um de seus soldados. Diante daquela atrocidade, o profeta foi cirúrgico e pontual ao contar uma história de dois homens: um rico que roubara a única ovelha de um pobre. O Rei, ao escutar tamanha injustiça, enfureceu-se. Mal sabia que aquele caso ilustrava o seu próprio pecado. O julgamento, então, tornou-se sua sentença.

Como Davi, em determinados momentos, muitas de nós não somos capazes de ver as coisas como são. Isso porque não as enxergamos como são, e sim como nós somos. Quantas vezes não apontamos as falhas dos outros sem perceber nossas próprias misérias? Mulher, hoje é dia de quebrar suas réguas interiores e pedir que Deus sonde o seu coração. Quem sabe ele enviará a você um "Natã", que, com poucas palavras, a levará à verdade e transparência acerca das suas próprias atitudes. Abra os olhos. Enxergue.

No que não depender de você, dependa de Deus

Noé fez tudo exatamente como o* S*ENHOR* *lhe havia ordenado. **(Gênesis 7.5)**

O livro de Gênesis nos conta a história de Noé e sua família. Por conta da maldade e perversão humana naquela época, Deus decidiu destruir a Terra e todos os seres vivos por meio de um dilúvio. No entanto, a justiça daquele homem fez com que achasse graça diante do Senhor, que escolheu firmar uma aliança com ele e salvar sua família da destruição. Para isso, Deus lhe pediu que construísse uma arca que comportasse seus familiares e inúmeros casais de animais.

Agora, a Bíblia é muito clara em revelar que o papel de Noé não era fazer chover. A sua responsabilidade era construir a arca. Apesar de desafiadora, essa tarefa era o que estava a seu alcance. Em contrapartida, fazer chover era algo que apenas Deus poderia consumar.

Muitas vezes, temos a tendência de nos deixar levar por extremos: ou deixamos nas mãos de Deus aquilo que deveria ser nossa responsabilidade, ou caímos na ilusão de que conseguimos dar conta de tudo, até mesmo daquilo que não é nossa incumbência. Enquanto algumas de nós querem ser Jesus na vida dos outros e salvar os que estão ao seu redor, embora Deus nunca lhes tenha pedido que ocupassem essa função, outras, por sua vez, sentam e esperam que tudo lhes seja entregue de bandeja.

Quando Noé soube da notícia de que a chuva destruiria a Terra, recebeu com isso a missão de construir uma grande embarcação. Abraçar esse compromisso de cooperar com Deus em seu plano era uma decisão dele. Aquele homem teria de cumprir a sua parte — e foi o que ele fez.

Existem coisas que apenas Deus é capaz de realizar. Outras, no entanto, são nossa responsabilidade e precisaremos nos posicionar. Assim como Noé, tenha coragem de assumir a responsabilidade pela construção da arca que surgir em sua trajetória, e quando não puder fazer mais nada, confie que o Senhor fará o que só ele pode. No que não depender de você, dependa de Deus.

Ainda não chegou a minha hora

Há um momento certo para tudo, um tempo para cada atividade debaixo do céu. (Eclesiastes 3.1)

Entender o tempo de Deus para cada estação em nossa vida nos poupará de muitos erros, inseguranças e confusão. Que sensação libertadora é deixar de se preocupar com as cobranças dos outros ou até com o fardo que colocam sobre nós, apenas por carregarmos a convicção acerca da temporada em que estamos.

Jesus se portava exatamente assim. Certa ocasião, seus irmãos insistiram para que ele se dirigisse até a Judeia, a fim de que alcançasse popularidade e fosse reconhecido. "Mostre-se ao mundo!", eles disseram. Mas, de maneira sóbria, humilde e submissa ao Pai, ele respondeu: "Ainda não chegou a minha hora" (cf. João 7.2-6). Como é tranquilo e confiante aquele que se encontra no centro da vontade de Deus e se move apenas no tempo oportuno.

Com a constante pressão que recebemos hoje em dia do mundo virtual, do trabalho e da sociedade é muito fácil negociar o inegociável. A caça por *likes* e aprovação têm levado muitos a se perderem e tomarem decisões inconsequentes, que tem gerado graves danos a eles e suas famílias. Mulher, não seja precipitada. Imite a Cristo e aprenda a discernir o seu tempo e respeitar as estações; se sua hora não chegou, não tente forçar nada. Espere, pois há um momento correto para tudo debaixo do céu.

Todos os dias somos convidadas a melhorar

[...] para que não sejamos mais inconstantes como crianças, levados ao redor por todo vento de doutrina, pela mentira dos homens, pela sua astúcia na invenção do erro; pelo contrário, seguindo a verdade em amor, cresçamos em tudo naquele que é a cabeça, Cristo. (Efésios 4.14-15)

Quando o apóstolo Paulo nos exorta a viver em maturidade — não como crianças agitadas que seguem todo tipo de doutrina —, ele está nos lembrando da importância de permanecermos firmes na fé, na busca constante pela verdade de Cristo e em contínuo crescimento.

Imagine que sua vida seja um navio e você esteja navegando em um mar agitado. À medida que ondas batem no seu casco, você é confrontada com correntes enganosas de ideologias que ameaçam desviá-la do verdadeiro curso. Do mesmo modo que um navio necessita de um leme firme e uma bússola confiável para desbravar águas turbulentas, nós precisamos da verdade de Deus como nosso guia e fundamento sólido.

Conforme crescemos em maturidade, passamos a compreender o quanto é crucial melhorarmos em todas as esferas da vida. Todos os dias somos convidadas a melhorar nosso relacionamento com Deus, aperfeiçoar o nosso caráter, melhorar no trabalho, cuidado com a nossa família, no zelo com o nosso corpo, melhorar nossa maneira de lidar com as emoções e dificuldades da vida e até mesmo saber como tratar os estudos e a vida doméstica.

Andar com Cristo nos impulsiona e comissiona a sermos melhores e mais maduras, o que é essencial na jornada de qualquer ser humano, afinal de contas, é a maturidade que, muitas vezes, nos mantém inabaláveis diante das adversidades e nos torna aptos para discernir o bem e o mal (cf. Hebreus 5.14). Foi por essa razão que Tiago nos instruiu a termos como motivo de grande alegria o fato de passarmos por diversas provações, pois a prova da nossa fé produzirá perseverança, e esta deve ter ação completa, a fim de que sejamos maduros e íntegros, sem que nos falte coisa alguma (cf. Tiago 1.2-5).

Graça

E você, meu filho, seja forte por meio da graça que é nossa por estarmos unidos com Cristo Jesus. (2Timóteo 2.1)

Antes de ser chamado Paulo, o apóstolo dos gentios era um perseguidor e assassino dos cristãos. Quem poderia imaginar que aquele homem culto, de grande prestígio e zeloso cumpridor da lei seria surpreendido pela maravilhosa graça divina no caminho para Damasco (cf. Atos 9)? Quem seria capaz de prever que aquele encontro atropelaria e anularia por completo os argumentos contrários ao Cristo que ele tanto rejeitava? O que Atos 9 nos conta é que, a partir daquele ponto em diante, a vida de Saulo de Tarso nunca mais foi a mesma.

Ao contrário do que dizem alguns, a graça de Deus não anula os seus mandamentos. Na verdade, ela é o que nos auxilia a obedecê-los, guiando-nos e nos fortalecendo em meio ao processo de santificação. Mesmo quando pecamos, temos um Pai que nos ama e estende misericórdia e graça a nós. Por isso, temos a chance de nos arrepender e recalcular a rota.

Você e eu fomos libertas da prisão do pecado e agora somos capazes de viver pela graça. As Escrituras nos garantem que onde abundou o pecado, a graça superabundou (cf. Romanos 5.20). Jamais se esqueça: não precisamos fazer nada para merecê-la ou conquistá-la. Contudo, é necessário que vivamos de maneira digna do Senhor e da graça que recebemos. Quão poderosas são essas verdades! Mulher, que neste dia, o seu coração se encha de alegria, gratidão e esperança para continuar caminhando, pois a graça de Deus alcançou você e saber disso deveria mudar tudo em sua vida.

Continue caminhando

Por isso, não desanimamos; pelo contrário, mesmo que o nosso homem exterior se corrompa, contudo, o nosso homem interior se renova de dia em dia. Porque a nossa leve e momentânea tribulação produz para nós eterno peso de glória, acima de toda comparação, não atentando nós nas coisas que se veem, mas nas que se não veem; porque as que se veem são temporais, e as que se não veem são eternas. (2 Coríntios 4.16-18)

O ano era 1984, e, em Los Angeles, acontecia a primeira maratona feminina das Olímpiadas. Gabriela Andersen-Schiess, da Suíça, havia perdido a última estação de distribuição de água e mal conseguia permanecer de pé em meio ao calor que fazia naquele dia. Porém, surpreendendo a todos, mesmo cambaleando, continuou seguindo, decidida a não parar. "Eu estou nas Olímpiadas e quero terminar a prova", ela pensou enquanto completava o percurso. Contando com os aplausos e gritos do público, finalmente, mais de 2 horas e 40 minutos depois, cruzou a linha de chegada. Mesmo não tendo terminado em primeiro lugar, a maratonista se portou como uma vencedora; sua perseverança marcou a história do esporte mundial.

Naquele 5 de agosto, Gabriela nos ensinou uma lição preciosa: ainda que os dias sejam extremamente duros, não pare. Mesmo que se sinta desgastada, incapaz, inadequada ou que as promessas de Deus pareçam distantes demais para alcançá-la, continue caminhando.

Guarde isto com você: quando nos movemos em direção ao plano do Senhor para a nossa vida, as dificuldades e oposição aumentarão. Contudo, não desista! Assim como um bebê não nasce sem que sua mãe passe pelas dores do parto, permita que Deus gere vida através de você em meio ao sofrimento momentâneo. Seja perseverante; parar não é uma opção no tempo do avanço.

Portas fechadas também são motivo de gratidão

Darei a ele a chave da casa de Davi, o cargo mais elevado da corte. Quando ele abrir portas, ninguém poderá fechá-las; quando fechar portas, ninguém poderá abri-las. (Isaías 22.22)

Uma mulher com propósito não é uma mulher motivada por propostas. Isso porque ela tem consciência de que alguns convites podem até ser tentadores, mas talvez a desviem da vontade divina. Por essa razão, é importante que você saiba quando recusá-los e aprenda a aceitar os "nãos" de Deus ao longo de sua trajetória.

Lembro-me de que, certa noite, durante um sonho, ouvi a seguinte frase: "Algumas portas fechadas são para a proteção". Esse episódio me fez refletir no quanto temos o costume de pedir ao Senhor que nos dê um novo emprego, novos relacionamentos e grandes oportunidades, mas nos esquecemos de agradecer por aquilo que aparentemente não deu certo.

Quem sabe você não tenha conseguido entrar em determinada faculdade, fazer uma viagem importante ou trabalhar em uma grande empresa. Às vezes não pôde fechar um negócio, comprar a casa que planejava ou se mudar para o país que sempre quis. Mas você parou para pensar que é possível todas essas decepções terem cruzado o seu caminho a fim de mantê-la no rumo certo e protegê-la de se afastar de Deus?

Sempre que recebermos propostas "imperdíveis" segundo a lógica humana, é importante nos submetermos ao direcionamento de Deus. Pode não ser o tempo de começar um novo projeto ou aceitar determinado acordo. Pergunte ao Senhor e seja obediente. Não só isso, mas agradeça pelas portas fechadas e ore por discernimento quando encontrar uma aberta, ainda que seja um convite tentador. Você é uma mulher com propósito e não motivada por propostas.

Onde existem ouvidos prudentes, não há espaço para línguas insensatas

***Feliz é aquele que não segue o conselho dos perversos, não se detém no caminho dos pecadores, nem se junta à roda dos zombadores.* (Salmos 1.1)**

A passagem que acabamos de ler nos adverte a considerar cuidadosamente as pessoas com as quais nos associamos. Não é novidade que devemos nos distanciar da companhia dos perversos e daqueles que têm prazer em escarnecer da vida alheia. No entanto, há ocasiões em que seremos submetidas a relacionamentos dessa natureza, ainda que involuntariamente. Seja no trabalho, em reuniões de família ou algum evento social, vez ou outra, podemos acabar nos deparando com pessoas assim e, nessas situações, temos de ser maduras para ouvir com discernimento e guardar a nossa língua de fazer coro com os insensatos.

Não tome por verdade palavras sobre aqueles que você não conhece. Muitas vezes, os que se sentem feridos, ressentidos e não se deixaram tratar pelo Senhor acabam por não controlar a sua língua. Essas pessoas têm o costume de falar mal dos outros, julgar rapidamente, e suas palavras são carregadas de ruindade, inveja e crueldade. A Bíblia diz que não podemos nos deixar influenciar por pessoas desse tipo; antes, devemos ser instrumentos da paz e da harmonia.

Busque sempre o caminho da sabedoria e da reconciliação. Como o apóstolo Paulo aconselha: "Se possível, naquilo que depender de vocês, vivam em paz com todos os homens" (Romanos 12.18). Onde há muita confusão, também há muitos ouvidos emprestados à contenda.

Esperança para o ferido

Até mesmo uma árvore tem mais esperança, pois, se for cortada, voltará a brotar e dar novos ramos. Ainda que as raízes tenham envelhecido na terra e o tronco esteja podre, com o cheiro da água, voltará a brotar e dar ramos, como uma planta nova. (Jó 14.7-9)

A Bíblia é clara ao afirmar que a árvore que um dia foi cortada ainda tem chances de brotar. Da mesma maneira, quando somos feridas, mesmo que carreguemos as cicatrizes da dor, há esperança. Se você se vê como uma árvore de raízes envelhecidas pelo cansaço, sem forças ou ânimo para continuar frutificando, hoje, trago uma boa notícia: basta que o cheiro das águas lhe encontre para que os seus ramos voltem a crescer.

Agora, para que a cura nos alcance, precisamos estar posicionadas junto àquele que pode nos oferecer água viva (cf. João 4.14). Sua voz é como o som de muitas águas (cf. Apocalipse 1.15) e tem o poder de silenciar todas as mentiras que insistem em ocupar nossa mente. Ao nos aproximarmos dele, seremos saciadas e satisfeitas em seu amor, bondade e misericórdia. Então, quando a hora chegar, daremos bons frutos e nossas folhas não murcharão (cf. Salmos 1.3).

Jesus Cristo é a nossa fonte que jorra o que necessitamos de verdade. Só ele é capaz de nos fazer florescer novamente. Entregue ao Senhor suas lágrimas, frustrações e incertezas, e encontre consolo em sua presença. Nesse processo, tenha paciência e lembre-se de que uma árvore não cresce da noite para o dia; ela precisa ser regada diariamente para que, com o passar do tempo, volte a brotar. Há cura e reposicionamento para você hoje, mulher. Sacie-se na Fonte que nunca seca.

Fevereiro

Está tudo bem!

Corra ao seu encontro e pergunte: "Está tudo bem com a senhora, com seu marido e com seu filho?". A mulher respondeu: "Sim, está tudo bem".
(2Reis 4 .26)

Sunamita era uma mulher piedosa que enfrentou uma situação dramática, com a morte do filho. No trecho de 2Reis, Geazi, servo de Elias, perguntou-lhe: "Está tudo bem com a senhora?". Contudo, apesar de sua perda, ela apenas respondeu: "Sim, está tudo bem". Aquela mãe aflita sabia que Geazi não carregava a resposta que ela precisava, nem seria capaz de encontrar uma solução para a sua angústia. Por isso mesmo, escolheu com sabedoria suas palavras e, somente ao se encontrar com o profeta, abriu o coração e chorou desesperadamente. Diante de Elias, a tristeza havia ganhado um lugar seguro para ser derramada, e uma resposta de cura poderia ser liberada.

Muitas de nós temos o costume de expor nossos problemas a pessoas que só terão informações a nosso respeito, mas nunca um conselho sábio para nos oferecer. Com o tempo, eu aprendi a recorrer a quem, de fato, pode me ajudar quando necessito de uma orientação, ajuda ou oração. Redes sociais e rodas de conversas rasas são como Geazi: perguntam como estamos, mas não podem nos ajudar. Indagam sobre nosso estado, sem ter respostas para as nossas perguntas.

Portanto, fique atenta com quem você compartilha as dores da alma ou o lamento do coração. Faça confidências às pessoas certas e de confiança. Para os demais, apenas diga: "Vai tudo bem!".

Você é diferente, você é única

Davi prendeu a espada sobre a armadura e tentou dar alguns passos, pois nunca tinha usado essas coisas. "Não consigo andar com tudo isso, pois não estou acostumado", disse a Saul, e tirou a armadura. **(1Samuel 17.39)**

Você já observou uma criança imitando os mais velhos, como a menina que experimenta a maquiagem ou os sapatos da mãe? É uma brincadeira muito divertida, que revela a busca da identidade pela qual toda criança saudável passa. Já na adolescência, surgem as crises, que para alguns se tornam intensas levando-os à comparação com o que veem na escola, nos filmes ou nas redes sociais. Felizmente, como se tivessem um acordo com o Espírito Santo, nossas mães fazem questão de nos lembrar logo cedo de uma verdade celestial: "Você não é todo mundo!".

Sim, você é diferente. Sua identidade foi forjada em Cristo, e por essa razão não precisa fazer comparações com essa ou aquela pessoa. Muitos vão tentar colocar um peso sobre seus ombros, não entenderão os pormenores da sua história e poderão atrapalhar sua caminhada. Isso aconteceu com Davi ao receber a armadura de Saul, que, em vez de proteger e ajudar, prejudicou-o nos momentos iniciais. Quero lhe dar um conselho hoje: livre-se daquilo que não cabe em você. Corra para quem pode revelar sua identidade e abrace — apertado — o seu valor e singularidade.

A vitória e a satisfação só pousarão em sua vida quando suas vestes forem as que Deus preparou para você. Os dons e talentos que o Pai lhe concedeu a levarão ao êxito, sem a necessidade de comparação ou o desejo pelo que é dos outros. Então, rejeite a roupa de Saul, pois você é única, feita de modo assombrosamente maravilhoso (cf. Salmos 139.14, ARA).

Fé

Pela fé, eles conquistaram reinos, governaram com justiça e receberam promessas. Fecharam a boca de leões.
(Hebreus 11.33)

Fé é ter fidelidade, confiança e certeza naquilo que não vemos; é a convicção de que o que Deus prometeu se cumprirá, ainda que demore. Muitas vezes, a nossa natureza humana nos impede de vivermos pela fé. Ela nos arrasta para a incredulidade, e mesmo presenciando milagres, podemos continuar descrentes, como aconteceu com os israelitas no deserto. Com tudo o que tinham visto e ouvido, ainda assim não confiaram na promessa do Senhor de que conquistariam a nova terra.

Ao espiarem Canaã, Israel ficou amedrontado e se revoltou contra Deus, porque o povo que habitava aquele lugar parecia forte demais para ser derrotado. Calebe, porém, foi fiel à palavra do Senhor apesar do que enxergava com seus olhos naturais, e insistiu: "'Vamos partir agora mesmo para tomar a terra! Com certeza podemos conquistá-la!'" (Números 13.30b). Todos os que desacreditaram foram impedidos de entrar na terra prometida, mas Calebe testificou o cumprimento das palavras do Senhor, porque confiou (cf. Números 14.24).

Uma das coisas que você aprenderá ao andar por fé é que a sua visão natural não será suficiente ao longo da jornada. Na lógica do Céu, você necessita pôr o pé primeiro para que então o chão apareça. Guarde essa verdade: a fé não sente, a fé sabe. É ela que nos garante convicção, ainda que os nossos sentimentos e perspectiva natural tentem nos enganar; é ela que nos ensina que os gigantes que estão no nosso campo de visão não podem nos impedir de desfrutar das promessas do Senhor.

Da mesma maneira que Deus cuida de nós, enviando as bênçãos diárias, fruto de sua graça e misericórdia, também luta nossas batalhas conosco. Que a fidelidade e a confiança sejam cada vez mais abundantes em nós, para que andemos com convicção como Calebe, afinal sem fé é impossível agradar a Deus (cf. Hebreus 11.6).

O perigo das distrações

No começo do ano, época em que os reis costumavam ir à guerra,
Davi enviou Joabe e as tropas israelitas para lutarem contra os amonitas.
Eles destruíram o exército inimigo e cercaram a cidade de Rabá.
Mas Davi ficou em Jerusalém. Certa tarde, Davi se levantou da cama
depois de seu descanso e foi caminhar pelo terraço do palácio.
Enquanto olhava do terraço, reparou numa mulher
muito bonita que tomava banho.
(2Samuel 11.1-2)

Quando estamos no lugar errado e deixamos de fazer o que deveríamos, podemos ser pegas pela distração. Davi permaneceu no palácio na época em que os reis teriam de estar em combate. Foi assim que a distração o levou a cometer dois terríveis pecados. Ele não somente cedeu à tentação e teve relações com a esposa de outro homem, engravidando-a, como, em meio ao desespero, ordenou que o marido dela fosse colocado na linha de frente da batalha, para ser morto durante a guerra e, desse modo, acobertar seu erro (cf. 2Samuel 11.14-15).

Com a falha desse importante rei de Israel, aprendemos que uma atitude errada pode levar a consequências graves, num crescente capaz de nos arruinar e prejudicar outras pessoas. A atenção desnecessária com a vida alheia, a falta de cuidado com as disciplinas espirituais, a busca incessante e silenciosa pelos prazeres deste mundo, podem parecer atitudes inofensivas, todavia são armadilhas capazes de nos tirar do lugar de onde nunca deveríamos ter saído: a presença de Jesus. Por isso, muitas de nós estamos ansiosas, desgastadas, com medo e até nos sentindo perdidas.

Felizmente, em Deus encontramos direção, paz e equilíbrio, que nos ajustam novamente ao propósito. Mulher, fuja das distrações e daquilo que a afasta da presença do Pai. Se é tempo de ir para a guerra, não permaneça no palácio.

O dinheiro não compra tudo

Ensine aos ricos deste mundo que não se orgulhem nem confiem em seu dinheiro, que é incerto. Sua confiança deve estar em Deus, que provê ricamente tudo de que necessitamos para nossa satisfação.
(1Timóteo 6.17)

Com dinheiro, podemos comprar uma casa, mas não um lar; a maquiagem, mas não a beleza interior; a matrícula na faculdade, mas não o conhecimento. A riqueza garante conforto material, no entanto não traz a paz que excede todo o entendimento (cf. Filipenses 4.7). Compra o microfone, mas não a voz; oferece visibilidade, mas não uma influência verdadeira; assegura um plano hospitalar, mas é incapaz de oferecer a vida eterna.

Tudo o que é importante de fato não pode ser comprado. É isso o que Tiago 1.17 nos ensina ao garantir que: "Toda dádiva que é boa e perfeita vem do alto, do Pai que criou as luzes no céu". Apenas Deus pode prover ricamente o que necessitamos para estarmos satisfeitos.

Agora, isso quer dizer que é errado ser próspero? É claro que não. O problema não é ter dinheiro, e sim o dinheiro ter você. Na realidade, desde que não se torne uma segurança, apoio ou ídolo, a prosperidade é boa. A nossa confiança, porém, precisa estar o tempo inteiro no Alto, afinal recursos financeiros não podem pagar o que não tem preço. A presença de Deus, sua família, seus dons, seu chamado, paz, saúde, amigos e unção não estão à venda; por isso, são a verdadeira riqueza. Lembre-se do que a Palavra nos instrui e escolha enriquecer, principalmente, com o que o dinheiro não pode comprar.

Influência

Se ficar calada num momento como este, alívio e livramento virão de outra parte para os judeus, mas você e seus parentes morrerão. Quem sabe não foi justamente para uma ocasião como esta que você chegou à posição de rainha?
(Ester 4.14)

O livro de Ester conta a história de duas rainhas. A primeira, Vasti, usou sua posição de autoridade para favorecer a si mesma, desobedecendo a ordem do rei. Para que sua postura não passasse impune e influenciasse outras mulheres, ela foi destituída do cargo (cf. Ester 1.19). A outra é Ester, que se posicionou corretamente, foi favorecida pelo rei e utilizou-se desse posto para salvar seu povo, com coragem e humildade.

Todas nós estamos em lugares onde exercemos algum nível de influência, e podemos usar os benefícios dessa posição em favor próprio ou servir a um propósito maior. Infelizmente, é comum nos depararmos com muitas figuras famosas que não são bons exemplos a serem seguidos e, mesmo assim, carregam multidões consigo. Apesar de sua relevância, não apontam para a eternidade. Então, Deus levanta pessoas desconhecidas, como Ester: uma moça órfã, simples e improvável, mas com um coração que não se deixou corromper; uma mulher que entendeu onde estava e se firmou no seu propósito.

Além de descobrirmos nosso campo de atuação, precisamos discernir o que faremos com o posto que recebemos do Senhor. A minha oração é que o Pai nos mostre o nosso lugar, onde devemos ou não nos envolver, e que exerçamos com responsabilidade as funções que nos foram delegadas.

Seja uma boa referência e use a sua posição e influência para levar outros a conhecerem mais de Deus, não de você mesma.

Você terá vontade de desistir

Portanto, não nos cansemos de fazer o bem. No momento certo, teremos uma colheita de bênçãos, se não desistirmos. (Gálatas 6.9)

Às vezes, as pessoas me perguntam: "Em certas situações, dá vontade de desistir?". Eu digo: "Dá sim!". Há dias de choro, lágrimas, questionamentos, pressão e oposição. Mas olho para o exemplo de vários homens e mulheres na Bíblia que, apesar das dificuldades, do medo e de suas incapacidades, enfrentaram o desconforto e fizeram a diferença no ambiente em que estavam.

Neemias não sofreu oposição enquanto servia ao rei no palácio. Entretanto, ao se mover de acordo com a vontade de Deus, disposto a reconstruir a cidade de Jerusalém, logo foi surpreendido por inimigos que tentaram impedi-lo (cf. Neemias 4). Assim também acontece na sua e na minha vida: opositores da restauração aparecem para nos fazer pensar que a nossa missão não tem valor.

Quando o cansaço tomou conta do povo de Judá, desistir parecia a melhor opção: "Os trabalhadores estão cansados, e ainda há muito entulho para remover. Não seremos capazes de construir o muro sozinhos" (Neemias 4.10), eles diziam. Neemias, no entanto, continuou a liderá-los com coragem, sabedoria e estratégias; e foi assim que, com a ajuda do Senhor, conquistaram a vitória.

Se você deseja realizar os planos de Deus, prepare-se para sofrer oposições internas e externas. Mas guarde em seu coração as palavras de Neemias: "Não tenham medo do inimigo! Lembrem-se do Senhor, que é grande e temível, e lutem por seus irmãos, seus filhos, suas filhas, suas esposas e seus lares" (Neemias 4.14b). Mulher, olhe para o alvo; ainda que você sinta vontade de desistir, fique firme e não se esqueça de quem é o seu Deus.

Os meus planos *x* os planos de Deus

Pedro exclamou: "SENHOR, é maravilhoso estarmos aqui! Se quiser, farei três tendas: uma será sua, uma de Moisés e outra de Elias".
(Mateus 17.4)

Por vezes, estamos tão cheias de boas intenções e dispostas a construir algo novo, que nos esquecemos de que o coração do homem é enganoso e somente o Senhor é capaz de sondá-lo e trazer maturidade para os nossos pensamentos e motivações (cf. Jeremias 17.9-10).

Ao acompanhar Jesus até o monte e presenciar o milagre da transfiguração, Pedro foi tomado pelo entusiasmo. Vendo o esplendor da glória de Deus e a manifestação da presença de Elias e Moisés, prontamente se dispôs a construir três tendas, porque queria permanecer naquele lugar. Mas os planos de Jesus eram diferentes: ainda havia uma missão a cumprir. Apesar de parecer bem-intencionado, os anseios de Pedro não estavam em sintonia com os do Messias.

Como o discípulo, também temos o desejo de construir tendas em tempos inoportunos: iniciamos projetos baseadas naquilo que queremos e nos esquecemos de buscar os pensamentos de Deus a esse respeito. Então, acabamos por agir de maneira tola e impulsiva. Tomadas pela intensidade das nossas emoções, buscamos o que deveríamos deixar e abandonamos o que era preciso buscar. Queremos permanecer no monte, mas muitas vezes Jesus deseja nos conduzir a Jerusalém.

Talvez o Senhor rejeite os seus projetos, mas não se preocupe, ele conhece você. Aceite os "nãos" de Deus e permita que ele a conduza na sua missão.

Jesus ama as mulheres

[...] Iam com ele os Doze e também algumas mulheres que tinham sido curadas de espíritos impuros e enfermidades [...].
(Lucas 8.1-2)

Jesus amou profundamente as mulheres e se importou com elas em uma cultura que não as valorizava. Ele deu atenção a prostitutas, estrangeiras e àquelas que estavam doentes há anos, tidas como impuras e indignas. Além dos doze discípulos, Cristo contava com muitas outras seguidoras, que até mesmo ajudaram a sustentar seu ministério (cf. Lucas 8.3). Algumas delas assistiram à sua crucificação (cf. Marcos 15.40-41) e foram as primeiras a descobrir que seu corpo havia desaparecido de dentro do sepulcro (cf. Lucas 24.1-12).

Ele amou Maria Madalena e a libertou (cf. Lucas 8.2). Decidiu mudar o curso da sua viagem para ter um encontro com a samaritana e arrancar a rejeição de seu coração (cf. João 4.1-38). Em meio à multidão, tirou do anonimato a mulher do fluxo de sangue, e a fez conhecida por sua cura em vez da sua dor (cf. Marcos 5.25-34). Jesus amou uma menina de 12 anos, e quando todos pensavam que não havia mais nada a ser feito, chamou-a de volta à vida, dizendo: "Menina, levante-se!" (cf. Marcos 5.37-42). Ele curou a sogra de Pedro e a restabeleceu em seu propósito (cf. Marcos 1.29-31). Sentava-se à mesa com Marta e Maria, e ensinava em amor (cf. Lucas 10.38-42). Por causa de sua misericórdia, aquelas que eram conhecidas como pecadoras passaram a ser lembradas por sua devoção e entrega, de geração em geração.

Ele também ama a mulher que está lendo este devocional. Sim, você! Cristo a encontrou, amou, e deseja curá-la também. Sua história está sendo reescrita e, assim como todas as outras pessoas que foram salvas e transformadas pelo Senhor, você carregará um testemunho que ecoará pela eternidade. Hoje é dia de trazer à memória esta verdade: Jesus ama você e continuará a fazê-lo, até a consumação dos séculos.

Solitude: um lugar onde a voz de Deus é audível

Mas, quando orarem, cada um vá para seu quarto, feche a porta e ore a seu Pai, em segredo. Então seu Pai, que observa em segredo, os recompensará.
(Mateus 6.6)

Louvado seja Deus porque não somos iguais. Ele pôs em cada uma de nós personalidade e temperamento diferentes, que são preciosos aos seus olhos: umas são alegres e gostam da casa cheia; outras preferem o silêncio e os poucos amigos. No entanto, uma atitude deve ser comum a todas nós, introvertidas ou extrovertidas: a solitude.

Uma mulher que busca eventos incansavelmente e precisa estar cercada de muitas pessoas o tempo inteiro pode, no fundo, estar fugindo de si mesma e desejando preencher um vazio impossível de ser saciado por entretenimento ou amizades. Ao agir dessa maneira, fica frustrada e emocionalmente dependente da atenção dos outros para que supram suas carências. Por outro lado, uma pessoa introvertida talvez use o seu desejo de isolamento para afundar-se em mágoas e nas tristezas da vida.

Se você se identifica com uma dessas posturas, quero lhe trazer um conselho: utilize a solidão a seu favor e escolha transformá-la em solitude, que é a capacidade de aproveitar a nossa própria companhia e nos alegrarmos com o tempo de silêncio e introspecção. Esses momentos são preciosos: podemos orar, ler e meditar na Palavra, adquirir autoconhecimento e deixar que o Senhor trate questões profundas da nossa alma.

Até mesmo Jesus se retirava para os montes, longe de todos, onde podia passar tempo com o Pai, descansar e ser fortalecido no lugar de oração.

Aprenda com o Mestre e desenvolva uma vida de solitude. Você encontrará beleza, paz e contentamento ao permitir que a presença de Deus preencha as lacunas do seu coração. Desse modo, entenderá que nunca estará sozinha, e que a presença do Senhor é a única companhia capaz de suprir o que você precisa.

Viviane Martinello

Já está tudo dentro de você

Agora nós mesmos somos como vasos frágeis de barro que contêm esse grande tesouro. Assim, fica evidente que esse grande poder vem de Deus, e não de nós.
(2Coríntios 4.7)

Quando olho para mim e reparo em minhas falhas, fraquezas e incapacidades, começo a me desesperar e penso que não vou dar conta de tudo o que o Senhor colocou em minhas mãos. Família, trabalho, ministério, igreja, amizades e o meu casamento são bênçãos que recebi e que precisam ser administradas com sabedoria e zelo. Além do mais, elas vêm com responsabilidades, desafios e problemas a serem solucionados. Tudo isso pode ser muito cansativo.

Em contrapartida, sempre que o desespero bate à porta, eu sinto o Espírito Santo me dizer: "Já está tudo dentro de você". Sou como um vaso de barro, um ser humano cheio de defeitos e imperfeições, e minha natureza carnal é inclinada a fazer o que não é bom. Porém, graças ao sacrifício de Cristo, a minha alma foi liberta! Agora, carrego em mim a identidade de filha e a doce presença do Espírito Santo, que me capacita a realizar o que parecia ser impossível. Que boa notícia!

Hoje, quero encorajá-la a se agarrar nesse grande tesouro guardado dentro do seu coração. Mesmo que, exteriormente, você se sinta pouco habilidosa, inexperiente ou frágil como um vaso de barro, o Pai irá fortalecê-la milagrosamente, e todos saberão que a glória não é sua, mas daquele que a chamou. Relembre as verdades e promessas de Deus presentes nas Escrituras, e alimente-se delas todos os dias, até que ocupem sua mente e coração por completo — e não haja mais espaço para medos ou inseguranças. O Senhor é fiel para cumprir o que começou em sua vida.

Aliança ou contrato

Alguns que se dizem amigos destroem uns aos outros, mas o verdadeiro amigo é mais próximo que um irmão.
(Provérbios 18.24)

Alianças são relacionamentos verdadeiros que estabelecemos com outras pessoas. Elas têm o poder de trazer apoio, crescimento, confortar nos momentos difíceis, celebrar as conquistas e até confrontar pensamentos. Não são trocas de favores ou de púlpitos; não são cultivadas por aparências nem podem ser compradas por quaisquer artimanhas humanas que carregam interesses ocultos por trás. Em vez disso, nascem silenciosas, longe dos holofotes, e se derramam em mesas de conversa entre amigos e família, onde a unção fresca flui e a partilha transborda como um cálice de cura e renovo.

As alianças se fortalecem nos dias de angústia e ajudam a expandir o Reino de Deus aqui na Terra, pois a unidade garante poder contra o mal. Por essa razão, o Inimigo lutará e tentará nos atrair para relações frágeis e superficiais, como se fossem meros contratos. Mas, diferentemente deles, alianças não precisam de assinaturas, porque estão acima das palavras; a lealdade é confirmada por meio de atitudes. Elas exigem comprometimento, dedicação, vulnerabilidade e nos encorajam a sermos inteiras. Por meio delas, somos talhadas, restituídas e convidadas a não desistirmos, amando até o fim.

Portanto, rasgue seus contratos, pare de agir por interesses mesquinhos e recupere suas alianças. Assim como o Senhor estabeleceu um pacto com você, faça o mesmo com os outros e, ao se esforçar para construir relacionamentos profundos, receba a bênção de ter amigos mais próximos que irmãos.

Ouvindo a voz de Deus

Minhas ovelhas ouvem a minha voz;
eu as conheço, e elas me seguem.
(João 10.27)

Certa vez, assisti a um vídeo em que algumas pessoas tentavam organizar um rebanho de ovelhas, mas sem sucesso. Chamavam, insistiam, e nada de darem ouvidos — comendo estavam, comendo ficaram. Nem sequer levantaram o olhar ou demonstraram interesse. Porém, ao escutarem a voz e o comando do pastor, rapidamente se agruparam e o seguiram.

Como aquelas ovelhas, nós também temos um Pastor; será que estamos atentas ao seu comando? É interessante que, quando abro uma caixinha de perguntas nas redes sociais, essa é uma das dúvidas que mais recebo: "Como ouvir a voz de Deus com clareza?". João 10.27 revela que a ovelha só é capaz de escutar e obedecer a voz do pastor porque ela o conhece. Ninguém confia, entrega-se ou segue uma pessoa com quem não tenha um relacionamento íntimo.

Vivemos em um mundo onde muitas vozes nos chamam e tentam ganhar a nossa atenção. Contudo, apenas uma voz importa: a do Bom Pastor. Para reconhecê-la e escutá-la é necessário intimidade.

Agora, não pense que ele só falará de forma audível, como fez com Samuel e outros homens e mulheres da Bíblia. O Senhor se comunica de diversas formas: através de pessoas — até mesmo crianças —, por meio das Escrituras, da natureza e das circunstâncias. O segredo está em aprender a reconhecê-lo como seu Pastor, para então ser capaz de perceber quando ele fala com você.

Construa esse relacionamento e, aos poucos, passará a ouvi-lo. Sim, a intimidade precisa ser construída, e o material necessário é tempo, dedicação e foco. Faça isso hoje: comece a colocar os primeiros tijolos nessa edificação e você desfrutará de direção clara em tudo que fizer.

14 de fevereiro

A arte de retribuir o mal com o bem

Não deixem que o mal os vença, mas vençam o mal praticando o bem.
(Romanos 12.21)

Sempre haverá pessoas insatisfeitas conosco. Às vezes, receberemos palavras de acusação daqueles que não concordam com o nosso modo de agir, enquanto outros vão nos julgar de acordo com sua visão de mundo, valores, dores e experiências próprias. Mesmo que nos esforcemos para agradá-los, talvez não seja o suficiente. Ao longo da caminhada, enfrentaremos inveja, difamação, injustiça e ingratidão, e Cristo nos avisou que seria assim quando disse: "Aqui no mundo, vocês terão aflições" (cf. João 16.33).

Nesse sentido, compreendi que não devo desperdiçar meu tempo acumulando rancores e inimizades. É por essa razão que o apóstolo Paulo nos aconselhou a não lutar contra pessoas de carne e sangue, afinal a nossa batalha é espiritual (cf. Efésios 6.12). O mundo jaz no Maligno (cf. 1 João 5.19, ARA), mas felizmente o Senhor nos deu armas celestiais com as quais batalhar. Uma delas é vencer o Diabo com a prática do bem, por meio da graça e do poder capacitador do Espírito Santo agindo em nós.

Então, não gaste sua energia assumindo batalhas desnecessárias, e não deixe que as perseguições, desavenças e decepções façam você se esquecer de quem é em Deus. Esta é uma das preciosas lições que aprendi durante minha vida: os pensamentos e opiniões das pessoas sobre mim não definem meu caminho e propósito. Por isso, eu não as odiei, não revidei suas palavras, não me vinguei, não as persegui. Em vez disso, busquei amar o próximo como a mim mesma, independentemente de quem fosse, e segui acreditando no direcionamento de Deus, sempre dando espaço para que ele me corrigisse e curasse.

Minha querida, não se canse de praticar o que é bom, porque essa é uma arma poderosa contra o Inimigo. Deixando de lado a sua justiça própria, permita que o Senhor lhe ensine a linda arte de retribuir o mal com o bem.

Uma mesa para a próxima geração

Que cada geração conte a seus filhos sobre tuas obras e proclame teu poder.
(Salmos 145.4)

Minha avó, com seus mais de 90 anos de idade e 60 de fé, foi quem me ensinou a amar a Deus e sua Palavra, e me contou a respeito dos homens e mulheres da Bíblia. Nunca me esquecerei da primeira vez que ouvi sobre Débora, a profetisa que se sentava debaixo de uma palmeira, onde julgava as questões dos israelitas (cf. Juízes 4.4-5). Essa e outras histórias ficaram marcadas em meu coração, mesmo ainda criança, e me inspiraram a conhecer e estudar as Escrituras quando mais velha.

Hoje, com os olhos marejados de lágrimas, minha avó nos diz: "Que alegria ver as minhas netas amando a Deus!". Quando me sento à mesa para conversar com ela, não consigo deixar de pensar: "Quanta riqueza!". Foram muitos conselhos, experiências e sabedoria compartilhados ao longo da trajetória até aqui — algo muito mais valioso do que ouro ou pedras preciosas; ela escolheu nos oferecer uma herança eterna.

Com o passar dos anos, aprendi a investir meu tempo com as pessoas certas, e é um privilégio ter o colo da minha avó, seus aprendizados e sua correção em amor. Essa é a razão pela qual escolho largar tudo para me debruçar nessas mesas de honra e cuidado que ela prepara. Também quero ser uma avó que oferece uma mesa para a próxima geração, por meio da partilha e do ensino das Escrituras. E encorajo você também a valorizar aqueles que podem lhe dar instrução e direcionamento, que gastam suas vidas numa busca apaixonada por Jesus, e por isso têm sabedoria jorrando de seus lábios.

Que nossos filhos e netos encontrem em nossa casa uma mesa para se sentarem e se alimentarem das verdades celestiais.

Quem a vê assim, não imagina como ela é por dentro

"Mas, Senhor, como posso libertar Israel?", perguntou Gideão. "Meu clã é o mais fraco de toda a tribo de Manassés, e eu sou o menos importante de minha família!".
(Juízes 6.15)

Quem me vê pregar no púlpito, ministrar louvores ou me comunicar nas redes sociais não imagina as batalhas que vivo internamente e os inimigos que preciso vencer. Muitos não sabem que a mulher corajosa e ousada que sou hoje não nasceu assim; ela foi forjada.

Percebi que Deus tem uma maneira peculiar de agir em nós. Ele escolheu logo Gideão para chamar de seu guerreiro corajoso, um homem que se via menor do que os outros, era inseguro e tinha dificuldades de confiar na palavra divina. Quando recebeu o seu chamado, estava se escondendo do povo inimigo, debulhando trigo no fundo de uma prensa de uvas. Olhou para si mesmo e se enxergou incapaz de cumprir a missão de salvar o seu povo. No entanto, o Senhor insistia em dizer: "Certamente estarei com você! [...]" (Juízes 6.16).

Eu me identifico com Gideão. O Pai escolheu a mim, uma mulher que se escondia, mergulhada em insegurança e medo, e me aperfeiçoou para pregar o Evangelho, alcançar os perdidos e pastorear o seu rebanho. Ele continua escolhendo mulheres escondidas, dependentes e vulneráveis, para chamá-las de suas. Elas entenderam que não existe nada em seu interior que justifique a escolha de Deus, mas descobriram o poder da graça, o favor imerecido que as abraça todas as manhãs. Se você tem se escondido, hoje as palavras que o Senhor disse a Gideão podem se estender à sua vida: "Não tenha medo, eu estou contigo, guerreira corajosa! Sou eu quem envia você!" (cf. Juízes 6 e 7).

Persistentes como Ana

Pedi ao SENHOR que me desse este menino, e o SENHOR atendeu a meu pedido. Agora, eu o dedico ao SENHOR. Por toda a sua vida ele pertencerá ao SENHOR [...].
(1Samuel 1.27-28)

A Bíblia conta que Ana era uma mulher estéril, que sofria constantes provocações de Penina, a outra esposa de seu marido, que já havia gerado vários filhos. Tudo o que Ana desejava era ser mãe, e por essa dádiva orou fervorosamente, prometendo que, se ficasse grávida, entregaria a criança ao serviço da casa de Deus. Tempos depois, ela deu à luz Samuel, um menino que se tornaria um grande profeta do Senhor.

Ana é um exemplo do que eu acredito que Deus queira fazer em nossa vida. Ele anseia por gerar um milagre através da nossa esterilidade — áreas de fragilidade, nas quais não enxergamos possibilidade de renovo ou melhora, e não vemos razão para persistir. Isso acontece porque, quando algo nasce de um ventre estéril, há apenas uma convicção: foi obra de Deus. O chamado que o Senhor tem para a sua vida fluirá de problemas que parecem não ter solução, para que não existam dúvidas de que você caminha tendo o sobrenatural como chão.

Por essa razão, você precisa estar disposta a entregar tudo, da mesma maneira que Ana o fez ao oferecer seu filho. Deus não está interessado em resultados ou performance — se fosse assim, teria escolhido Penina para gerar um profeta —, mas procura mulheres com temor, zelo e um anseio genuíno por viver a plenitude do propósito divino.

Com persistência, Ana buscou o seu milagre e escolheu não guardar a bênção só para si. Que sigamos o seu modelo, porque o Deus do sobrenatural, aquele que chama à existência aquilo que não existe e vivifica o que estava morto (cf. Romanos 4.17, ARA) é o mesmo Deus que nos dá graça para persistir até o fim.

Apoio nos dias difíceis

[...] um irmão nasce na hora da dificuldade.
(Provérbios 17.17)

Existem dias em que eu não acredito em mim. Percebo-me fria e distante, quando deveria ser aconchegante e próxima. Reparo em minhas deformidades e vazios imensos, que ainda precisam ser tocados e transformados por Jesus. Há fases em que sinto como se estivesse de frente com Golias (cf. 1Samuel 17), e percebo quão gigantes são as guerras que enfrento fora e dentro de mim. Em outros momentos, vejo-me semelhante a Davi, desviando-se das lanças de Saul e da sua instabilidade emocional (cf. 1Samuel 18.10-11). Nesses tempos, as promessas de Deus são como pedaços de escombros nos quais me agarro em meio aos naufrágios da vida cristã.

Em algumas ocasiões preciso ser construída outra vez, quando os golpes constantes de desesperança e palavras cruéis alcançam lugares em meu coração que não protegi. Ah, minha querida, como eu gostaria de lhe dizer que dias assim não existem! Mas eles sempre surgem e, muitas vezes, nos ensinam muito mais que os momentos bons. Uma das vantagens de se passar por adversidades é poder encontrar pessoas que acreditam em nós. Aqueles amigos, parecidos com Jesus, que nos sacodem com suas palavras de cura e nos lembram de quem somos.

Noemi precisou de Rute (cf. Rute 1).

Maria precisou de Isabel (cf. Lucas 1.39-45).

Ester precisou de Mardoqueu (Ester 4).

Davi precisou de Jônatas (1Samuel 20.1-42).

Deus sabe que haverá dias difíceis, por isso colocará pessoas em seu caminho que a ajudarão a não desistir. Eu tenho os meus apoios, e você? Permita que eles saibam hoje o quanto são essenciais na sua vida.

Viviane Martinello

Deixei estereótipos

Não imitem o comportamento e os costumes deste mundo, mas deixem que Deus os transforme por meio de uma mudança em seu modo de pensar, a fim de que experimentem a boa, agradável e perfeita vontade de Deus para vocês.
(Romanos 12.2)

A sociedade nos dita tendências o tempo todo: o que devemos vestir, como falar, e a forma mais aceitável de agir e pensar, de acordo com as ideologias vigentes. É triste ver pessoas se esgotando para alcançar um padrão tão volátil e superficial. Eu já me encontrei nessa posição, e no cansaço de tentar me encaixar em estereótipos terrenos, decidi me refugiar em Deus e andar na contramão, não aceitando ser uma cópia ou produto da expectativa humana. Tornei-me não convencional e menos ajustada aos moldes conhecidos; tornei-me alguém mais parecida com Jesus.

Graças a Cristo e o seu amor por mim, renovei a minha mente e passei a vivenciar a boa, agradável e perfeita vontade do Pai. Na presença dele, contemplando a sua face e provando da sua glória, compreendi que é tudo sobre ele, não sobre esta Terra. Por isso, o passo é leve, o sorriso é solto e a paz é uma amiga fiel. Entreguei o peso do meu cansaço a Jesus, e o resultado foi que meus pés ficaram livres para velocidades ainda maiores. Porém, não se engane: o Evangelho, apesar de simples e transformador, não é fácil, e esse é um dos motivos pelos quais não é aceito pelo mundo.

Neste dia, o meu conselho é o que já escreveu o apóstolo Paulo: não imite o comportamento e os costumes terrenos, mas deixe que Deus a transforme por meio de uma mudança em seu modo de pensar. Quanto a mim, continuo focada em Cristo, aprendendo cada vez mais a mudar minha mente e me livrar dos estereótipos que tentam me enredar. Posso garantir: é transformador. E está disponível para você também.

O vinho novo

E ninguém colocaria vinho novo em velhos recipientes de couro. O couro se arrebentaria, deixando vazar o vinho, e os recipientes velhos se estragariam. Vinho novo é guardado em recipientes novos, para que ambos se conservem.
(Mateus 9.17)

O vinho novo, quando colocado em um recipiente fechado, fermenta até expandir o espaço onde foi armazenado, mudando as suas dimensões. Os odres velhos não são capazes de se ampliarem, porque foram desgastados pelo tempo e já não possuem flexibilidade. Se receberem vinho novo, serão rompidos facilmente, causando a perda dessa bebida preciosa. É por essa razão que os vinicultores experientes sempre escolherão depositar o fruto da prensa da uva numa embalagem nova, que seja capaz de mantê-lo armazenado por longos anos até alcançar o resultado desejado.

Assim acontece conosco. Somos transformadas dia após dia com o novo de Deus, que ao ser depositado em nós expande o nosso interior e modifica as nossas estruturas. A mudança genuína e verdadeira ocorre em nós de dentro para fora quando nos permitimos ser esticadas, como o recipiente recém-adquirido de Mateus 9. No entanto, se nesse processo continuarmos pensando ou nos comportando como antigamente, logo sucumbiremos e, com a pressão derramada, romperemos. Em nossa vida, o odre desgastado equivale às situações em que somos inflexíveis e não aceitamos o novo que Deus deseja nos entregar. Andar com o Senhor demandará uma visão fresca, novas estratégias e uma forma diferente de pensar e agir de acordo com a temporada em que estivermos.

Continuamente, o Senhor convida a mim e a você para ir além daquilo que temos visto ou vivido. Você está disposta a aceitar as mudanças em suas estruturas? Ele não quer que você seja rompida, mas esticada para que sempre caiba mais dele em seu interior.

Amizades para se ter por perto

Sozinha, a pessoa corre o risco de ser atacada e vencida, mas duas pessoas juntas podem se defender melhor. Se houver três, melhor ainda, pois uma corda trançada com três fios não arrebenta facilmente.
(Eclesiastes 4.12)

Na caminhada cristã, não devemos andar sozinhas, porque Deus nos criou para ser um corpo, tendo Cristo como cabeça, no qual cada pessoa deve edificar, ajudar e suportar seus irmãos e irmãs em amor. É muito importante, pois, que cultivemos relacionamentos saudáveis e de confiança. Existem amizades que nos afastam de Deus e de seu propósito, destas devemos nos distanciar sem receio — e aqui, refiro-me a amizades profundas e vulneráveis com pessoas que não têm os mesmos princípios e valores que os nossos, e não àqueles amigos ou conhecidos com quem desejamos compartilhar o Evangelho; destas devemos nos aproximar com sabedoria e direcionamento do Alto. Porém, há outras que são como bálsamo do Céu em nossa vida, presenteando-nos com amor, cuidado, graça e verdade.

Mantenha por perto as pessoas que a tornam mais parecida com Jesus e aproximam você da presença do Pai, através de conversas, convites ou palavras puras e construtivas. Com elas, você poderá estabelecer intimidade e aliança, com a certeza de que esse relacionamento será como um escudo em meio às guerras. No livro de Eclesiastes, Salomão afirma que dois são mais resistentes do que um, e quando sua relação inclui a presença do Senhor, funciona como uma corda de três dobras, difícil de ser rompida.

Neste dia, ore para que o Senhor peneire seus relacionamentos, mostrando-lhe aqueles dos quais você deve abrir mão. O Pai conhece suas necessidades e tenho convicção de que ele apresentará as amigas dele a você.

A busca é secreta, a recompensa é pública

[...] Quem deseja se aproximar de Deus deve crer que ele existe e que recompensa aqueles que o buscam.
(Hebreus 11.6)

Buscar a presença de Deus tem de ser algo diário em nossa jornada. Na igreja, em casa, no carro, nos corredores do trabalho, em conferências ou no supermercado, é crucial estarmos o tempo inteiro conectadas com ele. Agora, uma coisa é certa: mesmo que seja essencial cultivar a sua presença sem cessar, a busca profunda e íntima pelo Senhor precisa ser desenvolvida nos momentos em que estivermos a sós com ele. É no particular, quando rasgamos nosso coração, somos transparentes, extravagantes, sussurramos, derramamos lágrimas, sorrimos, ficamos em silêncio, adoramos, arrependemo-nos e ouvimos a sua voz, que somos transformadas e construímos no secreto o que no futuro se manifestará publicamente.

Da mesma forma que as raízes de uma árvore crescem escondidas debaixo da terra, ao nos aproximarmos de Deus por meio de um relacionamento íntimo, crescemos e amadurecemos, mesmo que longe da visão dos outros. O Pai, aquele que nos vê em todos os instantes, nutre o nosso ser no secreto, até que chega o tempo de frutificar, à vista de todos.

Quando o Espírito Santo gera seu fruto em nós e nos molda para que sejamos cada vez mais parecidas com Jesus, o nosso encontro com ele se torna inegável para todos que estão ao redor. Uma pessoa que passa tempo com o Senhor é facilmente reconhecida, afinal o seu jeito de pensar, falar, vestir-se, lidar com as pessoas e situações, amar e influenciar é totalmente confrontado e realinhado. É assim que os frutos começam a aparecer e se transformam em alimento saudável para aqueles que estão perdidos e necessitados.

Mulher, preocupe-se apenas em buscar ao Senhor com verdade e constância. Entregue tudo aos seus pés e nunca se esqueça de que a estação da colheita virá, não para você engordar e comer seus próprios frutos, mas para distribuir aos que estão famintos por Cristo.

Viviane Martinello

Às vezes precisamos de aconchego

Pois eu o seguro pela mão direita, eu, o* SENHOR*, seu Deus,
e lhe digo: "Não tenha medo, estou aqui para ajudá-lo".
(Isaías 41.13)

"Venha aqui. Ponha a cabeça no meu colo e fique quietinha". Você já ouviu uma frase como essa em um dia ruim? Há temporadas que são mais difíceis que outras, isso é inegável. Neste exato momento, diversas pessoas ao redor do mundo estão sofrendo e precisando de um milagre em suas famílias ou outras situações delicadas. Algumas passam fome, sofrem abusos, sentem-se perdidas e amedrontadas. Outras necessitam desesperadamente de uma cura física, de um fim para sua agonia. O coração aperta tanto, que chega a quase esmagar a alma.

Existe, porém, uma certeza: Jesus tem compaixão de nós e conhece nossas angústias e aflições, porque ao se tornar homem passou por todas elas. Temos um amigo que sofreu, foi perseguido, tentado, maltratado, traído por seus companheiros, desprezado e enfrentou a morte por cada uma de nós. Mais do que ninguém, ele entende o que é passar por sofrimentos, e por isso pode nos ajudar a encará-los. Neste instante, Cristo está à direita de Deus, nosso Pai, intercedendo por nós, e nunca nos abandonará.

Nos dias de lágrimas, eu me derramo na presença do Senhor, e fico ali me aconchegando, desfrutando de seu cuidado. Sei que ele não perdeu o controle de nada, tanto da minha vida, como da sua. Talvez, você esteja sentindo um peso sobre os ombros e uma angústia que parece nunca ter fim, mas posso lhe assegurar que existe um refúgio e um lugar de alívio verdadeiro: o colo amoroso do nosso Jesus. Esse amparo está disponível para você agora mesmo. Aconchegue-se.

Escolha o seu difícil

"Entrem pela porta estreita. A estrada que conduz à destruição é ampla, e larga é sua porta, e muitos escolhem esse caminho. Mas a porta para a vida é estreita, e o caminho é difícil, e são poucos os que o encontram". **(Mateus 7.13-14)**

Minha querida, eu preciso ser verdadeira com você: o caminho que leva para a vida eterna é árduo, porque viver com Deus exigirá de você esforço. Jesus nunca prometeu que seria simples. A porta pela qual ele nos convida a entrar é estreita, pouco atraente, custosa e desconfortável.

Você precisará fazer renúncias, escolhas difíceis, render-se, ter zelo e consagrar a sua vida. É possível que o Senhor lhe direcione a abrir mão da construção de uma carreira para se dedicar à sua casa e família. Ou, então, ele lhe dará oportunidades de emprego, e você necessitará de estratégias para conciliar a vida de esposa e mãe com as demandas profissionais. Talvez, Deus a chame para se dedicar integralmente ao ministério, e você deverá desistir de determinados projetos pessoais para cumprir um propósito maior.

É provável que tenha de mudar aquilo que escuta, as roupas que usa, os lugares que frequenta e as pessoas com quem convive, porque o seu modo de pensar precisa ser transformado. O Senhor a levará a abandonar sua própria vontade, a fim de cultivar um casamento saudável. Ele quebrará o seu orgulho, para que perdoe as injustiças e deixe de ser a "dona da razão". Não, não é simples, mas cada decisão levará você para mais perto do Rei.

Por outro lado, vale lembrar: embora seja atraente, andar de acordo com o curso deste mundo também não é fácil. Estar presa ao pecado, desgastar-se pela aprovação alheia, buscar aquilo que não satisfaz, ser controlada pela desesperança, medo e justiça própria, todas essas coisas matam a alma, corroem as entranhas e nos levam ao abismo profundo. Como é triste, deplorável e horrendo viver sem a presença do Senhor em nossa vida.

De fato, seguir a Jesus não é fácil, mas ser amiga do mundo também não. A decisão é sua: escolha o seu difícil.

Uva esmagada produz vinho

Mas ele disse: "Minha graça é tudo de que você precisa. Meu poder opera melhor na fraqueza [...]". (2Coríntios 12.9)

Eu me lembro do dia em que estava no carro a caminho de uma igreja para a qual havia sido convidada a ministrar. Poucos minutos antes de chegar, recebi uma ligação com uma notícia assombrosa: minha sogra, que estava muito doente, talvez não passasse daquela noite. Chorei ali mesmo e pensei em retornar ao aeroporto da cidade em que estava e ir para a minha casa. O motorista, membro da igreja, viu a minha situação e, enquanto eu ainda conversava ao celular, começou a interceder por mim. Logo que encerrei a ligação, ele me perguntou:

— O que sua sogra falaria para você fazer agora?

Pensei um pouco e respondi:

— Conhecendo o jeito dela, com certeza, diria: "Ministre!".

Naquele instante, ainda que fosse duro, refleti no direcionamento de Deus que tinha para estar ali, respirei fundo e entendi que não deveria retroceder. Em meio àquela pressão, senti-me como uma uva sendo esmagada para que o vinho novo pudesse surgir. Foi então que aprendi algo valioso: o poder do Senhor opera melhor na fraqueza. Aquela notícia ruim me pressionou a desistir, mas escolhi perseverar e ministrei como nunca, totalmente dependente da força sobrenatural do Espírito Santo. Mesmo passando por sofrimentos, tinha convicção de que deveria estar naquele lugar e, pela graça de Deus, a Palavra foi entregue. Voltei para casa o mais rápido que pude para dar apoio à minha família e ser apoiada por eles. Minha sogra não partiu no dia sentenciado pelos médicos, e, graças ao amor divino, naquela época, compreendi um pouco mais sobre o esmagamento do Senhor em meio àquela situação.

Por quais pressões você está passando e como reage a elas? Não se desespere nem desista logo de cara, porque os desafios farão com que você aprenda a depender do poder do alto. Deixe que o Senhor transforme a uva em vinho.

> *Neste dia, em especial, quero honrar a memória da Tereza, minha sogra, que, hoje, está com Cristo. Oro para que Deus console a todos aqueles que estão enlutados. Não percam a esperança. A eternidade existe.*

Correção em amor

Pois o SENHOR *corrige quem ele ama, assim como o pai corrige o filho a quem ele quer bem.*
(Provérbios 3.12)

Quando crianças, somos inexperientes, não conseguimos tomar decisões e necessitamos da sabedoria de um adulto para nos corrigir. Você se lembra de quando queria ficar acordada até tarde, mas seus pais, sabendo da importância de dormir cedo, exigiam que fosse para a cama na hora certa? E quando não tinha vontade de comer frutas e vegetais, mas eles insistiam nesses alimentos, porque se preocupavam com a sua saúde? Pais que entendem o valor de dizer "não" e apontam o caminho a ser seguido são responsáveis, amam suas crianças e se importam com o seu futuro.

Se um pai terreno é capaz de oferecer uma boa criação a seus filhos, quanto mais o nosso Pai celestial. Aos olhos de Deus, muitas vezes, somos como crianças dependentes e imaturas, que necessitarão de disciplina para crescer e amadurecer. Não podemos confiar nas vontades do nosso coração, porque ele é enganoso assim como nossa carne é fraca. Dependemos da ajuda e correção do Espírito Santo.

A disciplina ocorre para endireitar nossa maneira de pensar, nossa forma de enxergar o mundo, as companhias com as quais andamos, as inclinações da nossa alma. E isso, apesar de gerar desconfortos, transforma as aparentes "perdas" momentâneas em ganhos eternos.

Mulher, não fuja nem se revolte com o Senhor. Submeta-se à sua disciplina, ainda que sua inclinação natural seja rejeitá-la. Nunca se esqueça de que a disciplina, na realidade, é o amor na prática, reservado para as que são filhas.

A verdade

Então conhecerão a verdade, e a verdade os libertará.
(João 8.32)

Tempos atrás, li a respeito de uma parábola judaica que trazia uma reflexão muito interessante. A história conta que, certa vez, a mentira convidou a verdade para um banho num poço de águas refrescantes e, após aliviar-se do calor, roubou suas vestes. A verdade, sem ter do que se envergonhar, recusou-se a usar os trajes da mentira, saiu do poço e caminhou pelas ruas "como veio ao mundo". Aos olhos das pessoas, era mais fácil conviver com a mentira vestida de verdade do que com a verdade nua e crua.

De fato, nem sempre é fácil lidar com a verdade, principalmente quando esta nos tira da zona de conforto. No entanto, ela é digna de confiança, pois além de absoluta e imutável, não usa máscaras. É exata, autêntica e atravessa culturas, reinados e povos, sempre trazendo clareza e libertação. Ela é amiga dos que a amam, mas inimiga temida dos que vivem submersos em falsidade. A mentira pode se disfarçar de verdade e enganar a muitos por um tempo, mas não para sempre, porque ela tem prazo de validade. A verdade, em contrapartida, é inoxidável.

Quando conhecemos a Cristo, que é a Verdade, e passamos a andar com ele, somos libertas das mentiras de Satanás e da prisão do pecado, que nos leva à morte. Recebemos, então, a vida de forma completa, as escamas caem de nossos olhos, enxergamos com nitidez e não somos mais manipuladas por inverdades. Assim, caminhamos com convicção e ousadia, porque temos uma rocha firme e inabalável na qual nos apoiar.

A melhor companhia que devemos ter é a Verdade, porque ela não tem compromisso com o conforto momentâneo, mas com o que é eterno e valoroso. Coloque-a ao redor do seu pescoço como uma joia preciosa, e não saia de casa sem ela. Aplique-a em sua vida, nas decisões complexas e triviais, e então assista de camarote o que ela é capaz de fazer.

Não espere sentada

Vocês, porém, são povo escolhido, reino de sacerdotes, nação santa, propriedade exclusiva de Deus. Assim, vocês podem mostrar às pessoas como é admirável aquele que os chamou das trevas para a sua maravilhosa luz.
(1Pedro 2.9)

Na prática do meu ministério pastoral, constantemente, pessoas me perguntam: "Como encontrar o meu chamado?". Carinhosamente, explico que não somos nós quem o encontramos, mas sim o Senhor quem nos chama.

Há um momento de preparo, no qual somos amadurecidas, curadas e aperfeiçoadas para cumprir o nosso propósito específico. Porém, esquecemos que esse não é um tempo de estagnação, pois a vida com Cristo exige movimento, mesmo nos períodos de espera. Acima de tudo, não podemos nos esquecer de que fomos chamadas das trevas, em meio à vida de pecado que levávamos, para sermos parte do povo de Deus, mulheres santas, que refletem a luz de Jesus por onde passam. Isso significa que ser testemunha de Cristo é uma das nossas maiores missões nesta Terra.

Enquanto busca conhecer a Deus e entender o seu chamado específico, alimente sua mente com a Palavra e fortaleça seu espírito por meio do jejum e da oração. Dessa forma, aos poucos, o seu ministério se tornará mais claro. Envolva-se também nas atividades de sua igreja local: conheça, cuide e interceda por quem congrega com você, e experimente servir nos diversos ministérios e ações sociais. Logo sentirá paz em permanecer na área em que o Senhor deseja usá-la com autoridade.

Investir tempo em se tornar parecida com Jesus, aplicando a Palavra na prática, tem de ser o fundamento para tudo o que vivemos — até mesmo o nosso chamado ministerial. Por isso, não espere sentada. Comece a se movimentar agora. Não desperdice este tempo.

Março

Você pode saber que é filha, mas viver como escrava

E, porque nós somos seus filhos, Deus enviou ao nosso coração o Espírito de seu Filho, e por meio dele clamamos: "Aba, Pai". Agora você já não é escravo, mas filho de Deus. E, uma vez que é filho, Deus o tornou herdeiro dele. (Gálatas 4.6-7)

Se você já teve um encontro com Deus e decidiu se render a Jesus como seu Senhor e Salvador, tomou a decisão mais importante da sua vida. O problema está na crise que muitos cristãos acabam vivendo depois dessa fase: mesmo sendo convertidos — às vezes, há anos —, comprando Bíblias de estudo e participando de conferências impactantes, sabem racionalmente que são filhos de Deus, mas não vivem como tal.

Você pode ter encontrado um lar, mas não significa que se sentirá em casa. Foi adotada, amada, ganhou um lugar no Reino, mas talvez se veja como plebeia e se sinta desprezada. Eu também já passei por isso. Queria ser merecedora do amor de Deus pelas minhas próprias forças, enquanto ele insistia em me dizer: "Você não precisa fazer nada para ganhar o meu amor, porque eu já a adotei como minha filha amada".

A verdade é que temos dificuldade de receber o amor de Deus. Em meio aos embates, dores e cansaço, parece que nossa capacidade receptora tem a tendência de se extraviar pela estrada. É como estar exposta à luz do Sol com bloqueadores solares. Ainda que ele nos toque, não é capaz de nos atingir. Ou como um sofá impermeabilizado: a água pode tocá-lo, mas não o molha. Às vezes, a nossa alma está bloqueada e não permite que o amor divino penetre. Ele se derrama vez após vez sobre nós, contudo não somos atingidas.

Se você é uma dessas mulheres que sente dificuldade de receber o amor de Deus ou se enxerga indigna e distante do Pai — uma filha com mentalidade de escrava, que ainda não entendeu que é herdeira do Rei dos reis — este devocional é para você. A minha oração é que o seu coração se torne acessível para receber o amor e paternidade de Deus nesta hora. Clame ao Espírito Santo que confirme a sua identidade e a ajude a descansar nessa verdade. Você é uma filha amada. Essa é a garantia que a Palavra lhe dá. Não, você não é mais escrava; não se comporte como se fosse.

O propósito do casamento

***"Por isso o homem deixa pai e mãe e se une à sua mulher, e os dois se tornam um só." Esse é um grande mistério, mas ilustra a união entre Cristo e a igreja.* (Efésios 5.31-32)**

Sabe por que muitos falham em seus relacionamentos conjugais? Porque se movem por carência, interesses, e não pelo amor sacrificial e propósito de Deus. Pessoas me perguntam o tempo todo como restaurar seus casamentos. Eu sempre digo que, por ter sido uma mulher destruída por dentro, consequentemente, acabava destruindo tudo à minha volta; e a relação com o meu marido, na época, não ficou imune a esse ciclo. Só fui capaz de me reconciliar com ele e reconstruir a nossa vida conjugal depois que restaurei minha intimidade com o Senhor e compreendi o propósito do casamento.

Na perspectiva bíblica, o casamento é visto como uma união sagrada entre um homem e uma mulher, criada por Deus para o companheirismo e apoio um do outro (cf. Gênesis 2.18); para a unidade profunda (cf. Gênesis 2.24); e para a formação de famílias saudáveis, que abençoarão esta Terra (Gênesis 1.28). Também é um vislumbre da relação entre Cristo e a Igreja, conforme lemos no texto bíblico de hoje, em que o amor, união e compromisso de ambos são fundamentais. Essa aliança permite que marido e mulher cresçam, aprendam e se aperfeiçoem juntos, buscando uma vida que honre a Deus e sua Palavra, e sejam um testemunho para este mundo.

Para as solteiras, aconselho: orem, vigiem e escolham muito bem a pessoa com quem desejam se relacionar. Busquem, acima de tudo, a plenitude que só o Senhor é capaz de oferecer, e sejam inteiras nele. Se você é casada e precisa de uma restauração em seu matrimônio, não perca tempo culpando, discutindo ou carregando mágoas de seu marido e familiares. Posicione-se daqui para frente e deixe que Deus desenvolva em seu interior um caráter transformado. Lembre-se de que o matrimônio exige humildade, bondade e paciência, afinal como afirma 1Coríntios 13.4-7: "[...] O amor não é ciumento, nem presunçoso. Não é orgulhoso, nem grosseiro. Não exige que as coisas sejam à sua maneira, não é irritável, nem rancoroso; não se alegra com a injustiça, mas sim com a verdade. O amor nunca desiste, nunca perde a fé, sempre tem esperança e sempre se mantém firme". Lute. Faça a sua parte e espere em Deus. Existe esperança.

A moeda perdida

Ou suponhamos que uma mulher tenha dez moedas de prata e perca uma. Acaso não acenderá uma lâmpada, varrerá a casa inteira e procurará com cuidado até encontrá-la? (Lucas 15.8)

A Palavra afirma que Deus deseja nos aperfeiçoar, e eu vivi essa verdade na prática de maneira drástica. Meu interior foi — e ainda está sendo — modificado, e minhas intenções, remodeladas pelo Espírito Santo. Tive de recalcular a minha rota, pois todo o meu ser precisava desesperadamente de uma intervenção divina. Não sei o que seria de mim se ele não tivesse me encontrado; eu era como a moeda da parábola de Jesus, perdida mesmo dentro de casa.

Nos tempos de Cristo, a moeda grega — ou a dracma em outras traduções —, era feita de prata e representava o salário de um dia do trabalhador. A mulher da parábola possuía dez delas e conhecia bem o esforço necessário para adquiri-las. Por isso, o Mestre fez questão de mencionar que ela procurou com afinco até encontrar. Deus tem o mesmo zelo em ir atrás do nosso coração, ainda que estejamos em um ambiente de intimidade, mas com a alma envolvida em distrações, pois ele sabe o nosso valor.

Hoje, após ter sido encontrada pelo Pai, eu me coloco na posição daquela mulher dona das dez moedas, perseverante na busca daqueles que estão perdidos espiritualmente. O Senhor também a convida para que, diligentemente, vá ao resgate dos que precisam de arrependimento, cura e restauração, dentro ou fora da casa de Deus. Como afirma Jesus, quando um único pecador se arrepende, há festa no Céu e nós podemos participar dessa celebração. Antes, porém, lembre-se de que é necessário ser encontrada por ele.

Obras da carne

Quando seguem os desejos da natureza humana, os resultados são extremamente claros: imoralidade sexual, impureza, sensualidade, idolatria, feitiçaria, hostilidade, discórdias, ciúmes, acessos de raiva, ambições egoístas, dissensões, divisões, inveja, bebedeiras, festanças desregradas e outros pecados semelhantes [...]. **(Gálatas 5.19-21)**

Só há duas maneiras de viver: pelo Espírito ou pela carne. Tanto um estilo de vida quanto outro geram resultados, mas são dois terrenos, formas de cultivo e frutos totalmente diferentes. Não existe uma terceira opção neutra nesse quesito. Ou é carne, ou é Espírito.

Se os comparar, perceberá que semear as obras da carne é fácil e prazeroso no início, enquanto o fruto do Espírito demanda muito trabalho e sacrifício. Normalmente, as pessoas não se esforçam para fazer uma fofoca, ignorar as regras de trânsito ou comprar algo falsificado por um preço menor, por exemplo. No entanto, ter atitudes honestas quando ninguém está aplaudindo, manter a boca fechada e obedecer às autoridades é muito difícil. Hoje, esses dois solos estão diante de nós, e aquilo que semearmos na carne ou no Espírito, certamente colheremos. Aliás, mesmo quando plantamos sem entendimento, as sementes também frutificarão.

Essa lei é clara, e só existe uma forma de mudarmos a colheita: escolhendo o terreno certo em que semearemos. Se nos vemos dominadas pela cobiça, inveja e vícios, é sinal de que temos investido nosso tempo, dinheiro e recursos no solo errado. Em outras versões bíblicas, o versículo de Gálatas 5 menciona que as obras da carne "são manifestas", o que quer dizer que quanto mais semeamos, mais visíveis elas se tornarão. Mesmo que a plantação da semente seja feita discretamente, escondida, colheremos à luz do dia. Um exemplo? Uma fofoca dita no secreto pode expor pessoas e causar uma confusão.

Mulher, abandone o solo contaminado, e cultive no terreno do Espírito Santo. Seja guiada por ele e produza amor, alegria, paz, paciência, amabilidade, bondade, fidelidade, mansidão e domínio próprio. Que em sua vida apenas o que vem do Céu seja visível.

Palavras que curam

Os comentários de algumas pessoas ferem, mas as palavras dos sábios trazem cura. **(Provérbios 12.18)**

Quando nos aprofundamos na leitura das Escrituras, percebemos o tamanho do poder que o nosso modo de falar carrega. Ao mesmo tempo que alguns usam a sua língua para proferir o bem, também há aqueles que amaldiçoam os outros através de comentários insensatos, e a Bíblia nos adverte a tomarmos cuidado com o que dizemos.

A comunicação destrutiva — que se revela ofensiva e violenta — é tão cortante quanto uma espada afiada, porque causa dor, cicatrizes duradouras e feridas. Frases desencorajadoras e imprudentes podem roubar as forças e o ânimo das pessoas ao nosso redor, fazendo com que adoeçam e percam o vigor. Porém, o trecho de Provérbios revela algo muito valioso: as palavras dos sábios trazem cura.

A língua é um instrumento poderoso que, se utilizado da maneira correta, produz saúde, restaura a esperança do coração cansado e pode sarar feridas profundas na alma de alguém. A boca sensata sabe dizer verdades em amor, faz críticas construtivas, é gentil e profere compaixão. Ela é capaz de trazer reconciliação para os relacionamentos, tranquilidade em meio ao caos e apaziguamento à ira.

Minha querida, você tem o potencial de curar seu lar, fortalecer seu marido, inspirar seus filhos, transformar os ambientes por onde passa e pode até levar salvação aos perdidos ao comunicar com bondade palavras que encorajam, limpam a alma e geram vida. Elogie os que estiverem ao seu redor hoje e ame as pessoas com a sua maneira de falar, porque o fruto do Espírito Santo também se manifesta por meio das palavras.

Ele não desiste de você

O amor do* SENHOR *não tem fim! Suas misericórdias são inesgotáveis. Grande é sua fidelidade; suas misericórdias se renovam cada manhã. **(Lamentações 3.22-23)**

Por vezes, vamos dormir chateadas com as falhas que cometemos no dia. Tomadas pela culpa e exaustão, muitas pensam em desistir de tudo na manhã seguinte. Se você tem enfrentado tempos difíceis, vê-se desanimada, cansada, batalhando contra si mesma e se sentindo incapaz de abandonar certos pecados, quero lhe trazer uma palavra de esperança: o Senhor não desiste de você.

Ao longo da Bíblia, percebemos como Deus é paciente, misericordioso e bom. Todas as vezes que os israelitas pecavam, afastavam-se dos caminhos do Senhor e clamavam por socorro, então ele levantava pessoas e as fortalecia para libertar seu povo. Temos um Pai que nos guia em meio ao processo de santidade; ele nos tira das trevas e provê salvação mesmo nos momentos mais sombrios.

Não venceu um vício ontem? Você pode vencer hoje. Não conseguiu se calar naquele instante e falou o que não devia? Ainda é possível se arrepender e agir diferentemente. Conforme ia mais fundo em meu relacionamento com Deus, fui aprendendo que todos os dias temos uma nova oportunidade e podemos acessá-la por meio do arrependimento. Não estamos mais presas às correntes da ira, da imoralidade, da mentira e das seduções deste mundo, pois Cristo nos lavou com o seu sangue e agora somos templo do seu Espírito Santo; é possível desfrutar de uma vida abundante. Uma nova manhã há de nascer e, com ela, mais uma chance de desfrutar das misericórdias de Deus.

Viviane Martinello

Aprendi a beijar a onda que me joga na pedra

Também nos alegramos ao enfrentar dificuldades e provações, pois sabemos que contribuem para desenvolvermos perseverança, e a perseverança produz caráter aprovado, e o caráter aprovado fortalece nossa esperança. (Romanos 5.3-4)

Você já observou o comportamento de um surfista profissional diante de uma onda violenta? Eles não as evitam, mas enfrentam o desafio com coragem. No início, muitos tombos certamente aconteceram, mas com a prática acabaram se tornando cada vez mais experientes a ponto de passearem por cima delas, em vez de serem dominados.

Enfrentei — e ainda enfrento — muitos obstáculos em minha jornada com o Senhor e tive de aprender a lidar com cada adversidade, decepção, cansaço e angústia. Com o tempo, entendi que as provações podem nos fazer verter lágrimas, mas também tem o poder de derrubar o orgulho dentro de nós. Elas escavam na alma humana um solo fértil para que o novo floresça. Carregam a habilidade de tornar alguém, que antes era imatura e inconstante, em uma mulher sábia e fiel. As tribulações são capazes de arrancá-la do raso, das competições sem fundamento, das futilidades e autocomiseração, e fazê-la experimentar profunda graça, favor e descanso em Deus — e isso é possível ainda que as ondas estejam agitadas. Como se fôssemos um metal sujo e sem brilho, elas nos transformam em preciosidades: puras, verdadeiras e confiáveis. Por isso, alegre-se quando estiver passando por crises, pois elas têm a capacidade de moldar o caráter de Cristo em nós.

É por esse motivo que passei a amar e beijar as ondas mais furiosas, que me arrastam com força para perto das pedras. As provações são dádivas, que nos promoverão e prepararão, se tivermos olhos para perceber. Sendo assim, não fuja delas. Não fique estagnada pelo vitimismo ou paralisada pelo cansaço e medo. O Senhor, a nossa Rocha forte, traz-nos a paz que está além das circunstâncias. Ele está com você e é o único capaz de acalmar o mar (cf. Mateus 8.27).

Não levante bandeiras, levante outras mulheres

Embora sejamos humanos, não lutamos conforme os padrões humanos. Usamos as armas poderosas de Deus, e não as armas do mundo, para derrubar as fortalezas do raciocínio humano e acabar com os falsos argumentos. Destruímos todas as opiniões arrogantes que impedem as pessoas de conhecer a Deus [...]. (2Coríntios 10.3-5)

Mulheres feridas levantam bandeiras, mulheres curadas levantam outras mulheres. Pessoas machucadas promovem ideologias ilusórias, que não estão de acordo com a Palavra de Deus, nem tem a capacidade de transformar o interior de ninguém. No entanto, aquelas que de fato foram restauradas ajudam outras a se reerguerem.

Se o que move você é a dor, a ferida e o trauma ainda abertos, então o seu rastro será esse, pois a maneira como agimos revela do que está cheio o nosso coração. Só podemos oferecer aos outros o que temos dentro de nós — seja algo bom ou ruim. Mas quando uma mulher se levanta curada, espalha cura por onde passa e não tem tempo de defender discursos vazios de virtudes, que escondem alguém ainda enfermo. Mulheres curadas são bem-resolvidas, pacificadoras, compreensivas, pacientes, sábias, coerentes, têm a mente saudável, sabem controlar suas emoções e são dirigidas pelo Espírito Santo.

Que maravilhoso é conhecer pessoas assim, e como é importante desenvolvermos essas qualidades em nós. Por isso mesmo eu digo: não se distraia com sofismas nem se deixe levar pelas suas feridas. Aceite o processo, abra-se para a cura de Deus e ore para que ele a ajude a impulsionar e encorajar outras mulheres por meio da restauração que tem realizado em sua vida.

O que um dia a derrubou e não a matou, provavelmente a tornou alguém mais forte para que, hoje, você pudesse ser força para a mulher ao seu lado que enfrenta seus próprios tombos e os reveses da vida. Sua feminilidade tem poder para curar. Sua estrutura foi construída para nutrir e aconchegar. Seja a mulher que, uma vez de pé, levanta outras. Esse é um dos seus chamados. Não levante bandeiras, levante outras mulheres.

Aceite os encaixes e desencaixes de Deus

Então Abrão disse a Ló: "Não haja conflito entre nós, ou entre nossos pastores. Afinal, somos parentes próximos! A região inteira está à sua disposição. Escolha a parte da terra que desejar e nos separaremos" [...]. (Gênesis 13.8-9)

As pessoas com quem você convive e se relaciona irão influenciar sua construção pessoal — seu modo de se vestir, falar, agir e pensar. É por isso que todo relacionamento pode impulsioná-la ou prejudicá-la. Em minha caminhada, estabeleci certas conexões que despertaram projetos de Deus em meu coração, sonhos que ele já havia depositado dentro de mim, mas estavam adormecidos.

Sim, por muitos anos carreguei um tesouro em meu interior, sem saber ou entender o porquê e para que estava lá. Lembro que vivia angustiada, e algo me levava a acreditar — mesmo com todas as circunstâncias indicando o contrário — que minha vida tinha um propósito maior do que o que estava experimentando. Foi quando Deus me desconectou de um sistema, tirou-me da zona de conforto, fez-me andar na direção contrária de certas pessoas com quem eu caminhava — como Abrão e Ló em Gênesis 13 — e pisou no acelerador do meu chamado.

De repente, algumas coisas começaram a acontecer. Passei a criar laços inimagináveis com quem antes não era próxima, e o Senhor me conectou até mesmo àqueles que estavam distantes geograficamente. Era como se Deus os usasse para acender uma chama em meu coração; eles eram capazes de traduzir meus sentimentos e entendimentos mais secretos em palavras. Dessa forma, vi meus anseios serem concretizados através de episódios precisos e pontuais.

Quando caminhamos com Deus, não é incomum que o nosso cenário mude, porque ele nos leva a viver o que não planejamos. É por essa razão que nem sempre estar encaixada em um ambiente é uma bênção. Talvez, o melhor seja aceitar os desencaixes em seus relacionamentos como encaixes de Deus para algo inédito e fresco que ele deseja realizar em sua vida.

Não queira o sucesso numa embalagem pronta

Quando Raquel viu que não dava filhos a Jacó,
teve inveja da irmã e implorou a Jacó: "Dê-me filhos, ou morrerei! [...] Tome minha serva Bila e deite-se com ela. Ela dará à luz filhos em meu lugar e, por meio dela, também terei uma família". (Gênesis 30.1,3)

Na turbulenta história de Jacó, encontramos a triste rivalidade entre duas irmãs cujas vidas foram permeadas pela sombra da comparação. Raquel e Lia eram esposas de Jacó, porém este amava mais a Raquel, retratada nas Escrituras como alguém muito bonita e desejável. Lia não tinha a mesma beleza da irmã e era desprezada pelo cônjuge. A questão é que, apesar da formosura de Raquel e do favor que tinha de Jacó, ela não podia ter filhos e, por esse motivo, passou a invejar a irmã, que havia sido agraciada pelo Senhor com muitos descendentes. Lia, por sua vez, desesperada pelo amor do marido, estava sempre tentando chamar sua atenção e conquistar seu afeto.

Ambas possuíam o que a outra, talvez, gostaria de ter. Afundadas em amargura, as irmãs começaram a competir e, gradualmente, foram se tornando cegas para as bênçãos que desfrutavam individualmente. Fico imaginando como era o ambiente em que essas mulheres estavam inseridas: competição, tristeza, insatisfação, tramoias, manipulação.

Muitas mulheres estão frustradas consigo mesmas e têm destruído aqueles que se sentem realizados e bem ajustados ao seu redor. Nesse ímpeto, acabam minando a sua paz e alegria e a de todos os que convivem com elas. Preocupam-se mais com o sucesso dos outros do que com suas próprias vitórias e conquistas. Dão mais valor ao que é alheio do que às pérolas que o Senhor lhes confiou.

Não queira o sucesso numa embalagem pronta e pré-fabricada, porque o Senhor não trabalha com linha de produção. Cada uma de nós é única e encarará um processo particular na trajetória com Deus. Viva as suas experiências, sem focar no que os outros têm e você não. Amadureça em sua individualidade e caráter, e busque compreensão acerca do plano ímpar que o Senhor tem para a sua vida. Mulher, você é original. Não se compare.

Viviane Martinello

Às vezes, você precisa perder para não se perder

Que vantagem há em ganhar o mundo inteiro, mas perder a vida? (Marcos 8.36)

Quando Jesus explicou aos seus discípulos o propósito da sua vinda à Terra, Pedro ficou escandalizado, pois não achava justo que seu Mestre passasse por tantos sofrimentos, incluindo a morte (cf. Marcos 8.31–32). No entanto, ele foi rapidamente repreendido por Cristo, que disse: "[...] 'Você considera as coisas apenas do ponto de vista humano, e não da perspectiva de Deus'" (Marcos 8.33).

É comum que tenhamos o mesmo pensamento de Pedro. O mundo constantemente quer nos puxar para longe das verdades do alto, oferecendo prazeres, confortos e bens que despertam desejos carnais. Entretanto, esquecemos que toda essa satisfação é momentânea e que, aos poucos, arrasta-nos para a morte.

A missão de Cristo foi muito, muito pesada. Ele teve de ser rejeitado, perseguido, humilhado, açoitado e, por fim, crucificado. Porém, sua obediência e fidelidade lavou uma multidão de pecados, recalculou o destino da humanidade e comprou a nossa liberdade. Nós também temos uma responsabilidade a cumprir: como seguidores de Cristo, temos que nos desapegar das coisas deste mundo, negar a nós mesmas, tomar a nossa cruz e seguir os passos do Mestre (cf. Lucas 9.23–24), a fim de não perdemos de vista a vida eterna.

A advertência de Jesus é clara: "Nem todos que me chamam: 'Senhor! Senhor!' entrarão no reino dos céus, mas apenas aqueles que, de fato, fazem a vontade de meu Pai, que está no céu. No dia do juízo, muitos me dirão: 'Senhor! Senhor! Não profetizamos em teu nome, não expulsamos demônios em teu nome e não realizamos muitos milagres em teu nome?'. Eu, porém, responderei: 'Nunca os conheci. Afastem-se de mim, vocês que desobedecem à lei!'" (Mateus 7.21–23). Neste dia, escolha considerar as coisas pela perspectiva de Deus: decida perder para ganhar.

Um convite ao comprometimento

Em tudo o que fizerem, trabalhem de bom ânimo, como se fosse para o SENHOR, *e não para os homens. Lembrem-se de que o* SENHOR *lhes dará uma herança como recompensa e de que o* SENHOR *a quem servem é Cristo.* (Colossenses 3. 23–24)

Percebo que algumas pessoas têm o costume de "flertar com Deus". Em vez de assumirem um compromisso sério e as responsabilidades de um relacionamento maduro com o Senhor, preferem buscá-lo apenas quando sentem vontade ou ao precisarem de alguma coisa. "Hoje estou muito cansada para ler a Bíblia" ou "amanhã separo um tempo para orar" são desculpas que muitas de nós já utilizamos para nos esquivarmos de um comprometimento verdadeiro.

Muitas vezes, desejamos os frutos, mas não queremos nos esforçar para que essa colheita aconteça. A verdade é que os compromissos nem sempre estão atrelados ao prazer, e com frequência teremos de realizar tarefas mesmo que o nosso corpo deseje o contrário. Felizmente, o apóstolo Paulo nos traz uma solução para a falta de motivação: entender qual o propósito daquilo que fazemos.

A vida vivida a esmo não se aplica a nós cristãs, porque a nossa caminhada tem um destino claro e os nossos esforços serão recompensados pelo Senhor. Não estamos sem rumo, passivas ou à mercê das nossas vontades, porque carregamos as promessas de Deus no coração e a esperança da eternidade ao lado de Cristo.

Quando a nossa perspectiva se alinha com a realidade celestial, entendemos que o nosso compromisso não é com seres humanos ou com este mundo. O nosso foco deve estar em agradar ao Senhor e glorificá-lo em tudo o que fazemos, não na aprovação e reconhecimento alheios. A minha oração é para que você e eu possamos servir ao Pai com excelência, crendo que o nosso empenho e entrega não são em vão. Há uma recompensa reservada para quem decide se comprometer verdadeiramente, a qual somente Deus pode nos oferecer.

Qual é o seu temperamento?

Por isso digo: deixem que o Espírito guie sua vida. Assim, não satisfarão os anseios de sua natureza humana. **(Gálatas 5.16)**

As pessoas constantemente me perguntam qual é o meu temperamento, e percebo que este é um assunto muito comentado entre as mulheres cristãs. Algumas são melancólicas: mais sensíveis, emotivas e introspectivas. Outras, alegres e extrovertidas, têm uma maior predominância do temperamento sanguíneo. As fleumáticas são pacientes e organizadas, enquanto as coléricas costumam ter uma personalidade forte, um posicionamento firme e, por vezes, uma facilidade para liderar.

Agora, seja qual for o seu temperamento, é essencial nunca utilizá-lo como uma bengala, na qual você se apoia para justificar suas falhas e fraquezas, como se não precisasse se responsabilizar por elas. O Senhor criou cada uma de nós de maneira especial, e ele deseja que nossa individualidade seja usada em favor do Reino. Entretanto, a nossa natureza pecaminosa tem de ser dominada pelo Espírito Santo, a fim de termos o nosso caráter santificado. Como Paulo aconselha na carta aos gálatas, é necessário render as nossas inclinações ao senhorio de Cristo.

Hoje, escrevo a você duas dicas importantes para se tornar mais parecida com Jesus e ter o seu temperamento alinhado à vontade divina. Primeiro, dedique-se a conhecer o Senhor: a maneira como ele age, aquilo que o agrada, o que ele abomina e os planos que tem reservado para os seus filhos. Em seguida, busque o autoconhecimento, entenda quais são as suas maiores dificuldades e qualidades e, a partir disso, permita que o Espírito transforme o que precisa de mudança e potencialize as suas virtudes.

Uma mulher controlada pelo Espírito Santo é sensível aos direcionamentos do Céu, submete-se à vontade do Senhor e segue seus ensinos — e não seus próprios instintos. Dessa forma, apesar de seu temperamento, é capaz de demonstrar amor, compaixão, paz, sabedoria nas decisões, e usar seus dons para a glória de Deus. "Por isso digo: deixe que o Espírito guie sua vida".

Ressignifique seus valores

***Não se preocupem com a beleza exterior obtida com penteados extravagantes, joias caras e roupas bonitas. Em vez disso, vistam-se com a beleza que vem de dentro e que não desaparece, a beleza de um espírito amável e sereno, tão precioso para Deus.* (1Pedro 3.3–4)**

Hoje o devocional será um pouco diferente. Sem pesquisar, responda às seguintes perguntas:

- Quem são as cinco pessoas mais ricas do mundo?
- Quais foram as últimas cinco ganhadoras do concurso Miss Universo?
- E os últimos cinco ganhadores do Oscar nas categorias de melhor ator e atriz?

Como se saiu no teste? Agora, eu tenho mais três questões para você:

- Quem foram os cinco professores que mais marcaram a sua jornada estudantil?
- Quais os nomes das cinco amigas que mais a ajudaram em momentos difíceis?
- Quem são as cinco pessoas cujas histórias são inspiradoras para você?

Conseguiu responder a segunda leva de perguntas com mais facilidade? Talvez para os primeiros questionamentos você precisasse pesquisar as informações. Mas tenho certeza de que para a segunda parte, acessou sua memória e puxou as experiências que vivenciou. O objetivo desse exercício é que você compreenda algo importante: nós não temos o costume de lembrar as manchetes de ontem. O aplauso acaba, o troféu perde o valor e o brilho, e grandes e extravagantes realizações podem ser esquecidas. As pessoas que fazem realmente a diferença em sua vida não são aquelas que possuem mais recursos, fama ou apenas beleza exterior, mas as que se importam e convivem com você, que a amam nos tempos bons e maus. Então, neste dia, tire um instante para refletir sobre o que você de fato tem valorizado no seu relacionamento com aqueles que estão ao seu redor.

Crescer leva tempo

Jesus crescia em sabedoria, em estatura e no favor de Deus e das pessoas. **(Lucas 2.52)**

Sempre orei por transformação, e quanto mais busco um caráter aperfeiçoado e maduro, mais eu compreendo que o crescimento é alcançado por meio de um processo que leva tempo. Quando penso que venci um desafio, ainda me recuperando do que sofri, já avisto outro maior à minha frente e, muitas vezes, a luta parece ser lenta e quase interminável. Por outro lado, sei que essa é uma das maneiras de Deus gerar em nós o amadurecimento que tanto desejamos.

Somos ansiosas, queremos ver o progresso acontecer da noite para o dia, e esquecemos que um fruto não nasce de forma instantânea. Cristo é o nosso maior exemplo: para cumprir sua missão, ele veio à Terra como um bebê indefeso. Não sabia falar, andar ou se alimentar sozinho, e teve de aprender tudo como qualquer uma de nós. Foi ensinado pelos seus pais a seguir as leis de Moisés, a ser uma criança obediente e temente a Deus. Mesmo que já carregasse a promessa de ser o salvador da humanidade, sofreu, chorou e enfrentou momentos de muita pressão, dor e cansaço. Jesus se preparou, cresceu e amadureceu para que, anos depois, pudesse vencer a morte por toda a humanidade e nos reconectar ao Pai. A sua vida nos encoraja a abraçar esse desenvolvimento progressivo a fim de nos tornarmos maduras e preparadas também.

Se você está experimentando uma estação de crescimento que parece não ter fim, acalme o seu coração. O Senhor deseja refiná-la através dos processos, para que você cumpra sua missão aqui na Terra à semelhança de Cristo. Se Deus a está esticando, fazendo-a romper com sua maneira antiga de pensar e agir, e ir além, tenha paciência e seja persistente, pois nem mesmo o nosso Salvador foi poupado do caminho que deveria percorrer.

Admita seus tropeços

Então Davi confessou a Natã: "Pequei contra o Senhor*". Natã respondeu: "Sim, mas o* Senhor *o perdoou, e você não morrerá por causa do seu pecado."* (2Samuel 12.13)

Uma das qualidades que mais admiro em uma pessoa é a capacidade de reconhecer seus erros, mesmo que isso não a favoreça. Davi precisou encarar seu pecado de frente ao ser exortado por Natã. Com certeza, aquele confronto deve ter doído e causado desconforto; além disso, a Palavra nos diz que o rei teve de enfrentar as consequências do seu erro (cf. v. 14). Porém, ao admitir sua falha, ele deu abertura para que fosse abraçado pela misericórdia e amor de Deus, e recebesse o perdão.

É verdade que existem problemas em nossa vida que apenas o Senhor será capaz de solucionar, mas há outros que precisarão ser resolvidos por nós. Sermos responsáveis, íntegras e honestas é dever nosso. Temos de assumir e lidar com as nossas próprias deficiências e as complicações que elas podem causar. Quando você se esquiva de admitir seus tropeços ou resolvê-los, pode piorar situações, intensificar feridas e perder a grande oportunidade de crescer e mudar.

O nosso Senhor não rejeita um coração contrito (cf. Salmos 51.17), por isso, hoje, tenha coragem de pedir perdão, humilhar-se e não deixar que o orgulho a impeça de provar da misericórdia do Pai. Reconciliação, paz e libertação estão disponíveis para quem confessa seus erros e se arrepende.

Deixar

***Por isso o homem deixa pai e mãe e se une à sua mulher, e os dois se tornam um só.* (Gênesis 2.24)**

O versículo de hoje traz uma orientação de ouro para quem deseja construir um relacionamento duradouro; e é o que quero refletir com você agora. Quando nos casamos, passamos a estabelecer uma vida em comum com nosso cônjuge, através de uma relação íntima e comprometida. Essa união física, emocional e espiritual inclui estabelecer uma rotina para o casal, prioridades compatíveis e uma forma conjunta de organizar a nova vida. Por isso, a Bíblia aconselha que o homem deixe a casa de seus pais, e entendo que essa orientação signifique edificar um novo lar.

Sim. Foi isso mesmo que eu disse, porque o casamento envolve a criação de novas maneiras de pensar, enxergar as tarefas do lar e as responsabilidades do cotidiano. O casal precisa colocar isso em prática sem a influência direta dos pais. Construir uma nova história, desenvolver um legado e ser responsável por uma família que crescerá e será uma resposta para esta geração é um processo que exige soltar as mãos dos seus pais para então segurar as mãos do seu marido.

Agora, isso não significa que você deva cortar os laços com eles e tirá-los da sua vida. Pelo contrário, é importante que continue aprendendo com seus pais, e que seus filhos desfrutem da presença dos avós. Faça almoços em família, visite-os de vez em quando, ame-os e sempre honre o que eles ensinaram a você. Porém, é crucial haver equilíbrio para que a nova família cresça, não de acordo com a opinião dos sogros, mas, sim, com a visão formada por você e seu esposo. O matrimônio inaugura uma nova estação, e a missão de estabelecer a base para a estrutura familiar deve ser do marido e de sua mulher.

Idade é número, maturidade é escolha

Começar uma briga é como abrir a comporta de uma represa; portanto, pare antes que irrompa a discussão. **(Provérbios 17.14)**

Boa parte dos nossos avanços ao longo da vida dependerão de nossas iniciativas. Já parou para pensar que amanhã você trilhará a estrada que construir hoje? Essa responsabilidade pode soar assustadora, mas é a realidade. Nossas escolhas e posicionamentos no presente definirão o quão maduras estaremos no futuro; engana-se quem acha que isso depende da idade.

O que a nossa boca não fala, o nosso comportamento denuncia, e a imaturidade é facilmente percebida quando nos portamos de maneira imprudente. São aqueles momentos em que somos tomadas pela ira e a inveja, quando causamos contendas e confusões, o instante em que decidimos não perdoar ou revidar algo que fizeram contra nós. A maturidade, por sua vez, consiste em entender que não precisamos despender nossa energia com certas situações, porque muitas delas apenas nos distraem e geram desgastes, a nós e aos outros.

Tenha a sabedoria de evitar discussões desnecessárias, fofocas, intrigas e não tente revidar todos os ataques que receber. Às vezes, ser discreta e reservada são atitudes que apontam para a sensatez. Nunca se precipite ou aja por impulso quando estiver irritada, ferida ou chateada com alguém. Busque no Senhor a melhor maneira de resolver os conflitos, com mansidão e humildade. Lembre-se: a maturidade nos leva em direção à justiça e paz.

Viviane Martinello

Seja uma mulher de obediência imediata

Simão respondeu: "Mestre, trabalhamos duro a noite toda e não pegamos nada. Mas, por ser o senhor quem nos pede, vou lançar as redes novamente". Dessa vez, as redes ficaram tão cheias de peixes que começaram a se rasgar. (Lucas 5.5-6)

Se você me convidasse para tomar um café hoje e tivéssemos a chance de nos aprofundar em uma conversa, eu provavelmente mencionaria meu desejo de ser uma mulher de obediência imediata, pois isso é o que tenho buscado intensamente nestes dias. Quero obedecer à Palavra não somente quando for conveniente e confortável para mim, mas em todos os momentos.

E aqui está o porquê: a Bíblia diz que é possível entristecer o Espírito Santo de Deus (cf. Efésios 4.30). Ou seja, quando desobedecemos, nós nos tornamos insensíveis e abrimos espaço para a incredulidade em nosso coração. Isso significa que podemos perder a doçura da comunhão com o Senhor, os encontros especiais com ele e as maravilhas sobrenaturais que ele deseja compartilhar conosco. Fico imaginando se Pedro não confiasse em Jesus e se recusasse a jogar a rede novamente ao mar. Ele deixaria de vivenciar um milagre e talvez perderia a oportunidade de se tornar um discípulo de Cristo.

Pedro e seus companheiros deveriam estar cansados; tinham trabalhado a noite toda e, além do mais, nem conheciam a Jesus direito; ele tinha "motivos" para não obedecer. Mas escolheu acreditar, e naquele momento o seu chamado foi revelado: ele se tornaria um pescador de homens (cf. Lucas 5.10). Esse episódio nos ensina uma lição preciosa: a obediência é uma chave que destrava portas em nossa vida e nos auxilia a cumprir o chamado que Deus tem para nós.

Os sintomas de uma vida travada e paralisada, muitas vezes, tornam-se aparentes após uma falta de posicionamento da nossa parte. Para agradar ao Senhor, precisamos ser mulheres de fé, que obedecem com prontidão, sem questionar. Aprenda a confiar na soberania de Deus e permita que ele a guie através de uma vida de obediência. Você não irá se arrepender.

Um ciclo se fecha para outro se abrir

O Senhor disse a Samuel: "Você já lamentou o suficiente por Saul. Eu o rejeitei como rei de Israel. Agora, encha uma vasilha com óleo e vá a Belém. Procure um homem chamado Jessé, que vive ali, pois escolhi um dos filhos dele para ser rei". (1Samuel 16.1)

Estamos chegando ao fim de março, e o verão está prestes a se encerrar. As mudanças de estações me lembram de que a nossa vida também passa por transformações, e os encerramentos de ciclos são necessários e benéficos. Quando entendemos isso, os términos perdem o poder de nos aprisionar no medo ou em uma época que passou.

Samuel era um grande profeta de Deus, mas a certa altura viu-se preso na tristeza e decepção, pois o rei que um dia havia ungido desviara-se do seu chamado e fora rejeitado pelo Senhor (cf. 1Samuel 15). Foi quando, em meio ao choro, recebeu um novo direcionamento e precisou abandonar o passado para cumprir a nova missão da qual Deus o havia encarregado — estabelecer Davi como novo rei. O tempo de lamento é necessário, mas também somos convidadas a abraçar as próximas estações da vida que estão à nossa frente.

O novo ciclo a recebe com um sorriso, traz esperança e abre a porta da fase seguinte para você entrar. Eu já chorei muito por encerramentos e tentei reconstruir o que Deus havia destruído. Porém, entendi que, enquanto estivesse focada no velho, não seria capaz de receber a novidade que o Senhor desejava derramar sobre mim.

É possível que você esteja enfrentando um término difícil: o fim de algum relacionamento amoroso ou de uma amizade, uma mudança na vida profissional; talvez seu filho esteja prestes a se casar e sair de casa; ou você precise se despedir de quem ama pela necessidade de se mudar para outro lugar. Contudo, o fim de um ciclo pode, sim, ser um presente. Pare de chorar por Saul; Davi já está disponível para ser ungido rei.

Um convite à vida em comunidade

***E não deixemos de nos reunir, como fazem alguns, mas encorajemo-nos mutuamente, sobretudo agora que o dia está próximo.* (Hebreus 10.25)**

Nada substituirá o nosso relacionamento no secreto com o Senhor, porém a Palavra também destaca a importância de se viver em comunidade com outros cristãos. Noto pessoas que dizem crer em Jesus, mas não frequentam nenhuma comunidade de fé, seja por preguiça, feridas causadas pela igreja ou ocupação com outras atividades no fim de semana. Isso, sem contar o comodismo que tomou conta de muitos crentes após a pandemia da covid-19.

A vida em comunidade não tem como objetivo cumprir com uma obrigação religiosa nem serve para sugar ninguém pelo excesso de serviço nos ministérios, mas desempenha um papel fundamental em nos aperfeiçoar e manter firmes na fé em Jesus, por meio da unidade e do encorajamento mútuo, como instrui a Escritura. O ambiente da igreja nos oferece momentos preciosos de louvor em conjunto, ensinamentos, aconselhamento, exortação e nos faz aprender a importância do serviço, perdão e amor.

Talvez você tenha passado por situações difíceis e hoje se vê decepcionada com certas instituições, mas escute o meu conselho: não deixe de se reunir com seus irmãos na fé. Encontre um lugar que prega e vive o que a Bíblia ensina, com líderes humildes, tementes a Deus e dispostos a acompanhá-la, e entenda que nenhuma igreja será perfeita, pois é formada por seres humanos falhos e carentes de misericórdia, assim como você.

Não negligencie a comunhão, pois ela nos garante crescimento espiritual, suporte emocional e o desenvolvimento do fruto do Espírito Santo. A vida em comunidade nos refina, nos ensina a amar verdadeiramente e nos sustenta em tempos adversos. Oro para que Deus lhe traga uma revelação e amor frescos pela Igreja de Cristo neste dia, afinal é impossível amar o Noivo e odiar quem ele ama: a sua Noiva.

O sustento que precisamos e podemos oferecer

***Então Arão e Hur encontraram uma pedra para Moisés se sentar e, um de cada lado, mantiveram as mãos dele erguidas. Assim, as mãos permaneceram firmes até o pôr do sol.* (Êxodo 17.12)**

Quando o povo de Israel estava peregrinando pelo deserto, foi atacado pelo exército dos amalequitas. Moisés, então, ordenou que Josué liderasse a batalha para proteger os israelistas, enquanto ele ficaria no alto de uma colina, segurando o bordão de Deus. Desde que Moisés permanecesse com as mãos erguidas aos céus, Josué e o exército de Israel superavam os inimigos, mas quando aquele abaixava os braços, os israelitas ficavam em desvantagem. Por isso, Moisés precisou da ajuda de Arão e Hur para enfrentar o cansaço, até que o povo de Deus saísse como vencedor.

Esse relato me faz lembrar da importância dos intercessores. Além da presença do Espírito Santo e das Escrituras, eles nos ajudam a manter a fé, a perseverança, força e esperança durante os momentos de batalha. Suas orações complementam as nossas, formando uma rede de apoio espiritual que fortalece e encoraja durante os tempos difíceis.

Diante dessa preciosa verdade, não devemos hesitar em pedir ao Senhor pessoas que nos suportem em oração, já que há cargas que não temos que levar sozinhas (cf. 2Coríntios 1.11). Em contrapartida, um outro aspecto dessa verdade vem à tona quando nós nos tornamos as intercessoras daqueles que nos cercam. Ao clamarmos por nossos irmãos e irmãs (cf. Mateus 18.18–19; Marcos 11.24) temos a garantia de que o nosso posicionamento surtirá efeito, não da maneira como esperamos, mas conforme a vontade divina, que é soberana.

Esteja sempre conectada com o Senhor por meio de um clamor constante. Ore por intercessores em sua vida, mas seja você uma intercessora e amiga fiel também. Batalhe em favor dos seus amigos, familiares, da Igreja de Cristo, da nossa nação, dos órfãos e todas as outras pautas que Deus colocar em seu coração. Entenda o momento correto de ser Moisés, e de ser Arão e Hur.

Armas de guerra

***Vistam toda a armadura de Deus, para que possam permanecer firmes contra as estratégias do diabo.* (Efésios 6.11)**

Todas nós enfrentamos grandes batalhas diariamente. O espírito luta contra a carne e, por essa razão, precisamos manejar bem as armas que estão à nossa disposição, se quisermos estar preparadas para a guerra contra o Inimigo.

O Diabo usa nossos próprios desejos para nos tentar (cf. Tiago 1.14) e distorce a Palavra, a fim de criar mentiras em nossa mente. Jesus passou por isso quando foi tentado no deserto e teve de recorrer à integridade e imutabilidade das Escrituras para combater os enganos de Satanás (cf. Mateus 4.1–11). Por esse motivo, a Bíblia é uma arma indispensável e devemos empunhá-la como uma espada (cf. Efésios 6.17), de maneira que o nosso espírito seja protegido e fortalecido.

Além disso, a fé funciona como um escudo poderoso contra as flechas do Inimigo (cf. Efésios 6.16). Quase sempre, a nossa mente é atacada por mentiras que não condizem com a realidade do alto: duvidamos do amor de Deus, da nossa identidade, deixamos de acreditar no poder do Evangelho e na seriedade do pecado, que leva à morte. Não basta apenas saber o que a Palavra diz, é preciso crer e colocá-la em prática. Só assim, estaremos guardadas das artimanhas enganosas do inferno.

Talvez você ainda não perceba com clareza, mas a guerra em que nos encontramos é real e está acontecendo neste exato momento. Quanto mais cedo compreendermos essa verdade, mais rapidamente empunharemos as armas corretas que Deus nos disponibiliza para enfrentar cada batalha. Ore continuamente para receber dele direção e estratégias que farão com que você avance em nome do Senhor, o nosso General. Revista-se da armadura de Deus e nunca, sob nenhuma hipótese, baixe a guarda. Não é por acaso que a Palavra diz que o Diabo anda em derredor, à procura de quem possa devorar (cf. 1Pedro 5.8). Portanto, como o versículo recomenda: "Permaneçam firmes contra ele e sejam fortes na fé [...]" (1Pedro 5.9).

Cuide do presente que Deus deu a você

Vocês não sabem que seu corpo é o templo do Espírito Santo, que habita em vocês e lhes foi dado por Deus? Vocês não pertencem a si mesmos, pois foram comprados por alto preço. Portanto, honrem a Deus com seu corpo. (1Coríntios 6.19-20)

Adoramos ao Senhor com cânticos, com o nosso serviço e por meio das disciplinas espirituais, mas temos o costume de esquecer que o autocuidado também é uma expressão de honra ao nosso Deus. O apóstolo Paulo escreveu aos coríntios, lembrando-lhes de que seus corpos eram santuários do Espírito Santo, habitados pelo próprio Deus. Essa verdade transformadora nos chama a repensar a maneira como cuidamos de nós mesmas, fazendo-nos reconhecer que cada ação, pensamento e escolha também têm implicações espirituais.

Quando negligenciamos a nossa saúde, desmerecemos o presente que Deus nos deu: o nosso corpo, o lugar sagrado onde o Espírito Santo habita. Ou seja, se você se alimenta de modo incorreto, descuida de boas noites de sono, não pratica exercícios físicos nem dá atenção à sua saúde mental, está sendo negligente com o bem que o Senhor lhe confiou. Deixe o celular de lado para dormir melhor à noite, beba bastante água, evite alimentos processados e lembre-se de que alguns minutos de atividade física, como uma simples caminhada, trazem grandes benefícios. Não deixe também que as suas emoções fiquem em segundo plano; busque ajuda profissional se necessário; uma mente enferma pode causar graves doenças no corpo.

Por fim, é importante esclarecer: o autocuidado não é uma futilidade egoísta, e sim uma oportunidade de glorificar a Deus em todos os aspectos da vida, afinal, quanto mais disposição e saúde tiver, mais será capaz de servi-lo melhor. Para qual dessas áreas você precisa dar atenção especial hoje? Peça a ajuda do alto e rascunhe passos práticos para mudar o que for preciso em sua rotina.

Serviço

[...] Assim diz o Senhor: 'Deixe meu povo sair para me adorar'. **(Êxodo 8.1)**

No trecho acima, a palavra "adorar" também carrega o significado de "serviço". Note como em outras versões bíblicas, por exemplo, a ARA, lemos o seguinte: "[...] 'Deixa ir o meu povo, para que me sirva'". Isso quer dizer que a adoração ao Senhor também implica servi-lo, e isso pode ser feito de inúmeras maneiras.

Quando você auxilia os ministérios em sua igreja local, cuida das pessoas ao seu redor, faz o serviço de casa com excelência, ensina os seus filhos, ama o seu marido ou realiza um trabalho bem-feito, está adorando a Deus. Até mesmo as tarefas mais cotidianas e triviais, que não são vistas por ninguém nem possuem nenhum glamour, podem ser oferecidas ao Senhor como uma forma de adoração. Em sua carta aos colossenses, Paulo nos dá um precioso conselho: "Tudo quanto fizerdes, fazei-o de todo o coração, como para o Senhor e não para homens" (Colossenses 3.23, ARA).

Os momentos de adoração não devem estar restritos aos cultos dominicais nem depender de uma música específica para acontecerem. A Palavra nos ensina a adorarmos a Deus em tudo o que realizamos (cf. Colossenses 3.17), pois é para isso que fomos criadas. Assim como Cristo escolheu abrir mão de sua glória e se fazer servo, igualmente devemos nos tornar servas por amor a ele, gratas pela graça e bondade do Pai que nos alcança todos os dias.

Hoje, clamo ao Senhor que nos ajude e ensine a adorá-lo com o nosso serviço, e a cultivarmos um coração alegre e disposto a amparar o próximo, trabalhando com excelência, mesmo nas atividades mais ordinárias, pois assim ele será adorado e o seu nome, glorificado.

Cuidado com o ativismo

Jesus lhes disse: "Vamos sozinhos até um lugar tranquilo para descansar um pouco", pois tanta gente ia e vinha que eles não tinham tempo nem para comer. **(Marcos 6.31)**

Constantemente estamos sendo engolidas por exigências vindas de todos os lados, tanto de outras pessoas, quanto de nossas cobranças internas. E, mesmo que nos esforcemos muito, não será suficiente para atender todas as demandas que nos cercam. Vez e outra, podemos até nos sentir esmagadas, perdidas e cansadas ao tentar realizar diversas tarefas ao mesmo tempo.

Temos de entender que o ativismo é capaz de destruir a nossa vida. Estar envolvida em muitos projetos pode causar exaustão extrema e falta de senso de propósito, e isso inclui as atividades que realizamos dentro da igreja. Servir faz parte da identidade de quem é discípula de Jesus, mas o perigo aparece quando o serviço se transforma em ativismo religioso. Assumindo essa postura, somos enganadas pelo pensamento de que quanto mais fizermos, mais agradaremos ao Senhor, quando, na verdade, o Pai se preocupa com o estado do nosso coração, não com o tamanho da nossa lista de incumbências.

É como se muitas de nós estivéssemos presas em rodas-gigantes de afazeres intermináveis, que dão sensação de movimento, sem nos levar a lugar algum. Nossa geração está desgastada e necessita urgentemente correr para a presença de Deus, a fim de que ele ajuste os corações e as agendas. Caminhar com o Senhor é compreender que, quando depositamos a correria, as preocupações e as muitas demandas aos seus pés, recebemos de volta paz, contentamento e descanso.

Aprenda a desacelerar para que você perceba que a cura do cansaço e da ansiedade vem da simplicidade de uma vida ajustada ao que realmente importa. Talvez, você tenha de dizer mais "nãos" do que "sins" e recusar compromissos promissores para priorizar a sua saúde e seus relacionamentos familiares. Busque no Senhor o que se encaixa em sua realidade. Dessa forma, você se verá livre das exigências e andará no ritmo de Deus.

Gratidão

Jesus perguntou: "Quantos pães vocês têm?". "Sete, e alguns peixinhos", responderam eles. Então Jesus mandou todo o povo sentar-se no chão. Tomou os sete pães e os peixes, agradeceu a Deus e os partiu em pedaços. Em seguida, entregou-os aos discípulos, que os distribuíram à multidão. (Mateus 15.34-36)

Nessa ocasião, Jesus havia passado três dias próximo ao mar da Galileia, realizando curas entre a multidão. Chegado o momento de se despedir, teve compaixão das pessoas que estavam ali, porque não tinham comida que as sustentasse no caminho de volta para casa. Então, pediu aos seus discípulos que repartissem com todos, os poucos pães e peixes que possuíam.

Entre os muitos ensinamentos que podemos tirar desse episódio, um dos que mais me chama a atenção é a importância da gratidão, pois é ela que antecede a multiplicação. Cristo demonstrou grande fé ao agradecer o alimento que serviria de sustento para muitos, mesmo que, aos olhos humanos, parecesse insuficiente. Um coração que permanece grato, independentemente das circunstâncias, é capaz de abrir portas de acesso aos milagres que a ingratidão jamais conseguiria.

Leva tempo para entendermos que o nosso papel é apenas administrar com gratidão e excelência aquilo que Deus colocou em nossas mãos — nossos estudos, um cargo de trabalho, uma atividade na igreja, nosso lar, casamento e filhos — e cabe a ele fazer com que isso prospere. Podemos ser pequenas e, talvez, não estejamos desempenhando "grandes funções" sob a perspectiva natural, mas nas mãos dele, o que parece pouco se torna muito.

Que o nosso coração não se endureça a ponto de não enxergarmos tudo o que temos recebido. Mulher, seja grata pelos pequenos começos, pela solução que ainda não consegue ver, pelos frutos que ainda não colheu, e confie na provisão do Pai das luzes (cf. Tiago 1.17). Mire no potencial que alguns pães e peixes podem conter: talvez, para olhares desatentos, míseros pães e peixes, incapazes de alimentar aquele povo. O que não sabiam é que, nas mãos de Cristo, eles continham a possibilidade de multiplicação: "Todos comeram à vontade, e os discípulos recolheram, ainda, sete cestos grandes com as sobras" (Mateus 15.37).

Lenha no altar

[...] A cada manhã, o sacerdote acrescentará mais lenha ao fogo, arrumará sobre ele o holocausto e queimará nele a gordura das ofertas de paz. Lembrem-se de que o fogo deverá ser mantido aceso no altar o tempo todo; nunca deverá se apagar. (Levítico 6.12-13)

Tudo em nossa vida necessita de manutenção, e a maioria das atividades que realizamos têm "prazo de validade", o que significa que precisam ser refeitas diariamente: a cama bagunçada deve ser arrumada; as louças têm de ser lavadas a cada refeição; devemos nos alimentar todos os dias para garantir o sustento do corpo; regar as plantas; tomar banho; escovar os dentes; esvaziar as lixeiras; vez após vez.

O Sol nasce, seguido pela chegada da noite até que se inaugure uma nova manhã — processo que se repete desde a criação do mundo. Não sabemos por que Deus organizou a vida dessa maneira, mas ela nos lembra de que a caminhada com Jesus requer manutenção. Assim como, no Antigo Testamento, o sacerdote ficava responsável por manter o fogo aceso no altar, acrescentando lenha a cada manhã, também temos a incumbência de manter a chama do Espírito Santo acesa em nosso coração, dia após dia, até a volta de Cristo.

É importante que todo dia reservemos um tempo para alinhar nossos pensamentos aos de Deus, desfrutar de sua presença e fortalecer o nosso espírito com as verdades do Reino. Por vezes, necessitamos que ele limpe certas áreas dentro de nós, retire o lixo acumulado e faça um detox em nossa alma. Se até mesmo os nossos celulares, gavetas e bolsas têm limite de espaço e precisam ser organizados, que dirá a nossa vida.

Não deixe que a sujeira se acumule em seu coração, e a chama da paixão por Cristo se apague. O Senhor convida você a encontrá-lo todos os dias, para ser restaurada, fortalecida e reanimada pelo fogo do Espírito. Neste dia, não se esqueça de acrescentar lenha ao seu altar e entregar sua oferta de adoração a Deus. Você é responsável por não deixar o fogo se apagar.

Viviane Martinello

Níveis maiores, responsabilidades maiores

Quero conhecer a Cristo e experimentar o grande poder que o ressuscitou. Quero sofrer com ele, participando de sua morte, para, de alguma forma, alcançar a ressurreição dos mortos! (Filipenses 3.10–11)

Conforme avançamos em nossa caminhada com Cristo, é inevitável alcançarmos novos níveis de maturidade. No começo, engatinhamos como bebês e nos alimentamos de leite, mas à medida que nos aprofundamos no conhecimento de Deus, passamos a ser capazes de consumir alimento sólido (cf. Hebreus 5.13–14).

Enquanto uma iniciante na fé pode tropeçar na falta de perdão, nos julgamentos e críticas alheios, na indisciplina espiritual, na dependência excessiva do líder e na religiosidade vazia, uma crente madura deve se firmar no estudo das Escrituras, no amor ao próximo e na integridade em tudo o que faz.

Agora, é certo que a maturidade traz consigo deveres, que são verdadeiros desafios de fé. Crescer em Deus significa ter de solucionar problemas, enfrentar o cansaço, passar por embates interiores, ser tolerante e até mesmo sofrer por amor a Jesus. Você já ouviu falar de Amy Carmichael, uma missionária protestante do fim do século 19, que trabalhou na Índia, resgatando meninas do templo hindu dedicadas à prostituição? Ela enfrentou oposição cultural e incontáveis desafios em seu trabalho missionário, mas permaneceu fiel ao seu chamado e a quem a chamou. O Senhor permitiu grandes sofrimentos em sua trajetória, porque ela era digna de sua confiança. Ele sabia até onde poderia esticá-la para a expansão de seu Reino.

Não fuja das responsabilidades que o Pai colocar em suas mãos nem das perseguições que venha enfrentar devido aos seus posicionamentos de fé. É tempo de amadurecer e se tornar profunda em Deus, uma serva fiel, ativa, experiente e disposta a se doar por Cristo, haja o que houver.

Você está preparada?

Agora, aprendam a lição da figueira. Quando os ramos surgem e as folhas começam a brotar, vocês sabem que o verão está próximo. Da mesma forma, quando virem todas essas coisas, saberão que o tempo está muito próximo, à porta. **(Mateus 24.32-33)**

Jesus voltará, e cabe a nós permanecermos atentas enquanto aguardamos a sua segunda vinda. Assim como entendemos que o verão se aproxima quando os ramos da figueira surgem e suas folhas brotam, também devemos aprender a discernir os sinais que indicam o cumprimento de todas as coisas. Nesse trecho de Mateus, o Mestre está respondendo à pergunta dos discípulos sobre os indicadores que precederiam o fim dos tempos: falsos messias, guerras, fomes, terremotos e perseguição aos seus seguidores.

A verdade é que as Escrituras deixam claro que ninguém sabe o dia ou a hora em que nosso Jesus retornará, mas é possível atentarmos aos sinais e nos mantermos sóbrias até o fim. Hoje, vejo mudanças drásticas acontecendo: polarização política, transições de governos, mortes de homens de Deus que deixaram um grande legado — como Billy Grahan, Russel Shedd, Loren Cunningham —, pressões ideológicas sobre a Igreja e um impacto profundo na mentalidade de uma geração tão apegada às redes sociais e tecnologia. Em meio ao turbilhão de ideologias, doenças, transformações rápidas e dramáticas na sociedade, os sinais da vinda de Cristo estão falando alto, mas ainda assim, é possível que estejamos distraídas.

Os valores cristãos têm sofrido muita perseguição atualmente e, em breve, os que se encontram "em cima do muro" terão de escolher um lado: Cristo ou o mundo. Por isso, rotas estão sendo recalculadas, e tantos que ainda vivem no anonimato estão sendo preparados, santificados e aperfeiçoados para fazerem a diferença neste momento tão turbulento, sacudirem as nações e trazerem luz às trevas.

Deus a chama para fazer parte desse grupo de filhos e filhas que lutarão em prol do Reino. Então, esteja preparada, permaneça vigilante, fiel e pronta. Os dias estão cada vez mais desafiadores, mas o Senhor nos encoraja a viver com esperança e expectativa pelo seu retorno triunfal.

Um lar construído sobre a rocha

Quando vierem as chuvas e as inundações, e os ventos castigarem a casa, ela não cairá, pois foi construída sobre rocha firme. (Mateus 7.25)

Estabelecer bons alicerces é essencial para qualquer tipo de obra, porque eles são responsáveis por sustentar e distribuir o peso da construção no solo. Uma casa permanecerá firme, segura e resistente às condições climáticas se for erguida sobre um fundamento estável, que a impede de desmoronar ou rachar.

Tendo isso em mente, pergunto a você: qual é o alicerce da sua casa? Não me refiro às questões de engenharia, mas a respeito das bases sobre as quais a sua família está sendo construída. Quais ensinamentos você tem oferecido aos seus filhos? Quando há problemas no relacionamento com seu esposo, dificuldades financeiras, desentendimentos e brigas familiares, onde você encontra segurança e refúgio? O que tem protegido o seu lar nos dias difíceis, quando surgem chuvas e ventos ferozes?

O Senhor é a nossa rocha inabalável (cf. Salmos 89.26), em quem podemos confiar completamente; ele é proteção e nos dá a garantia de que estaremos seguras sob o seu cuidado, poder e soberania. Assim como as rochas são duradouras e perduram por eras, o nosso Deus é eterno, transcende o tempo e as circunstâncias (cf. Salmos 92.2) e deve ser a base da construção da nossa família. Quando há tribulações, a sua palavra oferece sabedoria, reconciliação e um novo ânimo. Isso quer dizer que, se permitir, o Senhor ensinará você a amar seu marido, discipular seus filhos e será o provedor de tudo o que precisam para ter uma família saudável, que teme a Deus e busca ser um reflexo de Jesus.

As tempestades são inevitáveis. É natural enfrentarmos problemas em nosso lar. Mas Deus é o refúgio bem presente na angústia (cf. Salmos 46.1), sobre o qual podemos descansar, sabendo que estamos protegidas. Entregue sua casa aos cuidados do Senhor, pois é certo que ele guardará, defenderá e guiará a sua família.

Abril

Seja ensinável

Quem rejeita a disciplina prejudica a si mesmo, mas quem dá ouvidos à repreensão adquire entendimento. (Provérbios 15.32)

Lidando com mulheres e pastoreando o rebanho que o Senhor me confiou, tenho me deparado com muitas pessoas de coração endurecido para o ensino, que precisam ser tratadas pelo autor da vida.

Uma das características de alguém que caminha com o Senhor é estar aberta à instrução, porque, diariamente, seremos corrigidas por ele. Quem é orgulhosa e teimosa despreza o novo ensino, não está preparada para as próximas estações nem é capaz de confiar em Deus plenamente. Quantas vezes nós nos apoiamos em nosso próprio entendimento e buscamos nele uma segurança que só o Pai pode nos dar. Por isso, aceite o convite de Jesus: "[...] 'Deixem que eu lhes ensine, pois sou manso e humilde de coração, e encontrarão descanso para a alma'" (Mateus 11.29).

Você é uma pessoa inflexível? Está enrijecida pelo passado ou por aquilo em que insiste acreditar? Talvez, ter um coração parecido com o de Cristo seja hoje a sua maior necessidade. É preciso estar disposta a largar tudo para se agarrar ao ensino que vem do alto e gera novidade de vida. Ele tem o poder de abrir horizontes, destravar visões, tirá-la da escuridão e levá-la a um lugar de claridade e conhecimento.

Então, após terminar a leitura deste dia, pergunte ao Senhor: "Em quais áreas estou fechada para o ensino?". Se você se vê com o coração duro, diga a Deus: "Eu quero e preciso aprender". Certamente, ele a colocará em mesas e ambientes de aprendizado, mas para extrair o máximo, você terá de ser ensinável.

"Entrando" no útero

***Assim diz o* SENHOR*, aquele que o fez e o formou no ventre e que o ajudará: Não tenha medo, ó Jacó, meu servo, Jesurum, a quem escolhi.* (Isaías 44.2, NVI)**

Entre as áreas mais inesperadas que Deus escolheu para nos desenvolver, a meu ver, a maternidade é uma das principais. Quando o bebê nasce, é a vez de a mãe "ir para o útero": seu serviço acontece no oculto, longe dos olhares dos outros e das posições em carreiras promissoras. Ali não há holofotes ministeriais nem roupas bacanas, afinal quantas vezes o pijama não se torna o look do dia?

É bem nesse momento improvável, de anonimato, renúncias e lágrimas escondidas, que Deus decide estabelecer nossas raízes e nos reconstruir por dentro. Entramos nesse "útero" onde uma nova mulher será gerada — mais equilibrada, madura, sábia e centrada, que ama estar onde Deus quer que ela esteja. E quando você é gerada pelo Espírito de Deus, nascer será apenas uma questão de tempo.

Minhas duas gestações foram marcos temporais em minha vida; anos em que busquei ao Senhor no lugar secreto como nunca. Naqueles dias, colecionei choros, nós na garganta, mas também muita graça e favor de Deus, nos quais o sobrenatural se revelava entre trocas de fraldas e louças a lavar. Minhas raízes foram firmadas naquele período. Se você está vivendo um tempo de reclusão, não desperdice; busque ao Pai e permita que ele gere a mulher que você foi desenhada para ser. E se esse não é o seu caso, mas você conhece mulheres próximas que estão nessa estação, mande uma mensagem oferecendo ajuda ou uma palavra de encorajamento neste dia.

Deus de gerações

Não esconderemos essas verdades de nossos filhos; contaremos à geração seguinte os feitos gloriosos do* SENHOR, *seu poder e suas maravilhas. **(Salmos 78.4)**

Você é uma mulher geracional, sabia? Tudo o que está construindo no Senhor hoje abençoará sua descendência, porque ele é um Deus de gerações — Abraão, Isaque e Jacó (cf. Êxodo 3.15) — e nos ajuda a preparar o caminho para os que vêm depois de nós. Talvez seus pais não tenham desenvolvido um relacionamento forte e seguro com Jesus. Mas não precisa ser assim com seus filhos.

Quando estou ministrando com a Vitória, minha filha mais velha, é como se estivéssemos em uma aula de voo. E, quando menos espero, vejo-a como uma águia, alcançando lugares jamais atingidos por mim. Levei quarenta anos para fazer a viagem dos meus sonhos, enquanto a minha caçula aos 4 anos já viajava comigo para o exterior. Isso significa que, se andamos, nossos filhos correrão; se corremos, eles voarão; e essa é a maior alegria de uma mãe e mentora.

O Inimigo tem tentado contra as famílias e quer desestabilizar os pais para tragar os filhos. Não deixe isso acontecer na sua casa. Construa fortalezas por meio de um relacionamento com Deus e não esconda as verdades celestiais deles. Conte às futuras gerações acerca dos "feitos gloriosos do Senhor, seu poder e suas maravilhas" para que eles aprendam a amá-lo de todo o coração. Treine seus filhos para que sejam melhores que você. Não os negligencie, tenha paciência para ensiná-los, não acelere, deixando-os para trás. Se preciso for, diminua o passo, segure em suas mãos e transfira um legado saudável e inspirador. Acredite: vai valer a pena.

Quem cuida da sua reputação é Deus

Ele foi oprimido e humilhado, mas não disse uma só palavra. Foi levado como cordeiro para o matadouro; como ovelha muda diante dos tosquiadores, não abriu a boca. (Isaías 53.7)

Ao longo do seu ministério, Jesus foi constantemente questionado, provado e atacado por pessoas. No ápice de seu sofrimento, deixou-se ser preso, açoitado e se entregou à morte. Nele não existia pecado; Cristo não havia cometido nenhum erro que justificasse a sua crucificação, mas, ainda assim, permaneceu em silêncio e passou pelo que era necessário, a fim de pagar a dívida pelos meus e seus pecados.

Por vezes, tinha a tendência de querer explicar minhas ações, mas, de uns tempos para cá, aprendi que só preciso me importar com a opinião das pessoas que me amam e realmente me conhecem. As que estão à espreita, fazendo comentários maldosos, não serão convencidas por minhas palavras; para elas, nem mesmo a verdade seria suficiente para persuadir seus corações. Isso, porque alguns não querem saber a verdade dos fatos, eles desejam apenas atacar. Foi então que passei a valorizar um caráter aprovado por Deus, em vez de uma reputação frágil diante dos homens. Assim como Jesus, escolho o silêncio e foco em fazer aquilo que agradará ao Pai, mesmo que eu receba reprovações ou resistências.

Se você chegar ao ponto de amar mais a sua reputação e a opinião alheia, seu coração ficará doente e preso em frustrações. Por isso, cultive a habilidade de nadar contra a correnteza deste mundo frenético e perdido. Muitos amam ver as transformações exteriores, mas Deus celebra aquelas que ninguém vê. São os posicionamentos que você escolhe assumir por ele que validarão a sua caminhada e colheita, não o que os outros podem pensar. Mulher, foque em desenvolver um caráter aprovado, e Deus cuidará do resto.

Luz na escuridão

[..] suas boas obras devem brilhar, para que todos as vejam e louvem seu Pai, que está no céu. (Mateus 5.16)

Ser luz no mundo não é uma opção, mas uma responsabilidade para todas nós. Como filhas de Deus, somos chamadas a sair da inércia, e isso inclui uma mudança revelada em palavras e atitudes que brilham e refletem a glória do Pai. Devemos ser testemunhas vivas do amor divino, demonstrar compaixão, generosidade e justiça, e buscar ativamente por oportunidades de servir aos necessitados, fazendo o bem.

Tenho profunda admiração por mulheres de Deus que fazem e fizeram diferença em seu tempo. Uma delas é Fanny Crosby, uma compositora de hinos cristãos do século 19, que impactou a sociedade. Ela era cega desde a infância, mas essa aparente escuridão não a impediu de irradiar a luz de Cristo na Terra. Essa mulher extraordinária compôs milhares de cânticos que ainda são entoados em várias igrejas ao redor do globo. Corrie ten Boom é outro exemplo inspirador: uma sobrevivente do Holocausto que, com sua família, abrigou muitos judeus durante a Segunda Guerra Mundial. Após o conflito, ela se dedicou ao ensino itinerante e escreveu diversos livros, entre os quais *O refúgio secreto*.[1] Essas mulheres demonstraram que a fé e a capacidade de ser luz superam qualquer escuridão, seja uma limitação física ou até mesmo uma terrível perseguição. Jesus, a luz do mundo, garantiu à humanidade vitória sobre as trevas, por essa razão é certo que o mal não prevalecerá (cf. João 1.4–5).

Hoje, Cristo nos convida a brilhar como ele, de maneira intencional, assertiva e pontual, como uma estrela que guia os viajantes no deserto durante a noite. Talvez você não tenha sido chamada para esconder judeus fugitivos ou mesmo compor canções que embalarão o louvor de muitos cristãos, mas certamente poderá pregar para os que ainda estão perdidos na escuridão. Portanto, deixe que sua vida resplandeça a esperança da salvação neste mundo.

1 BOOM, Corrie ten. **O refúgio secreto**. Colombo/PR: Publicações Pão Diário, 2021.

Se o medo é a gaiola, a coragem é a chave

Lembrem-se, irmãos, de que poucos de vocês eram sábios aos olhos do mundo ou poderosos ou ricos quando foram chamados. Pelo contrário, Deus escolheu as coisas que o mundo considera loucura para envergonhar os sábios, assim como escolheu as coisas fracas para envergonhar os poderosos. (1Coríntios 1.26-27)

É engraçado como Deus tem essa maneira peculiar de nos tratar. Ele chama o medroso de corajoso, e faz tal bravura nascer de um solo que parecia infértil. O Senhor nos impulsiona a atravessar o deserto e o transforma em um jardim secreto cheio de mananciais, com fontes que nasceram da terra seca. Chama o fraco de forte, e faz da fraqueza a maior alavanca da verdadeira força.

Portanto, não hesite quando ele a desafiar a viver algo novo nem deixe que o medo a prenda àquilo que você enxerga com seus olhos naturais, porque as realidades do alto são governadas pelo Deus que torna possível o impossível, e tem o costume de confundir a lógica terrena para quebrar o coração orgulhoso e arrogante.

Em dias de medo, o Senhor nos visita como fez com Josué, Ester, Gideão, Débora, Davi ou Elias, homens e mulheres que não eram ricos, famosos ou poderosos quando foram chamados, mas tinham algo em comum: um coração disposto a participar do que Deus estava fazendo entre o seu povo. Quando se viam presos em suas gaiolas de medo, o Senhor jogava as chaves da coragem em suas mãos, provendo capacitação, força e ousadia capazes de libertar uma nação, e isso também está disponível para nós hoje. Saia da gaiola e vire a chave que Deus deu a você.

Família para a glória de Deus

[...] é possível identificar a pessoa por seus frutos. (Mateus 7.20)

Há uma verdade poderosa nos frutos porque, como disse Jesus, somos identificadas por meio deles. Bons cristãos frutificarão para a glória de Deus, e um dos frutos mais preciosos que geramos são os nossos filhos. Dentro de casa, temos o privilégio de ajudar no desenvolvimento do caráter daqueles que poderão ser os nossos melhores discípulos e oferecer-lhes um legado que continuará a impactar a Terra, mesmo quando não estivermos mais aqui.

Temos de nos lembrar que nenhum sucesso na vida, seja qual for — profissional, ministerial, pessoal —, compensa o fracasso de uma família. De que vale sermos líderes de influência no meio cristão ou termos cargos de prestígio em grandes empresas, se nossos lares estiverem desmoronando? Cuide do seu casamento, aprenda a orar pelo seu marido, sirva-o em amor e tenha paciência nos dias difíceis. Desenvolva uma aliança firme para que você e seu esposo sejam exemplos de sabedoria, integridade e temor a Deus. Invista tempo ensinando a Palavra aos seus filhos, interceda pela vida de cada um, não deixe de falar a verdade nem despreze o valor da disciplina.

Nós seremos conhecidas pelos frutos que apresentarmos, isso inclui uma família que reflete a glória de Deus. Então, faça do seu lar a sua prioridade, porque, ao estabelecermos uma família firmada nos princípios de Deus, estaremos semeando na transformação de nações, na redenção de culturas e na libertação de toda uma geração.

Examina-me, ó Deus

Examina-me, ó Deus, e conhece meu coração;
prova-me e vê meus pensamentos. (Salmos 139.23)

A pior de todas as mentiras é aquela que chamamos de verdade para esconder nossos defeitos. Digo isso porque sustentar uma vida de aparências e enganar a nós mesmas pode se tornar uma tarefa cansativa com o passar do tempo, e o Senhor não se agrada dos religiosos hipócritas, que praticam no secreto o que condenam publicamente.

É verdade que não precisamos ser perfeitas para recebermos o amor de Deus, pois ele nos chama em meio às impurezas e falhas do nosso coração; porém, seguir a Cristo também significa aceitar um convite à santidade, e esse é um processo pelo qual todo cristão deve passar para alcançar maturidade espiritual.

O Pai não deseja que apenas sigamos uma lista de regras, mas que vivamos um relacionamento tão íntimo com ele, a ponto de aprendermos a amar o que o agrada e rejeitar o que ele abomina. Por vezes, precisaremos ser realinhadas à vontade do Senhor, permitindo que o nosso coração seja examinado. Dessa forma, ele proverá cura para tudo o que estiver doente ou ferido em nosso interior, a fim de que sejamos libertas, saradas e capazes de viver em santidade por meio da força sobrenatural do Espírito Santo.

Permitir-se ser curada, trabalhada, podada, lapidada ou exposta dói, mas não existe instante mais propício para receber a transformação do nosso ser do que quando estamos na presença de Deus, e essa mudança de mente não pode ser comprada ou maquiada por nada nem ninguém. Por esse motivo, todos os dias, eu me lanço aos pés do Senhor, com lágrimas, clamando o que um dia Davi também clamou e, neste dia, convido você a fazer o mesmo.

O quanto ele tem de você?

Estando Jesus no templo, observava os ricos depositarem suas contribuições na caixa de ofertas. Então uma viúva pobre veio e colocou duas moedas pequenas. Jesus disse: "Eu lhes digo a verdade: esta viúva pobre deu mais que todos os outros. Eles deram uma parte do que lhes sobrava, mas ela, em sua pobreza, deu tudo que tinha". **(Lucas 21.1-4)**

A viúva pobre amava o Senhor o suficiente para entregar no templo tudo o que tinha. Apesar de os ricos terem ofertado uma quantia maior, ofereceram apenas o que não lhes faria falta, e isso revela que seus corações estavam mais preocupados com o acúmulo de riquezas do que com sua devoção a Deus.

Tendo essa história em mente, eu gostaria que você refletisse sobre algo: qual tem sido a dimensão da sua entrega? Não me refiro a dinheiro ou bens materiais, mas ao seu coração. Você tem oferecido ao Pai apenas o que não lhe faz falta? Por vezes, damos ao Senhor apenas alguns minutos do nosso dia, enquanto gastamos horas nas redes sociais; escolhemos seguir somente alguns de seus mandamentos e ignoramos aqueles que nos desagradam — como pedir perdão ou confessar pecados; dizemos que confiamos em sua soberania ao mesmo tempo em que insistimos em nos preocupar com aquilo que não podemos controlar.

Hoje, eu convido você a agir como aquela viúva pobre, que decidiu entregar tudo, ainda que parecesse pouco se comparado aos outros. Há uma frase atribuída a John Bunyan que diz: "Na oração, é melhor ter um coração sem palavras do que palavras sem um coração"; e acredito que a mensagem central dessa frase se aplique perfeitamente a todas as esferas de nossa vida. Não foque na aparência; mire na sinceridade, devoção e entrega genuína. Lembre-se: autoridade e unção são as marcas daqueles que não se limitam a dar metade de si, mas oferecem sua vida a Cristo por inteiro.

Sede de justiça

***Então o* S*ENHOR* *lhe disse: "Por certo, tenho visto a opressão do meu povo no Egito. Tenho ouvido seu clamor por causa de seus capatazes. Sei bem quanto eles têm sofrido. [...] Agora vá, pois eu o envio ao faraó. Você deve tirar meu povo, Israel, do Egito".* (Êxodo 3.7,10)**

A história de Moisés começa no segundo capítulo do livro de Êxodo. Foi quando, indignado com a situação em que se encontrava seu povo e o abuso que sofriam no Egito, tentou fazer justiça com as próprias mãos e assassinou um egípcio que espancava um hebreu. Em seguida, com medo de ser descoberto e morto pelo faraó, fugiu para o deserto de Midiã e ali viveu durante anos até ser encontrado pelo Senhor na sarça ardente que não se consumia (cf. Êxodo 3.1–4). Só assim, com a ajuda de Deus, foi capaz de libertar Israel.

Algumas de nós podemos nos identificar com Moisés, afinal é comum que as injustiças ao nosso redor gerem indignação. Vemos abusos, corrupção, pessoas que passam fome, e até mesmo nós, em algum momento, já sofremos injustamente, seja em casa, no trabalho ou em nossos relacionamentos. Ter sede de justiça não é errado, pois o nosso Deus se importa com aqueles que são indefesos, maltratados e humilhados. O perigo está em querer resolver as situações do nosso jeito, não da maneira do Céu.

Você tem estado insatisfeita e quer ver a justiça sendo aplicada ao seu redor? Creio que Deus usará essa indignação em seu coração para despertar o seu chamado, assim como aconteceu com Moisés. No entanto, isso será feito no tempo adequado, de acordo com a vontade dele. Talvez você também tenha de passar alguns anos no deserto — um lugar de preparo, amadurecimento da fé e dependência do Senhor; mas quando este dia chegar, o Senhor dirá a você: "Agora vá, pois eu a envio".

A escassez é só um convite para o crescimento

Lembrem-se de como o Senhor*, seu Deus, os guiou pelo deserto estes quarenta anos, humilhando-os e pondo à prova seu caráter, para ver se vocês obedeceriam ou não a seus mandamentos.* (Deuteronômio 8.2)

É comum que o Senhor nos chame para caminhar por terras áridas, como fez com o povo de Israel, porque nesse ambiente de escassez e, muitas vezes, solidão é onde conseguimos ouvir a voz de Deus com mais clareza, passamos a depender do seu agir sobrenatural e nos tornamos sensíveis aos seus ensinamentos. É desse modo que o nosso caráter é provado e corrigido pelo Pai.

No deserto, os israelitas sentiram fome, até que foram presenteados com o maná que caía do céu, que passou a sustentá-los em todas as manhãs. Acredito que o Senhor tenha agido assim não apenas para que seu povo fosse suprido fisicamente, mas que também aprendesse uma importante lição: "[...] as pessoas não vivem só de pão, mas de toda palavra que vem da boca do Senhor" (Deuteronômio 8.3).

Essa maneira que Deus usa para nos aperfeiçoar me lembra do processo que a raiz de uma planta sofre. O que a torna mais forte e profunda é justamente a falta, e não a fartura. Quando não há água na superfície do solo, ela abandona o raso e procura lençóis de água mais fundos e escondidos. O que isso nos revela? Que a escassez é só um convite para o crescimento, e o Pai deseja aprofundar nossas raízes.

Além disso, esses momentos de sequidão também nos fazem adquirir novas habilidades. Lembro-me de quando nossa família passou por uma fase financeira muito difícil, e como desenvolvi novos talentos e aptidões que nem sabia que possuía. Naquela época, não tinha recursos para ir à manicure, mas a falta me fez aprender a fazer minhas próprias unhas. E essa foi apenas uma das inúmeras capacidades que descobri e que me ajudam até hoje.

Se você está atravessando um deserto hoje, encare esse tempo como uma estação de muito aprendizado e proximidade com o Senhor. Israel presenciou grandes milagres durante aqueles quarenta anos, e a presença de Deus nunca os abandonou. Como nuvem durante o dia e coluna de fogo à noite, guiava-os constantemente (cf. Êxodo 13.21-22). Assim também, ele caminha ao seu lado e será o provedor de tudo o que precisar.

A responsabilidade é nossa

Deus nos julgará por todos os nossos atos, incluindo o que fazemos em segredo, seja o bem, seja o mal. (Eclesiastes 12.14)

Como parte da realeza, aquilo que fazemos ou pensamos, mesmo que não sejamos vistas pelos outros, é levado em conta pelo Pai, por isso somos chamadas a assumir uma posição responsável na maneira como lidamos com nossos relacionamentos ou situações ao nosso redor.

O nosso compromisso para com o Reino de Deus deveria nos levar a sermos as primeiras a pedir perdão, reconhecer nossos erros e falar a verdade. Afinal, agir com honestidade, mesmo que isso não nos traga benefícios, faz parte de uma vida que foi purificada pelo Espírito Santo. Devemos, então, estar prontas para ajudar, aconselhar e cuidar dos necessitados sempre que surgir oportunidade. Temos de nos antecipar a recusar o mal, evitar brigas, falatórios e divisões; sermos cristãs que não se rendem à preguiça, servindo o próximo com alegria em casa, no trabalho ou na igreja; também não guardar o rancor, mas tratar os outros com misericórdia e graça, além de estarmos dispostas a não nos conformarmos com as injustiças que nos cercam.

Às vezes, esperamos que a outra pessoa dê o primeiro passo e terceirizamos uma responsabilidade que é nossa. Mas se você entende que alguma atitude deve ser tomada — seja perdoar, servir, ser verdadeira, confessar pecados, oferecer ajuda —, não hesite em fazê-lo. Não feche os olhos para os mandamentos do Senhor, pois como representante de seu Reino nesta Terra, seus atos devem glorificar e honrar o nome dele em todos os ambientes que estiver. Não esqueça: ele considera tudo o que você faz de bom ou de ruim.

Fechando as brechas

No entanto, quando [...] souberam que a obra avançava e que as brechas no muro de Jerusalém estavam sendo fechadas, encheram-se de ira. [...] Mas nós oramos a nosso Deus e colocamos guardas na cidade de dia e de noite para nos proteger. (Neemias 4.7,9)

Quando as minhas emoções querem brincar de gangorra — ora estão lá em cima, ora embaixo —, em meio à guerra contra a minha mente, como se eu estivesse em um campo minado, o Espírito Santo me convida secretamente a entrar na presença do Pai e me aquietar em seu colo, na certeza de que não tenho outro lugar para ir. O peito aperta, as pressões aumentam e o processo de lapidação dá as boas-vindas. O refinamento chega e me faz perceber que não devo focar em minhas questões internas ou no Inimigo, mas no desenvolvimento do meu relacionamento com Deus.

O trabalho de Neemias durante a reconstrução de Jerusalém ilustra muito bem esse princípio. Ele sabia que não teria de lutar contra os seus adversários, mas devia liderar e encorajar o povo para que finalizassem a obra e fechassem todas as brechas que ainda existiam no muro. Para isso, colocou guardas que vigiavam a cidade dia e noite. Inúmeras vezes, nós nos frustramos na batalha contra os nossos pensamentos, sentimentos e vícios, porque não entendemos que a prioridade não é somente combater esses inimigos, mas fechar as brechas que ainda existem em nosso coração — falta de perdão, fofoca, feridas do passado, rebeldia, orgulho — e que nos deixam vulneráveis às tentações e mentiras do Diabo.

Busque a presença de Deus diariamente, converse com o Pai, ore em todo o tempo, jejue, esteja vigilante e, assim, erguerá muros fortes e colocará guardas dentro de você que irão protegê-la das investidas do Maligno. Às vezes, a defesa é o melhor ataque.

Não falta tempo, falta prioridade

O atleta precisa ser disciplinado sob todos os aspectos. Ele se esforça para ganhar um prêmio perecível. Nós, porém, o fazemos para ganhar um prêmio eterno. (1Coríntios 9.25)

É impressionante o tamanho da força de vontade que os atletas que se preparam para as Olimpíadas têm: enfrentam a dor, o cansaço e submetem seus corpos a pressões extremas, tudo isso, porque miram em um objetivo: a tão desejada medalha de ouro. Eles precisam passar por um treinamento rigoroso, fazer dietas restritivas e desenvolver muita disciplina para que, ao final das competições, consigam subir ao pódio.

Se esses esportistas se esforçam tanto para alcançar um troféu perecível, o que dizer de nós cristãs, que temos como alvo um prêmio ainda mais valioso: a vida eterna? Será que temos nos empenhado em nosso relacionamento com o Pai, focadas como os atletas olímpicos, ou deixamos de priorizá-lo?

Muitas de nós tentam equilibrar diversas demandas: cuidados com a casa, filhos, casamento, trabalho. Por esse motivo, é comum dizermos frases como "não tenho tempo" ou "minha rotina é muito corrida" para justificar a nossa falta relacionamento com Deus por estarmos ocupadas demais. Mas a verdade é que, se algo é realmente importante para nós, encontraremos uma maneira de fazê-lo. Se não, daremos uma desculpa.

A nossa caminhada com Jesus requer perseverança, por isso precisamos ser disciplinadas, investir tempo e nos esforçar para que sejamos constantes em nosso relacionamento com o Senhor. Dessa forma, seremos fortalecidas pelo Espírito Santo e construiremos uma base sólida que oferecerá suporte para tudo em nossa vida. Mulher, você sempre terá tempo para as coisas que coloca em primeiro lugar, então escolha priorizar a Deus, e ele a ajudará a cuidar de todo o resto (cf. Mateus 6.33).

Viviane Martinello

Nem tudo é para ser escrito ou falado

Mas as notícias a seu respeito se espalhavam ainda mais, e grandes multidões vinham para ouvi-lo e para serem curadas de suas enfermidades. Ele, porém, se retirava para lugares isolados, a fim de orar. (Lucas 5.15–16)

As situações sobre as quais não escrevi nem compartilhei com os outros, mas vivi, foram as mais importantes para mim e me conferiram autoridade na caminhada. Quanto mais cultivamos a nossa relação com Deus, percebemos que, por vezes, o silêncio será como um escudo em nosso coração, enquanto o Pai vai à frente e nos guia numa jornada de fé e confiança.

Jesus não compartilhou com as pessoas todas as conversas que teve com o Senhor ou suas íntimas reflexões. É muito possível que, em seus momentos de quietude, tenha tido experiências extraordinárias que não foram presenciadas pelos discípulos ou escritas na Palavra. Em certas temporadas, é assim que também devemos nos mover: sem fazer barulhos ou chamar a atenção, reanimadas pela brisa suave e silenciosa do Espírito que nos lembra quem somos e o propósito que carregamos.

A multidão irá cobrá-la: “Faça mais, apareça, seja chamativa, poste algo impactante nas redes sociais”. E ela nunca estará satisfeita. Não somente ela, mas também o nosso ego pode nos levar para um abismo, se decidirmos caminhar longe da direção de Deus, movidas apenas pelo desejo de sermos reconhecidas.

Hoje, seguindo o exemplo de Jesus, eu deixo a você este conselho: “afaste-se da multidão, encontre um lugar silencioso e fuja do barulho”. Quando você se retirar e se distanciar da exposição, encontrará o Pai intimamente. Então, receberá direção, conforto, identidade, amor, transformação e alinhamento do Céu.

Uma mulher reposicionada

[...] É impossível esconder uma cidade construída no alto de um monte. (Mateus 5.14)

Quando uma mulher é reposicionada por Deus, todos ao seu redor também serão. Sabe por quê? Ela aprende a servir e honrar os relacionamentos vitais da sua vida. Passa a respeitar o marido que, por sua vez, começa a amá-la e cuidar dela como ninguém. Também se transforma em uma fonte de cura para os filhos, que encontram nela segurança e apoio para crescerem, enfrentarem seus medos e serem uma versão melhor de si mesmos.

Uma mulher reposicionada estabelece limites em todas as suas relações, usa o "sim" e o "não" com sabedoria, não vende sua identidade por aprovação alheia e conquista a confiança e admiração de quem caminha com ela. Ela tem consciência de que precisa melhorar e amadurecer, deixa isso claro quando reconhece suas qualidades e agradece por ser como é, ao mesmo tempo em que aceita os convites de Deus para ser aperfeiçoada.

Ela não tem falsas expectativas a respeito de si, sabe amar, zelar e acreditar nela mesma. O que, consequentemente, faz com que ame, zele e acredite nos outros. Além disso, tem uma firmeza no olhar e uma paz no coração, que invade os ambientes nos quais transita. Essa mulher não passa despercebida; foi reconstruída, reposicionada pelo Senhor e edificada sobre o alto de um monte. É impossível escondê-la!

Tire as sandálias

"Não se aproxime mais", o SENHOR *advertiu. "Tire as sandálias, pois você está pisando em terra santa".* (Êxodo 3.5)

Existem comandos divinos que não precisamos entender, apenas obedecer. Não foi uma nem duas vezes que, quando estava na sala da minha casa, ou ministrando na igreja, escutei em meu coração o Espírito Santo dizer em momentos específicos: "Tire as sandálias dos seus pés". Por vezes, obedeci, mas em outras, questionei: "Será que não é coisa da minha cabeça?" — e sei que muitas de nós já tiveram essa mesma dúvida.

Então, certo dia, enquanto ministrava em um culto, essa mesma voz soou forte em meu interior: "Fique descalça!". Naquela hora, entrei em guerra comigo mesma, hesitante e receosa, mas, por fim, obedeci. No instante em que obedecemos à voz do Senhor, ele nos encontra. E assim aconteceu: fiquei com os pés descalços, e o Pai falou comigo.

No livro de Êxodo, Moisés é convidado a tirar as sandálias antes de Deus levá-lo a um nível maior de autoridade e despertar o seu chamado. Aquilo era um sinal de respeito diante da pureza e santidade do Senhor. Contemplando a manifestação divina, Moisés teve de demonstrar humildade, vulnerabilidade e submissão ao ficar descalço. O Pai procura por pessoas assim — rendidas, obedientes e vulneráveis em sua presença — para estabelecer um novo chão sob seus pés. O convite de hoje é o mesmo que Moisés recebeu. A pergunta que surge é: você está disposta a tirar suas sandálias?

"Levarei eu também minha cruz"

Disse ele à multidão: "Se alguém quer ser meu seguidor, negue a si mesmo, tome diariamente sua cruz e siga-me". **(Lucas 9.23)**

Quantas vezes você se sentiu constrangida pela presença de Deus e cantou o belíssimo verso: "Levarei eu também minha cruz"? O problema é que, para muitas de nós, isso costuma durar apenas o tempo em que a música é executada, porque estamos frequentemente fugindo da cruz. Percebo que, principalmente nesta geração, as pessoas correm do sacrifício, da dor e do sofrimento, desejando apenas abraçar aquilo que é prazeroso, fácil ou que traga a famosa "felicidade".

A cruz não deveria ser carregada por nós somente nestes dias da Páscoa, mas diariamente. Isso quer dizer que nós precisamos negar nossas vontades e desejos carnais constantemente e caminhar contra a cultura e a mentalidade egoísta deste mundo. Do que você tem se privado para permanecer na jornada com Jesus? Quando diz "não" para a fofoca, adultérios, mentiras, está escolhendo agir à semelhança de Cristo.

Ele carregou a cruz por nós, entregou-se por inteiro, deu-nos a salvação e tomou o cálice amedrontador, ainda que tivesse o desejo de afastá-lo (cf. Mateus 26.39). Porém, foi até o fim por amor a mim e a você. Que possamos nos unir a Cristo, dia a dia, vivendo e cantando: "Levarei eu também minha cruz até por uma coroa trocar...".

Não é o fim

Maria estava do lado de fora do túmulo. Chorando, abaixou-se, olhou para dentro e viu dois anjos vestidos de branco, sentados à cabeceira e aos pés do lugar onde tinha estado o corpo de Jesus. Os anjos lhe perguntaram: "Mulher, por que você está chorando?"[...]. (João 20.11-13)

A pergunta dos Céus para nós é: "tudo isso faz parte de um propósito e de algo desenhado por Deus, então porque você está chorando?". Em muitas situações da nossa vida, encaramos os momentos de espera com tristeza, porque não entendemos que, entre a sexta-feira de luto e o domingo da ressurreição, existe o sábado da espera.

Na perspectiva do mundo, a morte é o fim; mas para aqueles que andam com o Senhor, suas mentes estão voltadas para o Céu, pois pertencem ao Reino de Deus. O fim é só o começo. Maria chorava porque o corpo de Jesus havia desaparecido e, com ele, a esperança da salvação.

Talvez você esteja passando por um sábado em sua vida — términos, divórcios, sofrimentos e lutos —, um momento de espera, no qual parece que todas as promessas do Senhor não se concretizarão. É possível que você se sinta como os discípulos, que se esconderam, imaginando que tudo o que Jesus havia dito não se cumpriria. O sábado representa as fases em que nos esquecemos das promessas, é o dia escuro onde não conseguimos enxergar uma saída, apenas a dor.

Mas quero relembrá-la que não é o fim, porque o domingo da ressurreição vai chegar. Enquanto Maria chorava, avistou anjos sentados à cabeceira — uma nova visão daquilo que não pensava que poderia acontecer. Ela estava em um lugar que representa o fim e a morte — um túmulo — e, bem ali, encontrou um novo começo, não só para ela, mas para a humanidade. Ele ressuscitaria. Ele ressuscitou.

Pedras vão rolar e mulheres serão proclamadoras

"Maria!", disse Jesus. Ela se voltou para ele e exclamou: "Rabôni!" (que, em aramaico, quer dizer "Mestre!"). Jesus lhe disse: "Não se agarre a mim, pois ainda não subi ao Pai. Mas vá procurar meus irmãos e diga-lhes: 'Eu vou subir para meu Pai e Pai de vocês, para meu Deus e Deus de vocês'". Maria Madalena encontrou os discípulos e lhes disse: "Vi o SENHOR!". Então contou o que Jesus havia falado. (João 20.16-18)

Uma das características que amo em Jesus é que ele posiciona pessoas improváveis em lugares inusitados. Não foi diferente no dia da ressurreição, porque naquela ocasião as mulheres se transformaram em proclamadoras. De acordo com a cultura daquela época, o que faria mais sentido era se homens tivessem sido os primeiros a encontrar o Mestre e contar as boas notícias aos discípulos. No entanto, Cristo não tem contrato fechado com ninguém e escolhe estar perto daqueles que o buscam de todo o coração.

Assim como a pedra do sepulcro foi removida naquele dia de tristeza, eu oro para que, nestes dias, pedras rolem e mulheres sejam chamadas para proclamar os milagres que vivenciaram. Mulher, quando os túmulos em sua vida forem abertos, testemunhe as maravilhas de Deus a todos que precisam de uma palavra de esperança.

Se o seu casamento foi restaurado, proclame a restauração a outros casais. Talvez o seu útero estéril tenha dado um filho à luz depois de tantas perdas, então a pedra rolou e agora você é uma proclamadora de ânimo para aquelas que desejam ser mães. Sei que o Senhor está fazendo muitas pedras rolarem neste tempo para que você seja alguém que glorifique o nome dele. Portanto, viva esta Páscoa como uma ressurreição, um novo tempo e, como Maria, seja uma proclamadora.

Essência

Somos o aroma de Cristo que se eleva até Deus [...].
(2Coríntios 2.15)

Quem de nós não aprecia um bom perfume? Não é de agora que esse prazer e encanto por cheiros agradáveis nos cativam. Há milhares de anos, homens e mulheres têm sido capturados por fragrâncias das mais variadas e especiais, porque elas têm o poder de trazer lembranças, mudar o humor, despertar a curiosidade e contagiar os ambientes.

Como mulheres cristãs, também temos a capacidade de emanar o aroma dos Céus, porque fomos alcançadas por aquele que nos lavou com seu precioso sangue, infundindo em nós um perfume suave que atrai outros a conhecerem essa graça e amor tão contagiantes; além disso, essa essência pode subir e tornar-se uma oferta de adoração ao nosso Deus.

No entanto, com o passar do tempo, corremos o risco de perder alguns valores cruciais que carregamos. Isso porque, pouco a pouco, outros elementos podem ser acrescentados imperceptivelmente ao nosso frasco, como a vaidade, o egoísmo, o orgulho, a ingratidão ou qualquer outra impureza. Assim, quando percebemos, já não estamos mais exalando a fragrância original de Jesus.

Que sejamos diligentes com o que o Senhor nos entregou para não permitirmos que o pecado altere a pureza que vem do coração sincero e que tanto é apreciada por ele. Cuide da sua fragrância e continue a exalar amor, integridade, compaixão, temor a Deus e santidade. Dessa forma, você transformará a atmosfera dos ambientes por onde passar.

A arte do contentamento

***Sei viver na necessidade e também na fartura. Aprendi o segredo de viver em qualquer situação, de estômago cheio ou vazio, com pouco ou muito.* (Filipenses 4.12)**

Em sua carta aos filipenses, Paulo nos revela a importância de saber viver bem em qualquer circunstância. Ele nos inspira a seguir o seu exemplo ao dizer que um coração contente sabe reconhecer a bondade e a misericórdia de Deus em todas as ocasiões, mesmo quando enfrenta tempos de desafio e escassez. Uma pessoa grata se torna capaz de passar pelas dificuldades da vida com alegria, porque confia que o amor do Pai é garantia suficiente de necessidades supridas.

Quando abraçamos o contentamento, aprendemos também a respeito da simplicidade: encontramos beleza, alegria e gratidão nos meros detalhes do cotidiano — abraços apertados, risadas, conversas profundas, uma caminhada ao ar livre no fim da tarde, um sorriso simpático, um gesto de carinho — e começamos a valorizar os pequenos momentos que passamos ao lado de quem amamos. A partir dessa nova perspectiva, uma mesa simples, mas posta com carinho, zelo e amor pode ser muito mais valiosa do que um farto e rico banquete.

Neste instante, convido você a exercitar o contentamento. Permita que o Espírito Santo transforme o seu coração, assim como fez com Paulo, para que, até mesmo em meio às lutas e dificuldades, você consiga enxergar o cuidado de Deus em sua história. O ar que enche os nossos pulmões e o Sol que dá início a uma nova manhã podem parecer triviais, mas são um reflexo da infinita graça que nos sustenta a cada dia e do amor de um Deus que entregou sua vida para nos dar a eternidade ao seu lado. Por isso, sigamos contentes.

Promovendo a paz no lar

É melhor viver sozinho no canto de um sótão que morar com uma esposa briguenta numa bela casa. (Provérbios 21.9)

O sábio Salomão traz à tona um assunto espinhoso para muitas mulheres: a qualidade dos nossos relacionamentos, especialmente dentro do lar. Quem nunca passou pela experiência desagradável de permanecer por várias horas escutando o gotejamento insistente de uma torneira ou de um vazamento no telhado? Com o passar do tempo, aquele som se torna irritante e perturbador. É assim que outro provérbio considera a mulher rixosa (cf. Provérbios 27.15–16).

Um ambiente repleto de brigas, desarmonias e implicâncias sem sentido abala profundamente a paz de qualquer ser humano. É por isso que Salomão nos adverte sobre a presença de uma mulher briguenta em casa, porque ela pode transformar um lar em um lugar de tensão, peso e desconforto. Então eu lhe pergunto: como você se porta em sua casa? De que maneira recebe seu marido e filhos quando chegam de suas atividades do dia? E você que é solteira: como resolve os conflitos com seus familiares? Você é do tipo que "põe mais lenha na fogueira" ou é mansa e procura resolver tudo de forma equilibrada? Como seguidoras de Cristo, somos chamadas a trazer a paz celestial para o nosso lar. Isso significa cultivar a paciência, a bondade e a humildade, de modo a resolver os conflitos com amor e compreensão, sem nos esquecermos de que o perdão e a graça são fundamentais para manter a harmonia de nossa família.

Neste dia, examine sua própria vida e a qualidade dos seus relacionamentos. A minha oração é que o Senhor a capacite, a fim de que o seu lar seja um espaço que acolhe, em vez de afastar as pessoas que ali convivem.

Ele tem sido fiel

Reconheçam, portanto, que o S*ENHOR, seu Deus, é, de fato, Deus. Ele é o Deus fiel que cumpre por mil gerações sua aliança de amor com todos que o amam e obedecem a seus mandamentos.* (Deuteronômio 7.9)

A cada passo da minha caminhada com o Senhor, ele tem sido fiel. Mesmo quando eu não entendia tudo, ele estava no controle; apesar de o meu coração estar quebrado, algumas vezes, o Pai me curava; nas estações de espera que pareciam intermináveis, Deus continuava trabalhando; às vezes, eu não conseguia encontrar as palavras para orar, mas o Espírito Santo intercedia por mim. As lágrimas enchem os meus olhos ao pensar no tamanho de sua fidelidade.

É certo que o Senhor não falhará, no entanto, muitas estão vivendo uma fase em que não são capazes de crer nessa verdade, e isso quebra o meu coração. Espero que hoje você possa compreender de uma vez por todas: as nossas emoções são reais, mas elas não mudam a verdade de Deus. Talvez, em meio ao seu sofrimento e cansaço, você não consiga enxergar a presença do Pai agora; o segredo, nessas horas, será se agarrar ao que você já sabe: que ele esteve sempre ao seu lado, e jamais irá abandoná-la (cf. Josué 1.9; Isaías 41.10; Deuteronômio 31.8).

Quem sabe você esteja ferida e desacreditada, e eu sei bem como é estar no seu lugar; mas também posso afirmar que, pela graça de Deus, encontrei a cura e é por essa razão que deixo o seguinte conselho: levante-se e caminhe mais um pouco. Abra-se para o refrigério dos Céus e permita que seus pés sejam fortalecidos. Mesmo que as circunstâncias terrenas apontem o contrário, a restauração espera por você logo ali. Creia que Deus é, de fato, quem ele diz ser: fiel.

Viviane Martinello

Direção é mais importante que velocidade

[...] Uma voz atrás de vocês dirá: "Este é o caminho pelo qual devem andar", quer se voltem para a direita, quer para a esquerda. (Isaías 30.21)

Não importa em qual nível estejamos na jornada com Deus, ele sempre nos levará a uma condição de dependência. Às vezes, quando pensamos estar totalmente seguras, confortáveis ou no controle das situações, o Senhor muda a estação, deixa nossas folhas caírem e nos abraça com a promessa de uma futura primavera.

Ele não faz isso para nos punir, mas porque nos ama e sabe que, quando estamos fracas e vulneráveis, é uma ótima oportunidade de segurarmos em sua mão novamente, procurarmos o seu colo, compartilharmos segredos com ele, desenvolvermos intimidade e nos aprofundarmos no conhecimento de quem é Deus, para que, assim, amadureçamos. No fim das contas, não devemos depender de conferências, reuniões ou eventos, e sim da liderança do Senhor em todo o tempo. Ele nos chama através das circunstâncias desafiadoras, que nos empurram rumo à entrega outra vez.

É por isso que a velocidade da nossa caminhada não é tão importante quanto a direção. De que adianta buscar produtividade a qualquer custo, encher a nossa agenda com diversos compromissos ou dizer "sim" para todas as propostas que chegam até nós, se não sabemos para onde estamos indo? Uma das piores tragédias é estar em alta velocidade na estrada errada. Portanto, mesmo que seja necessário andar mais devagar, aprenda a depender do direcionamento de Deus.

Adultos com mente de criança

Quando eu era criança, falava, pensava e raciocinava como criança. Mas, quando me tornei homem, deixei para trás as coisas de criança. (1Coríntios 13.11)

O amadurecimento requer cuidado, leva tempo e nos obriga a enfrentar desafios para que possamos crescer com saúde, sabedoria e longanimidade. Talvez você tenha enfrentado esse processo da forma errada, sem o apoio e o ensinamento que necessitava, e passou a fazer tarefas de adulto ainda com a mente de uma criança.

Pessoas assim ficam presas em batalhas do passado que não venceram, por isso vivenciam desalinhamentos, frustrações, desequilíbrios emocionais e a dificuldade de lidar com as pressões diárias. Elas andam em círculos e suas sementes não brotam, porque foram plantadas em terra seca. Além disso, caminham sem discernir sua própria história, vagam de relacionamento em relacionamento, sentindo-se rejeitadas e afastadas da plenitude que há em uma vida com sentido e propósito.

Porém, existe solução para isso. Não fuja do crescimento. Encare o processo de amadurecimento, ainda que doa, e encontre no Senhor, coragem, ânimo, força e estratégias para crescer. Pare de tentar achar culpados pelas feridas que você carrega ao longo dos anos, e decida entregar tudo aos pés da cruz, perdoar, receber do amor de Deus e correr em direção à maturidade. Renda-se ao Pai e abandone as coisas de criança hoje.

Celebre as vitórias dos outros

Alegrem-se com os que se alegram [...].
(Romanos 12.15)

Quando Jesus afirma "Ame o seu próximo como a si mesmo" (cf. Marcos 12.31), ele está, entre muitas coisas, dizendo que devemos nos colocar no lugar do outro. Isso pode ocorrer com relação a situações boas ou nem tanto. Agindo em amor, temos a oportunidade de demonstrar compaixão e oferecer apoio às pessoas ao nosso redor, mas também de celebrar suas conquistas; em outras palavras, as alegrias delas se tornam as nossas.

Agora, se a felicidade alheia incomoda, é um possível sinal de que você precisa tomar cuidado com a inveja, porque esse sentimento traiçoeiro é capaz de nos impedir de obedecer a um dos mais importantes mandamentos de Cristo. Mulher, se essa é uma dificuldade que você tem, ore ao Espírito Santo para que ele a ajude a crescer em amor, compaixão e maturidade. Por outro lado, se essa não é uma crise sua, peça a ele que filtre os seus relacionamentos e coloque as pessoas certas em sua vida. Seja como for, sempre podemos nos desenvolver e parecer mais com Cristo. Ainda que tenhamos avançado na trajetória, continuaremos necessitando de alinhamento e transformação. Clame ao Espírito Santo que sonde o seu coração hoje. No que você pode melhorar acerca desse assunto?

Que nos dediquemos sempre a aprender a amar verdadeiramente — a Deus e as pessoas — e encontrar felicidade genuína ao contemplar as vitórias daqueles que convivem conosco. Nesse processo, não se esqueça de que as alegrias da vida são mais bem aproveitadas quando compartilhadas, então cultive amizades certeiras, elogie, comemore e se alegre com o sucesso do próximo como se fosse seu. "Alegre-se com os que se alegram".

Somos provadas por aquilo que ganhamos

O fogo prova a pureza da prata e do ouro,
mas a pessoa é provada pelos elogios
que recebe. (Provérbios 27.21)

Você já ouviu esta frase: "Quer conhecer uma pessoa, dê poder a ela"? A forma como reagimos quando ganhamos um cargo de prestígio, adquirimos fama ou somos bajuladas pelos outros revela muito a respeito de quem somos, e é uma boa maneira de provar o nosso caráter. No livro de Provérbios, Salomão nos ensina que somos testadas pelos elogios que recebemos, já que, se não nos mantivermos sóbrias, o sucesso pode nos subir à cabeça.

Felizmente, durante alguns anos da minha vida, passei por tempos de esmagamento — perseguições, traições, limitações e muitas, muitas outras provações — que foram importantíssimas para colocar o meu coração no lugar certo. Esses períodos me deram bases firmes para que eu pudesse iniciar uma nova estação de reconhecimento público e, mesmo assim, preservar a minha essência. Às vezes, pensamos que as temporadas difíceis só nos prejudicam, mas, na verdade, elas nos amadurecem, para que continuemos firmadas em Cristo independentemente das circunstâncias.

Viver épocas de escassez e limitações ajudará você a ter sabedoria para administrar tempos de fartura no futuro. Os longos anos de humilhação que passei forjaram em mim caráter, perseverança e resistência para lidar com o que viria. Além do mais, minha real identidade foi confirmada pelo Senhor nesses momentos.

Não se permita depender de elogios, status ou validação humanos. Apenas se você se libertar da opinião das pessoas, será livre para viver a vontade de Deus. E essa será sua recompensa: a aprovação e reconhecimento do Céu.

Seja inteira

Quem anda em integridade anda em segurança; quem segue caminhos tortuosos será exposto. (Provérbios 10.9)

Integridade é a característica de algo que se mostra inteiro, intacto e pleno. Quando a Bíblia nos encoraja a sermos íntegras, ela está dizendo que o nosso caráter deve permanecer irrepreensível e puro, como o de Cristo. Uma mulher nessas condições não se deixa corromper pela influência de outras pessoas ou do ambiente em que vive, mas conserva-se a si mesma, agindo de acordo com os princípios e valores bíblicos, mesmo que desagrade os outros ou não seja beneficiada.

O interessante é que, para além dessas questões, Provérbios nos ensina uma verdade extremamente relevante: a integridade nos garante segurança. Isso significa que, se nos agarrarmos aos mandamentos divinos e os tivermos como guia em tudo o que fizermos, nós nos manteremos seguras, com a mente e coração limpos e protegidos dos possíveis ataques do Inimigo. A mulher que permanece íntegra usufrui da tranquilidade de quem sabe que é guardada pelo Pai e não precisa temer nenhuma acusação, seja vinda de outras pessoas, de sua própria consciência ou até mesmo de Satanás.

Quem trilha caminhos tortuosos fica vulnerável, não consegue desfrutar da paz que Jesus oferece e acaba enfrentando as tristes consequências das suas ações. Permaneça fiel aos ensinamentos de Deus mesmo que o mundo queira influenciá-la a fazer o contrário. Seja inteira e descanse na certeza de que o Senhor manterá a sua alma segura, independentemente do que aconteça.

Nas mãos do oleiro

A palavra do SENHOR, *que veio a Jeremias, dizendo: Levanta-te, e desce à casa do oleiro, e lá te farei ouvir as minhas palavras. E desci à casa do oleiro, e eis que ele estava fazendo a sua obra sobre as rodas. Como o vaso que ele fazia de barro se quebrou na mão do oleiro, tornou a fazer dele outro vaso, conforme o que pareceu bem aos seus olhos fazer.* (Jeremias 18.1-4, ARC)

O ofício do oleiro é uma arte antiga que envolve habilidade, criatividade e muita paciência. Se você visitar uma olaria em atividade observará que, enquanto tira as impurezas do barro que está na roda, o artista vai moldando a argila até formar uma bela peça. Se uma delas se quebra, ele não a despreza, mas recomeça o seu projeto.

O Senhor, o grande oleiro da nossa vida, também trabalha dessa maneira; ele é especialista em recomeços. A Bíblia está repleta de histórias que nos revelam como Deus se empenha em transformar trajetórias que pareciam fracassadas, perdidas e sem esperança em biografias que geram vida, salvação e glorificam o seu nome. Ele é quem intervém quando tudo parece sem solução, e não permite que a queda de Adão e Eva atue como uma sentença eterna para a humanidade. Por meio de Cristo, ele redimiu todas as coisas.

Por isso mesmo, mulher, não duvide do poder restaurador do Pai quando se sentir como um vaso de barro quebrado. As frustrações e decepções podem tirar as nossas forças e provocar desânimo em nosso coração, mas não devemos nos esquecer de que estamos nas mãos do Oleiro, que permanece constantemente trabalhando e não parará até que sua obra em nós esteja completa.

Na passagem de Jeremias, o vaso que se quebrou na mão do oleiro foi restaurado. A esperança pode existir, pois carregamos a garantia de que o Criador jamais desiste de sua criação. Não tenha medo quando as circunstâncias não estiverem caminhando do modo como você deseja, afinal de contas, Deus é perito em transformar a aparente maldição em bênção (cf. Neemias 13.2). Ele certamente usará o sofrimento como uma oportunidade para moldar você de acordo com a sua vontade.

Maio

Você é uma voz ou um eco?

Eu sou uma voz que clama no deserto: "preparem o caminho para a vinda do SENHOR*".* (João 1.23b)

Quando criança, eu gostava de ouvir o meu eco vibrando em quartos vazios. Isso era muito divertido, mas, às vezes, poderia ser assustador. Essa dualidade reflete que, em várias situações, somos como ecos, tentando imitar o ministério ou a vida de alguém, buscando a nossa identidade em meio à reverberação das influências ao nosso redor.

Enquanto os ecos vivem à espreita, alimentam-se de migalhas e imitam ideias que deram certo para os outros, ser uma voz exige entrega, lágrimas e verdade. João Batista foi uma voz no meio de uma geração perdida, que clamava no deserto com a autoridade que o eco jamais teria. Afinal, enquanto Deus unge a voz, o eco tenta inutilmente se ungir sozinho, esquecendo-se de que a autoridade e unção estão ligadas ao Senhor.

Ecos são confusos e repetitivos, mas a voz carrega nitidez. Aquele que se posiciona como uma voz, sintoniza e ouve a Deus, e por essa razão é dirigido, corrigido, reposicionado e recebe autoridade do alto. Embora seja tentador seguir tendências pré-fabricadas e se tornar um eco, o Pai nos convida a sermos uma voz autêntica. É bem verdade que isso pode nos levar a temporadas solitárias em que seremos confrontadas com a dor e o distanciamento que, em geral, cortam o nosso coração em pedaços. No entanto, temos de lembrar que esses desafios não servem para nos atrasar, mas para nos impulsionar em direção ao chamado divino.

Portanto, mulher, não tema os desertos da vida, pois é lá que as verdadeiras vozes são geradas. Não fuja dos seus desertos, sejam eles quais forem. Confie nos processos que têm sido trabalhados por Deus em seu interior; eles estão moldando você para trazer clareza, autenticidade e verdade a este mundo de ecos.

Promoção e rejeição

Então Samuel perguntou: "São estes todos os seus filhos?". Jessé respondeu: "Ainda tenho o mais novo, mas ele está no campo, tomando conta do rebanho". "Mande chamá-lo", disse Samuel [...]. (1Samuel 16.11)

Jessé, o pai de Davi, não considerou que seu filho mais novo fosse capaz de se tornar um rei, tanto que nem pensou em apresentá-lo ao profeta Samuel quando este visitou sua casa. Aquele jovem pastor fora rejeitado por sua família, e isso poderia ter gerado graves marcas em seu coração. Mas o Senhor mudou o curso de sua trajetória, ao dizer: "Eu o escolhi".

Sei que muitas de nós nos identificamos com a história de Davi, porque as mazelas que carregamos tendem a ser geradas ainda na infância, dentro de nossa casa; e certas experiências na escola, na faculdade ou até no ambiente de trabalho acabam intensificando essas feridas. Felizmente, encontramos cura quando, assim como Davi, adquirimos o precioso entendimento de que Deus nos escolheu.

O verdadeiro reconhecimento e aprovação sempre virão do Senhor, e não de seres humanos. Como um artesão, ele nos teceu de modo extraordinário (cf. Salmos 139.14) e jamais se esquecerá de nós (cf. Isaías 49.15). É esse amor inabalável do Pai que nos ajuda a vencer a rejeição e nos leva a olhar para além de nós mesmas.

Promoção e rejeição fazem parte da vida daqueles que foram chamados pelo Senhor para propósitos eternos. Se olharmos para as Escrituras, não veremos personagens, mas pessoas reais, que lidaram com a tensão desses dois extremos. Além de Davi, José foi um deles. Ao ser rejeitado por sua família, foi acolhido por Deus, que o lançou em seu destino. Sim, a rejeição foi a alavanca acionada para a promoção.

Gigantes tombarão quando você entender que a rejeição não é maior do que o amor do seu Pai. Hoje é dia de relembrar o que o Senhor diz a seu respeito: você foi escolhida.

O segredo dos pinheiros

Permaneçam em mim, e eu permanecerei em vocês. Pois, assim como um ramo não pode produzir fruto se não estiver na videira, vocês também não poderão produzir frutos a menos que permaneçam em mim. **(João 15.4)**

Pinheiros estão fora do padrão da maioria das outras árvores. Eles dançam no embalo de outra música e são incrivelmente autênticos. Enquanto as folhas de muitas espécies caem quando o frio chega, os pinheiros permanecem exuberantes, confrontando o mais rigoroso dos invernos. Quando pequenas folhas brotam das árvores ao sinal da primavera, o pinheiro já está exibindo suas elegantes e verdes folhagens, bem enraizado ao solo, de onde retira a água e os nutrientes de que precisa.

Olhando para um pinheiro você nunca saberá, mas eles perdem suas folhas gradualmente. As mais velhas estão sempre caindo, enquanto outras novas crescem para substituí-las. É incrível como eles foram desenhados para usar a restauração a seu favor — e são silenciosos nesse processo! Como um cacto no deserto, ele se adapta às condições adversas e conserva toda a energia que pode lentamente.

As mudanças silenciosas são as mais poderosas — uau, como isso me empolga! Deus trabalha conosco seguindo essa mesma lógica: quando menos percebemos, velhos hábitos vão embora e dão lugar aos novos. Muitos gostam de transformações radicais, mas eu celebro as que acontecem discretamente, afinal são elas que promovem transformações duradouras.

Quantos não fazem alarde sobre suas dores, perdas, batalhas e processos? Entretanto, como pinheiros, que enfrentam as intempéries com resiliência e discrição, crescendo lentamente e preservando sua força, somos convidadas a confiar nos processos de Deus em nós. Dessa maneira, permaneceremos arraigadas em Cristo, nossa fonte de vitalidade e amadurecimento. Em uma sociedade marcada pelo imediatismo, meu conselho é que você não tenha pressa para crescer e confie no tempo de Deus para fortalecê-la e capacitá-la, a fim de que ele produza os frutos que deseja. Deixe as folhas velhas caírem, abra os braços, respire e agradeça o novo que já está chegando em sua vida.

Aliança que guarda o coração

esposas, sujeite-se cada uma a seu marido, como é próprio a quem está no SENHOR. (Colossenses 3.18)

Embora algumas mulheres tenham certa resistência ao trecho das Escrituras que acabamos de ler, é importante saber que esse é um princípio que estabelece as bases de um casamento saudável. Com isso em mente e no coração, eu fiz uma aliança com Deus de não tomar nenhuma decisão sem antes buscar apoio, oração e bênção do meu marido.

Essa postura transformou o nosso relacionamento em um refúgio seguro não só para nós dois, mas também para as nossas filhas e comunidade de fé. Não me vejo como uma mulher independente, que age por conta própria e toma decisões ao sabor das emoções. Não. Cada passo que dou, cada projeto que empreendo e os sonhos que almejo são compartilhados e discutidos com meu marido em primeiro lugar.

Aprendi que honrá-lo é o fundamento que guia o meu coração nas decisões que tomo. Por outro lado, não há ninguém que me ame, inspire e me mantenha focada nos princípios inegociáveis mais do que ele. Juntos, caminhamos em segurança, na verdade e na proteção um do outro. Essa aliança é o que protege e fortalece o nosso lar.

Por isso, também convido você a estabelecer os princípios imutáveis da Palavra como o chão onde você firmará as suas escolhas, porque eles refletem a vontade de Deus. Quando se quebra um princípio, como o da submissão, por exemplo, cedo ou tarde, sofremos as consequências. Decida viver em honra e obediência ao padrão divino, confiando nos bons resultados que vêm dessa escolha, como o povo de Israel, que diante do Livro da Aliança, afirmou: “Obedeceremos ao SENHOR! Faremos tudo que ele ordenou!” (Êxodo 24.7b). Caminhar em submissão é desafiador, eu sei, mas Deus respaldará a sua vida. Acredite: os frutos de sua escolha falarão por você.

Viviane Martinello

Ele não quer a promessa, ele quer você

Deus disse: "Tome seu filho, seu único filho, Isaque, a quem você tanto ama, e vá à terra de Moriá. Lá, em um dos montes que eu lhe mostrarei, ofereça-o como holocausto". **(Gênesis 22.2)**

O ápice da jornada espiritual de Abraão está nessa passagem que acabamos de ler. À medida que avançamos na leitura de toda a narrativa (cf. Gênesis 22.1–19), somos lentamente envolvidas e impactadas com o teste divino aplicado ao pai da fé. Seria esse mesmo o pedido que Deus faria a um homem que desfrutava da promessa de um filho há tanto esperado?

Sim, o Senhor pediu Isaque em holocausto. É claro que ele não desejava o sacrifício humano daquele garoto, mas queria provar onde estava de fato o coração de Abraão. Isaque era a representação da promessa cumprida, do sonho realizado, mas a promessa não pode ser mais importante para nós do que o próprio Deus da promessa. Foi exatamente diante dessa tensão que o Senhor aferiu as intenções de Abraão em uma das maiores provas de amor que aquele homem lhe ofereceu.

Às vezes, obedecê-lo nos leva por caminhos dolorosos e nos faz ter que abrir mão do que mais valorizamos — sejam expectativas, sonhos, relacionamentos ou quaisquer outras coisas. No entanto, são justamente esses momentos de confronto que relembram que seguimos a Deus, não a promessa que ele nos deu. É dolorido, difícil e requer a confiança total de que ele tem a última palavra e controle sobre a nossa história. Para nós, entregar o nosso "Isaque" pode parecer o fim de um sonho, mas para o Pai é quando ele compartilha o seu segredo: ele não quer Isaque, ele deseja Abraão; ele não quer o nosso sonho, ele deseja a nossa total rendição à sua soberania.

Minha querida, obedeça-o mesmo na dor; entregue seus planos, projetos pessoais, suas promessas quantas vezes forem necessárias, lembrando que o que recebemos hoje pode não fazer sentido amanhã, mas quem nós somos nele jamais mudará. Ame-o acima de tudo e todos. Guarde seu relacionamento com Deus como o tesouro mais precioso que você possui, porque ele é a única constante em meio às mudanças desta vida. Quando Deus lhe pede o seu Isaque, não é o Isaque que ele deseja, mas você.

Em casa, mas distante

***Aqueles que não cuidam dos seus, especialmente dos de sua própria família, negaram a fé e são piores que os descrentes.* (1Timóteo 5.8)**

Permanecer em casa ressentida, ferida e com o desejo de estar em outro lugar é como alguém que está ausente — ainda que nem se dê conta. Nossos familiares são capazes de sentir e ver a amargura refletida em nosso olhar e atitudes. Por outro lado, quando estamos inteiramente presentes, amando e servindo à família, tudo tende a fluir harmonicamente.

Eu me lembro quando Deus me levou a dar um passo atrás por um ano e retornar ao meu lar. Sentia-me tão improdutiva, sem entender completamente o valor de estar em casa, cuidando dos meus. Quando, por fim, compreendi que esse era o lugar de fundamento e autoridade para a minha vida e propósito, passei a não desejar mais sair de lá.

No versículo que lemos hoje, Paulo nos chama à responsabilidade e à prioridade de cuidar do nosso lar, e destaca que aqueles que não zelam pelos membros da sua família, especialmente os mais próximos, estão falhando em parte essencial da vida cristã. Na verdade, ele vai mais fundo, e afirma que negaram a fé e são piores que os descrentes.

Essa dedicação e atenção vão além da provisão e sustento material; envolvem amor, apoio, compreensão e presença. Devemos transferir o nosso coração para os filhos. Da mesma forma, é crucial nos dedicarmos à solidificação do nosso casamento, pois assim focaremos na saúde da família como um todo. Quando não cuidamos dos entes queridos, temos dificuldade de atuar em outros lugares, porque o lar foi projetado para ser uma prioridade. Se observar, notará que a mulher de autoridade construiu sua casa antes de seu ministério.

É certo que cada uma de nós vive realidades totalmente diferentes, e precisamos ter maturidade para discernir os tempos e cenários viáveis, mas, hoje, deixo um conselho a você: estando em casa ou no mercado de trabalho, sempre volte-se para os seus. De acordo com o seu contexto de vida, abrace essa missão como algo sagrado, com alegria e gratidão, seja alguém que valoriza o tempo em família, a instrução e o cuidado. Professores e profissionais, seus filhos e marido terão aos montes, mas a tarefa de mãe e esposa Deus confiou somente a você, e ele a honrará por isso.

O novo de Deus

Pois estou prestes a realizar algo novo. Vejam, já comecei! Não percebem? Abrirei um caminho no meio do deserto, farei rios na terra seca. (Isaías 43.19)

É muito comum que a nossa perspectiva esteja desalinhada em relação à perspectiva divina. Porém, no versículo 19 de Isaías 43, encontramos uma poderosa declaração do Deus que está sempre em movimento, realizando coisas novas em cada uma de nós e nosso entorno. Ele nos convida a repararmos e a nos deslumbrarmos com sua obra em andamento, pois, em pequena e grande escala, está o tempo todo criando novidades sobrenaturais para cooperar com o seu plano nesta Terra — que inclui nossas vidas individualmente. Daí a importância de nos alinharmos à ótica do Céu.

Se analisarmos o nosso passado, notaremos que ele é uma roupa que não nos serve mais. Não podemos viver com o peso de algo que não teve uma resolução, porque isso nos estagna e impede de desfrutar o novo de Deus. Ao nos depararmos com sintomas de desordem interior, devemos pedir ao Espírito Santo que escave até a raiz e revele questões antigas que necessitam de tratamento. O que o Pai nos propõe, além de nos apresentar saídas onde não parecia haver nenhuma, é transformar essas áreas secas da nossa existência em fontes de vida abundante. Sim. Se deixarmos a cura entrar, certamente viveremos em liberdade e usufruiremos das maravilhas que o Senhor reservou e que transbordarão de nossas margens, abençoando aqueles que passam por nós.

Então, vire a página. Livre-se do velho e agarre-se ao novo de Deus. Você tem uma oportunidade de mudar sua perspectiva hoje. Para muitos, o deserto é apenas um monte de areia de onde não pode surgir algo fecundo; uma terra seca, um solo imprestável e sem valor. O seu Deus, porém, é poderoso para fazer surgir caminhos onde não existem e até mesmo brotar rios em um ambiente ressequido. Na realidade, ele já está fazendo isso, a pergunta é: será que você pode perceber?

Cuidado, o falso pode roubar você do verdadeiro

"O coração humano é mais enganoso que qualquer coisa e é extremamente perverso; quem sabe, de fato, o quanto é mau?" (Jeremias 17.9)

Imagine-se em uma galeria de arte, cercada por obras magníficas. Você é atraída por uma pintura deslumbrante, mas desconfia que ela pode ser uma falsificação habilmente representada. Qual seria a reação natural diante de uma situação assim? Recorrer à opinião de um especialista, que examina cada detalhe, observa as pinceladas, as cores e a assinatura do artista, certo?

Da mesma forma, para discernirmos entre o genuíno e o falso em nosso coração, devemos nos voltar à Palavra de Deus, que atua como o especialista em arte, e nos oferece sabedoria e orientação quando somos tomadas pela dúvida. Afinal, quem melhor do que o próprio Criador para nos ajudar nessa tarefa de decifrarmos a nós mesmas, sua especial obra-prima? Por meio das Escrituras, ele nos revela a verdade em nosso interior e no mundo à nossa volta.

É por essa razão que precisamos dele para não tomarmos decisões impulsivas, imprudentes ou que estão em desacordo com a sua vontade para nós. Desejos e ambições do coração podem obscurecer nosso discernimento e nos fazer perseguir objetivos carnais e passageiros. Além disso, também corremos o risco de apoiar nossas ações em inseguranças e medos que não condizem com a nossa identidade em Deus.

Mulher, não confie em seu coração. Ele é enganoso. Jamais fundamente suas decisões em circunstâncias, sentimentos ou vontade própria, mas renda-se à instrução do Espírito, fiel amigo, árbitro do coração e especialista no que é autêntico, para ajudá-la a discernir o que é verdadeiro e o que é falso.

Acesso liberado

***Portanto, irmãos, por causa do sangue de Jesus, podemos entrar com toda confiança no lugar santíssimo. Por sua morte, Jesus abriu um caminho novo e vivo através da cortina que leva ao lugar santíssimo.* (Hebreus 10.19-20)**

No Antigo Testamento, somente o sumo sacerdote podia entrar no lugar santíssimo do Tabernáculo, a fim de oferecer sacrifícios ao Senhor pelas transgressões do povo de Israel. Se outra pessoa não qualificada assumisse essa função, morreria diante da poderosa e santa presença de Deus.

Hoje, porém, temos total acesso ao Pai porque o sangue de Cristo nos lavou do pecado de uma vez por todas, rasgando o véu que dava conexão ao lugar santíssimo e abrindo caminho para que nos aproximemos de Deus com confiança. Esse é o motivo de agora não dependermos de alguém para entrar na presença divina. Isso significa que a responsabilidade de construir um relacionamento com ele é nossa, e não do nosso pregador ou pastor favorito.

Percebo que muitos alimentam o grave costume de não assumirem seus compromissos na vida cristã e delegam aos seus líderes o dever de orar, jejuar, estudar as Escrituras e buscar a presença do Pai para dar-lhes uma direção. No entanto, essa postura perigosa e negligente nos impede de desfrutar do grande privilégio que o sacrifício de Cristo oferece.

Não se iluda: seu nível de intimidade com Deus não acontecerá num passe de mágica ou por imposição de mãos. Ele requer entrega, esforço e dedicação da sua parte. Só assim você alcançará maturidade, respostas, profundidade e ousadia. Há um véu rasgado e um acesso liberado esperando por você neste instante. Não terceirize o que só você pode fazer.

Antes de abrigar alguém, construa sua casa

Que vantagem há em ganhar o mundo inteiro, mas perder ou destruir a própria vida? (Lucas 9.25)

Não é incomum no meio cristão encontrarmos pessoas ministrando a outros enquanto sua própria vida está em pedaços; como uma casa sem teto ou com as paredes destruídas, que tenta abrigar indivíduos de um terrível temporal. Além de a casa não oferecer proteção e conforto suficientes, é possível que desabe em cima dos outros e provoque ainda mais danos.

Gosto da analogia das máscaras de oxigênio durante as viagens de avião. Quando a aeronave está prestes a levantar voo, os comissários de bordo iniciam as instruções de segurança, e uma das principais é extremamente clara: em caso de despressurização, primeiro, coloque a máscara em você e depois nos outros. Primeiro em você e depois através de você. Essa é a lógica do Reino de Deus.

É por isso que Jesus nos lembra de que não adianta conquistar o mundo se negligenciarmos nossa própria alma. Do mesmo jeito que uma casa bem construída necessita de uma fundação sólida, nossa vida espiritual requer uma base firme em Cristo. Uma das maiores tragédias que vemos por aí são pessoas dilaceradas, tentando consertar os outros. Temos diante de nós um grande desafio, que é liderarmos a nós mesmas antes de desejarmos ser suporte e apoio para alguém.

Sabe de uma coisa? O bom testemunho da nossa vida é o que testifica a mensagem que carregamos. Antes de se dedicar totalmente aos outros, reserve tempo para fortalecer sua comunhão com Deus, mergulhe na sua Palavra, busque-o em oração e cultive um relacionamento íntimo com ele. Ao construir sua casa espiritual sobre a rocha, que é Cristo, você estará preparada para acolher, ajudar e impactar aqueles que estão ao seu lado. Reconstrua seus alicerces de modo a ser um ambiente seguro para você, sua família e todos quantos precisarem de seu apoio e acolhimento.

Meu lugar de sucesso é ser mãe

Os filhos são um presente do SENHOR, *uma recompensa que ele dá.* (Salmos 127.3)

Como você define o sucesso? É verdade que ele pode ser explicado de diversas maneiras, como alcançar reconhecimento na vida profissional, obter independência financeira, conquistar sonhos antigos ou ter resultados positivos em um projeto específico. Algumas pessoas podem associar o sucesso a status, bens materiais ou influência; outras podem enxergá-lo em termos de realização pessoal.

Para mim, o maior sucesso é a minha família, e um dos maiores presentes que já recebi do Céu foi a bênção de me tornar mãe. Há anos, as palavras do salmo 127 têm sido verdades práticas em minha vida, porque não importa quão bem-sucedida eu possa ser em outras áreas, a melhor recompensa que o Senhor poderia ter dado a mim e ao Telmo são nossas filhas, Vitoria e Isabella. Nenhuma desestrutura familiar poderia ser compensada pelo sucesso momentâneo em qualquer outra esfera das nossas vidas, mesmo o ministério.

Inclusive, foi por conta delas que, anos atrás, eu até diminuí o ritmo. Se eu não respondo aos *directs*, é porque estou estudando matemática para uma prova importante. Se recuso alguns convites, é porque tenho de estar em casa com a minha família. Se, ao final do culto, o meu olhar desviar rapidamente de uma conversa, é porque estou procurando minhas filhas para saber se estão bem, ou se precisam de mim. Sigo assim, equilibrando o "sim" e o "não", e nunca soltando as mãos delas. São minhas filhas, minhas discípulas e minha herança.

Sim, eu ainda interajo nas redes sociais, viajo para ministrar, aceito convites, converso, cuido e me importo com as pessoas, mas elas não são a prioridade. Este é o meu conceito de sucesso. Qual é o seu?

Quem é você no corpo?

Juntos, todos vocês são o corpo de Cristo, e cada um é uma parte dele. (1Coríntios 12.27)

Um dos textos bíblicos que mais me encanta nas cartas do Apóstolo Paulo está em 1Coríntios 12.12–27. De um modo maravilhoso, ele compara a Igreja ao funcionamento de um corpo. Em nossa igreja local, essa metáfora ficou tão arraigada, que hoje nos referimos a ela em grande parte do tempo como “o Corpo”.

Para nós, cristãos, essa afirmação contém uma profundidade de significado porque nos chama a reconhecer a nossa identidade e propósito nesse organismo vivo. Paulo utiliza essa analogia para descrever a unidade e interdependência dos membros na Igreja. Cada pessoa tem um papel único e importante nesse ambiente de fé, sendo que todos são necessários para o seu funcionamento. Ninguém deve brilhar mais ou superar alguém. Se uma parte ofusca a outra ou não cumpre a função para a qual foi designada, o organismo não permanece sadio. Isso é muito poderoso, pois quer dizer que eu e você temos dons, talentos e experiências únicas que contribuem para o crescimento e desenvolvimento da missão celeste de maneira especial.

Por essa razão, não importa quão grande ou pequena possa parecer a sua responsabilidade, você é essencial para o funcionamento saudável do Corpo como um todo, sendo pé, braço ou olho. Além do mais, se estamos unidas por um vínculo espiritual que transcende as diferenças, a nossa diversidade é uma expressão da graça de Deus, e a unidade é um testemunho poderoso do amor de Cristo no mundo. Portanto, assuma com zelo e alegria a sua função no Corpo. A sua parte importa; o seu lugar foi planejado pelo Senhor. Seja madura para abraçar essa verdade.

Curar relacionamentos é especialidade de Deus

***Acalmem a ira antes que o sol se ponha, pois ela cria oportunidades para o diabo [...] Livrem-se de toda amargura, raiva, ira, das palavras ásperas e da calúnia, e de todo tipo de maldade. Em vez disso, sejam bondosos e tenham compaixão uns dos outros, perdoando-se como Deus os perdoou em Cristo.* (Efésios 4.26b, 27, 31-32)**

Você já percebeu algum ataque contra os relacionamentos mais preciosos da sua vida? Sabe por que isso acontece? Porque o Inimigo está ciente de que relacionamentos saudáveis são capazes de sarar a Terra. O nosso Adversário nos estuda e sabe em que ponto jogar a isca da discórdia. Quantos conflitos desnecessários nos impedem de viver conexões sadias e profundamente fortes na família, comunidade de fé, no trabalho e até na vizinhança?

Mulher, é importante nos lembrarmos de que não há espaço para cura se não houver humildade em nosso coração. Eventualmente, é preciso perder para ganhar: perder a razão, a voz e a vez. Deixar o Senhor nos restaurar, muitas vezes, inclui descer do nosso pedestal e clamar pelo perdão do outro e de Deus. Essa é uma condição para usufruirmos de saúde emocional e espiritual.

Você já viu uma árvore cheia de frutos? Se observar bem, perceberá que mesmo na estação de frutificar, alguns frutos são mais maduros que outros. Além disso, notará que os frutos maduros caem primeiro do pé. Isso me faz pensar na semelhança com a nossa vida diária: a pessoa madura reconhece primeiro e toma a iniciativa da reconciliação antes do outro.

A passagem bíblica de hoje nos traz conselhos importantíssimos para lidarmos com os nossos relacionamentos. Devemos nos livrar da amargura, raiva, ira, das palavras ásperas, da calúnia, e de todo tipo de maldade. Contudo, o autor de Efésios não para por aí, instruindo também a respeito da necessidade de sermos bondosos, termos compaixão uns pelos outros e nos perdoarmos como Deus nos perdoou em Cristo.

O Senhor tem poder para restaurar o que foi quebrado. Ele é capaz de curar o que foi ferido. Essa, inclusive, é uma de suas especialidades. Mas existe a nossa parte nesse processo, e ela não pode ser negligenciada. Se preciso for, converse com quem tiver de conversar. Perdoe, peça perdão, humilhe-se, aprenda a ser bondosa, compassiva; abandone a aspereza, a grosseria e a necessidade de estar sempre certa. Espalhe cura.

Hospitalidade

[Lídia] Foi batizada, junto com sua família, e pediu que nos hospedássemos em sua casa. "Se concordam que creio de fato no SENHOR, *venham ficar em minha casa", disse ela, e insistiu até que aceitamos.* (Atos 16.15)

Lídia se destaca como uma figura fascinante no livro de Atos dos Apóstolos, especialmente por ser a primeira mulher a se converter na Europa por meio do ministério de Paulo. Apesar de não termos muitas informações a respeito dela, seu papel significativo na igreja primitiva a estabeleceu como um exemplo inspirador para nós.

Ela era uma próspera vendedora de púrpura em Filipos, uma cidade da Macedônia. Ao dar ouvidos à mensagem do Evangelho, foi impactada, decidiu se batizar e levou sua família a fazer o mesmo. A partir daí, Lídia insistiu que Paulo e Silas se hospedassem em sua casa, ofereceu seus recursos para o ministério e possibilitou que se reunissem com os irmãos convertidos ali.

A postura dessa mulher nos recorda que a hospitalidade não se limita à comida e abrigo, mas envolve também abrir nosso coração e mente para receber e servir os outros em nome de Cristo. E você: considera-se uma mulher acolhedora? Se desafiada por Deus, ofereceria sua casa para uma reunião de pequenos grupos, faria um café da tarde para alguém que necessita de um ombro amigo, ou daria abrigo a uma pessoa carente?

Lembro-me de tantas pessoas que acolhi em minha casa no decorrer dos anos, até mesmo algumas que passaram longas temporadas conosco. Como fomos abençoados por Deus nos detalhes da vida cotidiana nessa época! A reunião de mulheres que hoje acontece às quintas-feiras em nossa comunidade local iniciou dentro da minha casa.

Existe um poder na hospitalidade que você precisa desfrutar. Oro para que possamos ser instrumentos nas mãos de Deus e abençoemos outros através desse princípio bíblico, disponibilizando o nosso lar, vida e recursos àqueles que precisam. Assim, compartilharemos o amor de Cristo de maneira prática.

É hora de crescer

Quando eu era criança, falava, pensava e raciocinava como criança. Mas, quando me tornei homem, deixei para trás as coisas de criança. (1Coríntios 13.11)

Quando minhas filhas eram pequenas, eu e meu marido comemorávamos cada conquista: as mãozinhas, que tentavam alcançar o móbile acima do berço; as gengivas vermelhas anunciando os dentinhos que estavam prestes a nascer; os primeiros passos ao redor da sala. Tantas novidades nos mostravam que o seu desenvolvimento seguia o curso natural da vida.

Crianças passam por múltiplos estágios e, assim como elas, também devemos crescer e nos desenvolver. Crescer, mudar, deixar, melhorar faz parte de toda mulher que caminha com Deus. O versículo de hoje nos lembra de que chega o tempo em que devemos abandonar as coisas infantis e amadurecer espiritualmente e em nossa alma. Um dos âmbitos que precisa de mudança é o nosso modo de falar, por exemplo. À medida que avançamos em nosso relacionamento com Deus, nossas palavras têm de se tornar mais cheias de graça e verdade, edificar e encorajar aqueles ao nosso redor. Além disso, a forma como lidamos com os sentimentos precisa ser purificada. É essencial aprendermos a controlar nossas reações e a encontrar alegria, paz e contentamento mesmo em meio às dificuldades. Nossa mente também necessita de transformação, uma compreensão mais profunda acerca das verdades de Deus e um discernimento mais apurado dos seus caminhos.

A maturidade flui da mentoria do Espírito, por isso é a ele que devemos nos sujeitar diariamente. Ao estreitarmos esse relacionamento e nos submetermos ao seu senhorio, passamos a crescer e nos tornar mais semelhantes a Cristo em nosso caráter e conduta. Permita, portanto, que o Espírito Santo a conduza nesse processo de crescimento. Só assim você voará mais alto.

Valorize suas pérolas

"Não deem o que é santo aos cães, nem joguem pérolas aos porcos; pois os porcos pisotearão as pérolas, e os cães se voltarão contra vocês e os atacarão." (Mateus 7.6)

Quando um grão de areia ou microrganismo invade o interior de uma ostra, causa dor e incômodo. Então, para se proteger, ela o armazena dentro de si, envolvendo a partícula em camadas que, ao longo do tempo, formam uma linda pérola. Assim como a ostra, também podemos gerar algo de grande valor quando enfrentamos momentos dolorosos: lições preciosas que o Senhor nos entrega em meio a situações de extrema dificuldade.

No trecho de Mateus, Jesus nos ensina a guardar com diligência esses aprendizados e oferecê-los às pessoas que de fato reconhecerão o quanto são valiosos. Por vezes, perdemos tempo compartilhando conselhos com aqueles que não querem nos dar ouvidos e não reconhecem a sabedoria que adquirimos do alto mediante nossas experiências. Não se desgaste tentando convencê-los. Não insista na instrução daqueles que desejam manter suas mentes e corações fechados para o que você tem a oferecer. Em vez disso, reserve suas inestimáveis pérolas para quem estiver disposto a recebê-las com amor e apreço.

Se você se sente desvalorizada em certas rodas de conversa, talvez seja porque está depositando suas pérolas no lugar errado. Nesses casos, é melhor optar pela discrição e manter consigo a sabedoria que conquistou ao longo da sua caminhada com o Pai. No momento adequado, minha querida, você encontrará ouvidos atentos e mentes abertas com quem será capaz de compartilhar as ricas instruções que guardou em seu coração.

Nós decidimos caminhar juntas

***Façam todo o possível para se manterem unidos no Espírito, ligados pelo vínculo da paz. Pois há um só corpo e um só Espírito, assim como vocês foram chamados para uma só esperança.* (Efésios 4.3–4)**

Conforme cresci e amadureci no ministério, entendi a importância de caminhar com outras pessoas. Percebo que, infelizmente, alguns se enxergam como concorrentes no trabalho pastoral, e essa competição não contribui para o fortalecimento da Igreja de Cristo. Quando passei a me reunir com algumas pastoras em minha cidade, tempos atrás, notei que esses encontros começaram a quebrar barreiras invisíveis e extremamente resistentes.

Abandonamos a rivalidade sem sentido e abraçamos os propósitos do Pai, que não estavam condicionados a uma denominação religiosa, mas ao seu Reino. Choramos as nossas dores juntas, rasgamos nossos corações, encorajamo-nos e compartilhamos aprendizados. Sim, reconheço que preciso ouvir conselhos e receber da porção de sabedoria que outras mulheres carregam.

Nós que fomos chamadas para cuidar de quem o Pai ama não precisamos de performances superficiais nem a preocupação com números. Nossa missão é servir e participar daquilo que o Senhor está realizando em meio ao seu povo, enquanto transferimos toda a glória àquele que é verdadeiramente digno de recebê-la.

No serviço ao Reino, a vitória do outro é a minha, porque trabalhamos para o mesmo propósito e fazemos parte do mesmo Corpo. Por esse motivo, eu encorajo você a caminhar ao lado dos seus irmãos e irmãs para que, juntos, espalhem amor, unidade e a verdade de Cristo pela Terra. Juntos somos mais fortes.

Não busque lugares de honra

Quando Jesus observou que os convidados para o jantar procuravam ocupar os lugares de honra à mesa, deu-lhes este conselho: "Quando você for convidado para um banquete de casamento, não ocupe o lugar de honra [...]". **(Lucas 14.7-8)**

Certa vez, Jesus foi chamado para jantar na casa de um líder fariseu, e notou que as pessoas queriam se sentar nos melhores lugares à mesa. Aproveitou a ocasião e aconselhou que esperassem o convite do anfitrião para ocuparem aquelas posições, pois corriam o risco de serem expulsas, caso chegasse algum convidado mais importante.

A intenção do Mestre com essa advertência era apontar para o valor de um caráter humilde. Às vezes, por arrogância e orgulho, tentamos assumir cargos de prestígio com as nossas próprias forças e exaltar a nós mesmas para adquirir reconhecimento. Porém, a compreensão do amor de Deus por nós livra-nos da necessidade de perseguir cadeiras de honra. Além disso, as Escrituras garantem que o Senhor já nos preparou assentos nas regiões celestiais (cf. Efésios 2.6). Como cristãs maduras, é primordial que o nosso coração esteja no lugar certo e encontre satisfação no Senhor acima de tudo. O lugar correto não está na cadeira que você considera certa, mas naquela que o Pai separou para você.

Essa postura me lembra muito de Ester, uma mulher que morou em um lindo palácio e foi esposa do homem mais poderoso de sua nação. No entanto, em meio a tudo aquilo, não permitiu que o seu coração fosse influenciado pela posição que ocupava; pelo contrário, manteve a humildade e usou do seu cargo para realizar a vontade de Deus. Tendo a vida de Ester e de tantas outras mulheres da Bíblia como exemplo, escute o conselho de Cristo e humilhe-se diante do Pai. O resultado dificilmente será outro que não a promoção (cf. Lucas 14.11).

A libertação começa de dentro

***Agradeço àquele que me deu forças, Cristo Jesus, nosso* SENHOR, *que me considerou digno de confiança e me designou para servi-lo, embora eu fosse blasfemo, perseguidor e violento.* (1Timóteo 1.12–13a)**

Quem já leu a respeito do testemunho de Paulo não pode ignorar o quanto ele é impactante. Quando estava a caminho de Damasco, com o objetivo de assassinar os seguidores de Jesus, o apóstolo teve um encontro com Cristo, e sua vida foi completamente transformada. A partir de então, depois de conviver com os discípulos por alguns dias, passou a pregar nas sinagogas, dizendo: "Jesus é o Filho de Deus!" (cf. Atos 9.1–20).

O homem que antes perseguia e torturava cristãos tornou-se um dos maiores propagadores do Evangelho, e isso é um exemplo da abundante graça, misericórdia e bondade de Deus, capazes de modificar o nosso interior e incendiá-lo com o fogo do Espírito Santo — que também está disponível para você hoje.

O Pai tem o poder de converter a nossa vergonha, culpa, feridas, medos, vícios e pecados em testemunhos vivos que levam esperança e salvação para quem ainda está perdido. Cada vitória que o Senhor gera em nossa vida nos confere autoridade para ajudar aqueles que talvez estejam passando pelos mesmos sofrimentos que enfrentamos.

Assim como na vida de Paulo, algumas quedas no meio do caminho são providenciais para que tenhamos um encontro real e verdadeiro com Cristo. Antes da queda, o apóstolo estava engajado em uma missão totalmente desalinhada com a vontade divina, porém, ao se levantar do tombo, recebeu a revelação da missão legítima de Deus para o seu destino.

Então, deixe que o Senhor a liberte e modifique o seu coração, como aconteceu com esse homem de Deus. Só não se esqueça: alguns processos de cura são lentos e dolorosos. O próprio apóstolo permaneceu cego por três dias, em jejum, antes que fosse totalmente restaurado (cf. Atos 9.8–9). Este é o primeiro passo: precisamos ser libertas e transformadas — e isso começa de dentro para, em seguida, reverberar externamente. Somente assim, estaremos aptas para auxiliar no processo de libertação de outros.

A união faz a força

Ele faz que todo o corpo se encaixe perfeitamente. E cada parte, ao cumprir sua função específica, ajuda as demais a crescer, para que todo o corpo se desenvolva e seja saudável em amor. (Efésios 4.16)

Nestes últimos dias, tenho pensado muito sobre as conexões da minha vida, e me impressiono ao perceber como Deus, ao longo dos anos, foi construindo uma verdadeira rede de relacionamentos ao meu redor, que não se rompe. Essa é uma das grandes alegrias da jornada cristã: poder contar com o suporte e a ajuda de outras pessoas, e sentir o amor de Jesus também através delas. Não só temos essa oportunidade, como carregamos o dever de estar em união com os nossos irmãos e irmãs, para que sejamos capazes de amadurecer. É isso o que o versículo-base do devocional de hoje nos instrui.

Entretanto, em minha trajetória, nem sempre foi assim. Tempos atrás, perdi relacionamentos porque os meus vínculos eram frágeis, e o meu caráter ainda precisava passar pela peneira de Deus. Minhas motivações foram duramente confrontadas pelo Espírito Santo, a fim de que eu crescesse e pudesse vivenciar o que estava reservado para mim no futuro. Assim, com a graça do Pai, fui aperfeiçoada e aprendi a importância de construir relações firmes que me ajudariam na caminhada. Precisamos permitir que Deus afira, prove e sonde o nosso coração, como disse Davi: "Sonda-me, ó Deus, e conhece o meu coração; prova-me e conhece os meus pensamentos, vê se há em mim algum caminho mau e guia-me pelo caminho eterno" (Salmos 139.23, ARA).

O Senhor está mais do que interessado em estabelecer fortes conexões em nossa vida, e esse processo tem de começar em nós. Ele sabe com quem devemos nos relacionar e o que precisa mudar em nosso coração para que estejamos aptas a desenvolver uma comunhão com pessoas que glorifique o nome de Cristo. Por isso, submeta-se aos processos de peneira e dê permissão para que o seu interior seja moldado pelo Espírito Santo. Deus ajudará você a construir relacionamentos saudáveis em amor.

Seja uma mulher com propósito

Fale em favor daqueles que não podem se defender; garanta justiça para os que estão aflitos. (Provérbios 31.8)

Há mais de dez anos, eu pausei algumas atividades no ministério a fim de obedecer a voz de Deus, que me chamava para cuidar de crianças em prostíbulos. Vi de perto o estrago que a prostituição é capaz de causar na vida de alguém, e pude conhecer o coração dos órfãos. Durante esse tempo, entendi com maior profundidade o que significa amar a quem Deus ama, e chorar com os que choram (cf. Romanos 12.15). Aquilo que entristece o Pai provocou tristeza em mim também. Por certo, as incontáveis experiências que vivi não caberiam em livros.

Eu gostaria que todas as crianças tivessem uma família estruturada e recebessem apoio para se desenvolver: uma mãe amorosa, um pai zeloso e irmãos para amar. Mas sei que a realidade de muitos pequeninos é angustiante; alguns sofrem abusos, violências e abandono, e precisam de adultos capazes de protegê-los. Por isso, Deus conta conosco. Sempre orei para que a minha vida marcasse a trajetória de pessoas, nem que fosse apenas uma. Para que, além de amar e cuidar das minhas filhas, eu pudesse trabalhar em favor de outras crianças — de todas as etnias, línguas e nações — que também precisassem do meu colo e carinho. Deus ouviu essas orações, e tem me capacitado e comissionado a ser seus pés e mãos nesta Terra, conforme a sua vontade.

Hoje, encorajo você a também assumir essa postura. O Senhor quer usar mulheres que se disponham a lutar em favor daqueles que não podem se defender. É inexplicável a sensação de estar exatamente onde Deus deseja que atuemos, então peça a ele que lhe revele qual atitude você precisa tomar neste dia para amparar os necessitados. Às vezes, simples ações fazem uma diferença estrondosa. Não hesite em obedecer à voz divina. Seja forte e tenha coragem. Ele lhe deu uma voz; seja a resposta de alguém que está clamando agora.

Deus conhece a sua capacidade

"Se forem fiéis nas pequenas coisas, também o serão nas grandes [...]". (Lucas 16.10)

O Senhor sabe o que você pode suportar: a dose de fracasso ou sucesso que seu coração aguenta sem quebrar ou se perder. Talvez seja por essa razão que, ao clamar por responsabilidades maiores, você tenha escutado o silêncio como resposta. Isso acontece porque o Pai nos entrega conforme a nossa capacidade (cf. Mateus 25.14–15), ou seja, é ela que influencia o quanto iremos receber.

Diante dessa realidade, é possível que surja a dúvida: "Como aumentar a minha capacidade?". O que muitas vezes não entendemos é que ela não tem a ver apenas com dons, habilidades e talentos, mas principalmente com a maturidade forjada em nós no secreto, quando somos fiéis no pouco. A fidelidade às coisas pequenas do dia a dia calibra o nosso coração para que ele esteja arraigado no Senhor. É a diligência com o pouco que alarga e fortalece a nossa estrutura para que sejamos capazes de dar conta do muito.

Como você tem lidado com o pouco que tem recebido do Céu? O que tem construído com o Senhor em momentos de intimidade? Antes de pedir por mais, foque em aumentar a sua capacidade. Aprenda a honrar a Deus nas tarefas ordinárias do cotidiano, com excelência, temor e zelo. Procure crescer no conhecimento de quem o Senhor é, e manter os seus olhos fixos nele, e não naquilo que ele pode dar a você. O segredo mora aí.

A unção que capacita

Enquanto Davi estava entre seus irmãos, Samuel pegou a vasilha com óleo que havia trazido e o ungiu. A partir daquele dia, o Espírito do SENHOR veio poderosamente sobre Davi [...]. (1Samuel 16.13)

Quando viajei para Londres, tempos atrás, conheci o Castelo de Windsor e fiquei intrigada ao reparar em uma enorme placa que havia ali, com os dizeres: "Reis, sacerdotes e profetas são ungidos". Foi, então, que descobri que esse princípio encontrado na Palavra de Deus também está muito enraizado na cultura monárquica inglesa: existe uma unção que capacita o rei.

Hoje, vivemos debaixo da nova aliança de Cristo, e agora o Pai nos chama de sacerdócio real (cf. 1Pedro 2.9). Isso significa que ele deseja derramar sobre nós a sua unção transformadora, a mesma que os homens e mulheres da Bíblia experimentaram. Em 1Samuel, vemos que Davi, após ter sido ungido pelo profeta, fora poderosamente capacitado pelo Espírito do Senhor. Eu tenho convicção de que sua grandeza não estava nas habilidades de guerra que possuía, muito menos na funda ou nas pedras que carregava. Na verdade, seria impossível que aquele pequeno rapaz derrotasse o gigante filisteu. Entretanto, a unção poderosa estava sobre ele e o capacitou para cumprir a vontade divina.

Muitas vezes, tenho essa mesma sensação ao enfrentar um novo desafio. Sei que não possuo habilidade para tal façanha, mas entendo que a unção é capaz de alcançar o que o meu talento não pode; que existe uma graça específica derramada para a execução dos planos celestes.

Quando buscamos cumprir o plano de Deus por nós mesmas, além de não irmos muito longe, certamente nos frustraremos. Contudo, ao dependermos do Pai e recebermos a unção capacitadora do Espírito Santo, somos habilitadas a tombar os "gigantes" da vida. Mais do que isso, somos capacitadas para pôr em prática Isaías 61.

O desconforto do crescimento

À medida que o número de discípulos crescia, surgiam murmúrios de descontentamento [...]. (Atos 6.1)

Todo crescimento gera desconforto. Seja uma expansão física, uma mudança em nosso interior ou a transformação envolvendo pessoas próximas, o processo de crescimento sempre acaba provocando descontentamento. Ao descobrir sua gravidez, uma mãe fica muito feliz, porém, perto dos nove meses, o crescimento gera incômodo.

O pano de fundo de Atos 6 diz respeito ao crescimento da Igreja. Apesar do avanço do Corpo de Cristo na Terra, os recém-discípulos começaram a espalhar murmúrios de descontentamento. Esta é uma lição fundamental que extraímos dessa passagem: cuidado para não reclamar daquilo pelo qual deveria agradecer.

Certa vez, quando a Vitória, minha filha mais velha, era pequena, estávamos na igreja e o ministério infantil disponibilizou guache para as crianças brincarem. Ao fim do culto, quando fui buscá-la, ela estava coberta de tinta, desde o cabelo até a roupinha nova que havia ganhado de presente recentemente. Na época, mãe de primeira viagem, querendo acertar e fazer tudo conforme os livros de criação de filhos instruíam, fiquei inconformada com aquela situação e, além de brigar com minha filha e reclamar da sujeira, chorei. Tempos mais tarde, compreendi o quanto havia sido pesada e estava descontente com algo pelo qual, na realidade, eu deveria agradecer. Que privilégio ter uma filha criativa, que estava dentro da igreja e era saudável. Que presente ter uma máquina cheia de roupas para lavar, pois significava que o Senhor havia me dado uma família, e que tínhamos roupas para vestir. A Vitória era apenas uma criança, que estava crescendo. Não poderia evitar ou entender a importância de não se sujar enquanto brincava. Eu, por outro lado, só conseguia sentir o descontentamento por trás daquele processo de crescimento.

Mulher, preste atenção para não encarar como trabalho ou peso aquilo que o Senhor chama de privilégio. Não reclame daquilo pelo qual deveria agradecer.

Valorize quem permanece

Davi fugiu de Gate e se escondeu na caverna de Adulão. Quando souberam disso, seus irmãos e parentes foram encontrá-lo ali. Logo, outros começaram a chegar, pessoas aflitas, endividadas e descontentes [...]. (1Samuel 22.1-2)

A caverna de Adulão preparou Davi e seu coração para o que ainda iria enfrentar. Deus confiaria em suas mãos o maior reinado da época, mas também queria ensinar ao jovem guerreiro que não era possível fazer tudo sozinho. Ali, muitos homens com suas vidas quebradas se refugiaram ao seu lado, e isso nos revela o quanto o Senhor está interessado em nos conectar a pessoas-chave, que nos auxiliarão a cumprir a sua vontade.

O curioso é que, quando pensamos em pessoas-chave, logo remetemos à ideia de indivíduos bem resolvidos e emocionalmente estáveis, mas não foi isso que aconteceu com Davi na caverna. A Bíblia conta que aqueles eram sujeitos endividados, aflitos e descontentes. No decorrer dos anos, eu descobri a importância de ter amigos que crescem e se desenvolvem com você. Posso me lembrar de muitos que hoje ocupam lugares de confiança na minha vida e do meu marido, mas que se aproximaram no tempo em que estávamos em "Adulão" — por isso, carinhosamente, chamo cada um deles de "os amigos que Adulão me deu".

Davi não tinha nada para oferecer aos seus amigos recém-chegados; era perseguido pelas autoridades, além de desprezado e sem valor aos olhos humanos. Porém, ainda assim, aqueles homens se transformaram em companheiros leais. Em meio a tantas dores e angústias, encontrou suporte, amparo e fidelidade na amizade deles. Aquele local moldou o caráter de Davi e lhe entregou homens que, aos poucos, também foram lapidados. Os aflitos, endividados e descontentes encontraram na liderança do futuro rei de Israel um novo propósito pelo qual lutar, e tornaram-se seus melhores guerreiros.

Valorize quem segue ao seu lado quando não puder oferecer nada; aqueles que irão abraçá-la e permanecerão com você em meio às crises. Seus momentos difíceis podem se transformar em maneiras de encontrar grandes amigos, que lhe ajudarão a chegar aonde o Senhor quer que você esteja.

O Deus do "sim"

"Portanto, se vocês, que são maus, sabem dar bons presentes a seus filhos, quanto mais seu Pai, que está no céu, dará bons presentes aos que lhe pedirem!". (Mateus 7.11)

É verdade que a caminhada com Jesus envolve diversas renúncias, e constantemente somos chamadas a negar nossos próprios desejos, abandonar certos hábitos e aprender a esperar no Senhor. Mas a história não acaba por aí. Ele também é o Deus das portas abertas, das promessas fiéis e dos bons presentes. Ele também é o Deus do "sim".

O que não podemos esquecer é que, para receber o que pedimos, necessitaremos estar alinhadas à vontade divina. É por esse motivo que a Escritura também nos diz: "[...] no entanto, não têm o que desejam porque não pedem. E, quando pedem, não recebem, pois seus motivos são errados; pedem apenas o que lhes dará prazer" (Tiago 4.2–3). Às vezes, não captamos as bênçãos do Céu por medo, insegurança ou por estarmos muito apegadas àquilo que idealizamos; outras vezes, por não pedirmos corretamente. Oramos o tempo todo, mas nem sempre estamos em alinhamento com a vontade de Deus ou confiamos em sua natureza.

Por outro lado, muitas de nós acabam não desfrutando dessas bênçãos, pois nutrem barreiras acerca das conquistas e tempos de abastança. Assim, passam mais tempo se culpando por receberem presentes celestiais do que celebrando o que o Pai lhes entregou.

O Senhor tem alegria em nos surpreender e realizar muito além do que imaginamos (cf. Efésios 3.20). Ele tem presentes valiosos para mim e para você, e arquitetou planos de paz e não de mal, para nos dar o futuro pelo qual ansiamos (cf. Jeremias 29.11). Ele é bom. Nunca duvide de seu caráter. Nos próximos dias, peça ao Espírito Santo que sonde as suas intenções e ensine você a pedir segundo a vontade divina. Deixe-se também ser surpreendida pelo Pai e, nessa jornada, perceba a bondade de Deus em seu cotidiano.

Cantem ao Senhor

Então a profetisa Miriã, irmã de Arão,
pegou um tamborim e todas as mulheres a seguiram,
tocando tamborins e dançando. (Êxodo 15.20)

O capítulo 15 do livro de Êxodo narra a comemoração do povo de Israel quando, finalmente, foi liberto da escravidão no Egito. O Senhor abrira milagrosamente o Mar Vermelho, permitindo que escapassem das garras de faraó e seu exército. A partir daquele episódio, os israelitas puderam respirar aliviados porque aquela terrível luta terminava. A Bíblia nos conta que, após esse grande livramento, Miriã liderou as mulheres em adoração, com cânticos e danças, e celebrou a vitória alcançada mediante o poder de Deus.

Mulher, sei que as batalhas podem ser extremamente desafiadoras, e que, vez ou outra, talvez nós nos desesperemos diante dos obstáculos. À semelhança de Israel, em certas ocasiões, sentimos como se estivéssemos encurraladas, tanto pelo Mar Vermelho à nossa frente quanto pelo exército egípcio atrás de nós. Porém, que alegria é saber que esses milagres surpreendentes descritos na Palavra não se limitam a um Deus que agia no passado, mas nos revelam o caráter de um Deus que realiza grandes maravilhas em meio ao seu povo até os dias de hoje.

O Senhor é soberano sobre qualquer adversidade, por isso, assim como Miriã, podemos celebrar sua onisciência, grandiosidade e poder neste dia. Ele é imutável, sempre bondoso, misericordioso e digno de receber todo o louvor! As Escrituras estão repletas de histórias de homens e mulheres que testemunharam obras divinas sobrenaturais, e, ao lermos tantos relatos, podemos carregar a certeza de que o nosso Deus está cuidando dos detalhes e grandes marcos de nossas vidas. Hoje, eu a encorajo: após terminar a leitura desta página, tire um tempo para exaltá-lo e engrandecê-lo; deposite toda a sua fé e confiança no Deus do impossível.

Uma Débora levantada por Deus

Quem julgava Israel nessa época era Débora, uma profetisa [...]. Ela costumava sentar-se debaixo da Palmeira de Débora [...], e os israelitas a procuravam para que ela julgasse suas questões. (Juízes 4.4–5)

Após a morte de Josué, Israel passou por um período delicado e cheio de crises, no qual cada um fazia o que parecia certo a seus próprios olhos (cf. Juízes 21.25). Nesse tempo, Deus levantou homens e mulheres responsáveis por julgar as questões do povo e guiá-lo em meio às batalhas. Dentre eles, a liderança da juíza Débora chama muito a minha atenção.

Sobre ela, havia uma graça celestial que lhe capacitava oferecer conselhos, dar ordens e até mesmo conduzir o exército quando eram atacados por outras nações. Foi o seu direcionamento na luta contra os guerreiros de Sísera, líder militar de Canaã, que garantiu a Israel quarenta anos de paz. Além disso, ela era profetisa e tinha uma forte conexão com o Senhor. Seu discernimento acerca da vontade divina era admirado e requisitado pelos israelitas. Que sabedoria sobrenatural essa mulher carregava!

Imagino como eram seus dias debaixo daquela palmeira, e o tipo de relacionamento com Deus que ela desfrutava. Da palmeira ao exército de Israel, era assim que Débora caminhava: obedecendo aos processos e sendo fiel aos convites do Céu. Essa mulher recebia orientações do Alto e conciliava muitas responsabilidades e funções importantes. Não foi à toa que Deus a escolheu para essas tarefas. Ela, com certeza, era alguém com quem o Senhor podia contar. Creio que ele deseja derramar sobre nós essa mesma graça, que nos dá sabedoria, coragem e capacitação para liderar com ousadia em momentos de crise.

Quem sabe, algumas palmeiras em sua vida — maternidade, casamento, ministério, trabalho — são as oficinas de Deus para prepará-la a viver desafios ainda mais exponenciais.

Que, assim como Débora, possamos ser sensíveis à voz de Deus, guiadas pelo Espírito Santo, e capazes de liderar os domínios que ele colocou sob nossa tutela. Levante-se, mulher, e seja você também uma voz de sabedoria e liderança.

Não deixe os tesouros se perderem

***Então o Senhor me disse: "Escreva minha resposta em tábuas, para que se possa ler depressa e com clareza".* (Habacuque 2.2)**

Há muitos anos, adquiri esta prática bastante simples, mas extremamente eficaz: ter um caderno no qual posso anotar todos os entendimentos e palavras que recebo do Senhor quando passo tempo em sua presença. Nesses momentos de oração, adoração e leitura da Palavra, concentro-me no que o Espírito Santo quer revelar ao meu coração e escrevo o que me diz, como o próprio Deus aconselhou ao profeta Habacuque.

Dias atrás, decidi ler alguns dos meus caderninhos antigos e me emocionei muito ao perceber que tantas promessas divinas reveladas pelo Pai em meu tempo de intimidade com ele se concretizaram. Hoje, posso segurá-las em meus braços e celebrar a fidelidade do Senhor, que me ajudou a permanecer em sua vontade e aperfeiçoou a minha fé ao longo da jornada.

Todas nós passamos por instabilidades em nossa vida, e podemos facilmente nos esquecer de promessas e aprendizados vitais que um dia Deus nos ensinou. Por isso, anotá-los nos ajuda a manter esses tesouros guardados para que sejam recordados em tempo oportuno. Anote as palavras, sonhos espirituais e revelações específicas que recebe, porque tudo o que o Espírito Santo fala é importante e será útil para a sua caminhada com Jesus. Não deixe os tesouros se perderem.

Maternidade, uma jornada espiritual

***No trabalho de parto, a mulher sente dores, mas, quando o bebê nasce, sua angústia dá lugar à alegria, pois ela trouxe ao mundo uma criança.* (João 16.21)**

A jornada da maternidade nos leva por caminhos sinuosos e ao mesmo tempo sublimes, repletos de significados e propósitos espirituais. Do mesmo modo como o próprio Senhor nos chama para sermos sacrifícios vivos, a maternidade nos convida a oferecer nossas vidas como um ato de adoração ao Criador.

No versículo que nos inspira hoje, Jesus discorre acerca da dor do parto aos seus discípulos, uma metáfora forte que descreve nossa caminhada espiritual. Assim como as dores do parto precedem o nascimento de uma criança, os desafios e sacrifícios da maternidade nos levam a um novo nível de compreensão sobre o amor e a entrega. É incrível como essa missão nos amadurece, tem o poder de nos ensinar a amar sem medidas e a renunciar a nossa própria vontade pelo bem do outro. A fome, o sono e as privações doem, mas estar nessa posição nos constrói. São nesses momentos de angústia que descobrimos uma conexão mais profunda com o coração do Pai, já que é ele quem nos sustenta, fortalece, renova e capacita a perseverar ainda que as dificuldades pareçam insuperáveis.

Jesus preparou seus discípulos para os momentos de angústia e dor diante de seu sacrifício e morte, no entanto, lembrou-lhes de que o dia da ressurreição chegaria. De igual maneira, a recompensa da maternidade transcende qualquer sacrifício que façamos, porque nos permite experimentar um amor que ultrapassa a compreensão humana. Nesse instante, percebemos que cada lágrima, cada oração e cada sacrifício valeram a pena.

Seja dependente da graça

Meu filho, seja forte por meio da graça que há em Cristo Jesus. (2Timóteo 2.1)

Não foram poucas as vezes que pensei em desistir da missão que o Senhor me confiou. Hoje, olhando para trás e lembrando de todos os milagres que experimentei até aqui, não posso deixar de refletir no quanto fui envolvida pela graça de Deus no decorrer do caminho. As palavras vindas do alto chegavam até mim na hora certa, e me davam o sustento necessário para seguir um pouco mais. Apesar da oposição, resistência, sofrimento e provações, nada pode roubar a convicção de que ser uma seguidora de Cristo vale a pena.

Gostaria de dizer a você que não sou mais importunada pelo impulso de abandonar a rota que escolhi, mas isso não seria verdade. Esse sentimento continua se esforçando para me parar, porém permaneço inabalavelmente segura na verdade de que não tenho para onde ir. "[...] Senhor, para quem iremos? Tu tens as palavras da vida eterna; e nós temos crido e conhecido que tu és o Santo de Deus" (João 6.68-69, ARA), disse Pedro. Não tenho como voltar atrás. Já não existe outro caminho. Absolutamente nada faz mais sentido do que a vida com Cristo.

A presença de Deus se tornou o meu esconderijo. Dia após dia, recebo uma nova porção de sua graça, que me fortalece quando me vejo fraca, desanimada e aflita. Esse refrigério está aos pés de Cristo. Mulher, desistir não é uma opção para nós, discípulas de Jesus; a Palavra nos revela isso: "Nós, porém, não somos dos que retrocedem [...]" (Hebreus 10:39, ARA). Ainda que esteja pesado e custoso, não se esqueça de que andar com Deus vale a pena. Nesta hora, corra para quem tem as palavras de vida eterna; a graça dele é suficiente para você (cf. 2Coríntios 12.9).

Junho

Viviane Martinello

Deus não muda

Jesus Cristo é o mesmo ontem, hoje e para sempre.
(Hebreus 13.8)

A minha avó tem mais de 90 anos e, toda vez que a visito, percebo que sua casa permanece igual. Ali, encontro a mesma cortina que cobria a janela quando eu era adolescente, o mesmo sofá, as cadeiras, a cozinha. Estar nesse ambiente é como ser transportada para um lugar de afeto e segurança em minhas memórias.

Essa sensação me lembra do conforto que encontro na imutabilidade do Senhor. Hoje em dia, por causa do fluxo acelerado de informações, tendências e ideologias, as coisas se alteram sem muita dificuldade, e isso pode gerar em nós um coração ansioso, instável e fácil de ser influenciado. Felizmente, temos um Deus que é constante, sem variação. Em meio a tantas oscilações que enfrentamos na vida, ele permanece o mesmo, ontem, hoje e para sempre. Seu caráter não melhorou ao longo dos anos. Sua natureza não foi aperfeiçoada até aqui. Ele é impecável, sem defeito algum. Deus não precisa ser aprimorado. Ele é perfeito.

Do mesmo modo, quando leio as Escrituras, tenho um encontro com princípios e valores que jamais serão modificados. Os preceitos divinos perduram desde a criação do Universo e continuarão a nortear nossos passos de eternidade a eternidade. Com frequência, o mundo tenta nos convencer de que não existem verdades absolutas e que tudo pode ser relativizado, mas nós sabemos que a Bíblia é a verdade imutável que liberta, cura, traz vida em abundância e nunca, sob nenhuma condição, será transformada ou atualizada.

Mesmo que as situações e pessoas à sua volta pareçam instáveis e imprevisíveis, agarre-se ao que é eterno, verdadeiro e que nunca mudará. Como na casa da minha avó, você pode encontrar estabilidade, segurança e aconchego no Senhor e em sua Palavra.

Uma mulher de força

***[...] Não por força, nem por poder, mas pelo meu Espírito, diz o SENHOR dos Exércitos.* (Zacarias 4.6)**

Em um mundo que constantemente redefine os padrões de força e sucesso, nós mulheres temos enfrentado desafios únicos nesta época. A sociedade, muitas vezes, exalta a autossuficiência e a capacidade de lidar com tudo por conta própria, criando uma pressão imensa para que sejamos fortes o tempo inteiro, o que pode levar à exaustão e frustração. No entanto, a Bíblia nos oferece uma perspectiva diferente acerca desse tema.

O versículo de Zacarias nos recorda de que nossas batalhas não são vencidas pela imposição violenta ou habilidade que possuímos, mas por meio da dependência total do Senhor. Quando atendemos a esse chamado, percebemos que o poder não está em nossos lábios, mas em nossos joelhos. Joelhos dobrados em oração são um símbolo de humildade e submissão a Deus. É por intermédio da oração que acessamos a ajuda do Espírito para alcançar o que nunca conquistaríamos por nós mesmas. Ao intercedermos, entramos em uma dimensão espiritual onde o nosso clamor tem a chance de se tornar mais poderoso que qualquer ação física que seríamos capazes de realizar sozinhas. Sem dúvida, é certo que recorreremos à nossa própria força quando somos desafiadas, mas, para além da nossa responsabilidade natural, existe um convite para abraçarmos a força e capacitação que vem do Céu.

É graças à oração que recebemos esse fortalecimento, capacidade, socorro, conforto e direção. Por meio dela, também somos transformadas, curadas, e geramos as promessas divinas. Acima de tudo, é por ela que nos aproximamos do Senhor. Deus ouve o nosso clamor e trabalha de maneiras que transcendem a nossa compreensão. Ele responde, guia e fortalece todas aquelas que colocam sua confiança nele. Hoje é dia de subir um degrau a mais em sua vida de oração. Jamais se esqueça de que é nesse ambiente de comunhão profunda que reside a verdadeira força.

Deus enxerga o seu potencial. Imite-o

Por isso quero lembrá-lo de avivar a chama do dom que Deus lhe deu quando impus minhas mãos sobre você.
(2Timóteo 1.6)

Nos primeiros anos da minha conversão, eu não sabia fazer nada diferente do que acreditar nas inúmeras mentiras e acusações que o Inimigo sugeria em minha mente. Não tinha ideia do que Deus dizia ou pensava a meu respeito. O pior de tudo é que essas inverdades limitavam minha vida em pelo menos três aspectos: a minha identidade (quem sou), o meu chamado (o que faço), o meu destino (para onde vou).

Com o tempo, aprendi que o Pai jamais age assim conosco; em vez de nos acusar ou reforçar nossas limitações, enfatiza o que temos de melhor. Em Pedro, o apóstolo volúvel, ele viu estabilidade e chamou-o de pedra; ao medroso Gideão, referiu-se como homem valente. Esse entendimento me ajudou a enxergar que eu também carregava um potencial que poderia ser usado para a expansão do Reino de Deus. As palavras de Paulo a Timóteo, na passagem de hoje, tornaram-se marcantes para mim a certa altura da minha caminhada cristã, de modo que passei a buscar o Espírito Santo e permitir que ele me tratasse e fluísse através de mim. Foi assim que uma nova mulher surgiu. Eu não me achava corajosa, especial, muito menos pensava ter um grande potencial, mas, aos pés de Jesus, compreendi a maneira como ele me enxergava e o que havia depositado dentro de mim. Aquela era a verdade a meu respeito. Pouco a pouco, descobri meus dons e talentos, e passei a cultivá-los fielmente.

Creia no potencial que o Senhor colocou em você. Não dê ouvidos aos enganos do Diabo, pois, um dia, se perseverar e for diligente, você ouvirá as sublimes palavras: "'Muito bem, servo bom e fiel [...] entra no gozo do teu senhor'" (cf. Mateus 25.21, ARA). Por acaso, haveria recompensa maior do que essa?

Tudo o que você dá atenção cresce

***Concentrem-se em tudo que é verdadeiro, tudo que é nobre, tudo que é correto, tudo que é puro, tudo que é amável e tudo que é admirável. Pensem no que é excelente e digno de louvor.* (Filipenses 4.8b)**

Você cultiva plantas em casa? Se sim, já observou que a atenção dedicada a elas é fundamental para o seu crescimento e desenvolvimento. Não importa se nos referimos a coisas boas ou ruins, nosso empenho gera cultivo e, consequentemente, aumento. Essa é uma verdade que nos leva a refletir acerca do que alimentamos em nosso pensamento diariamente.

Imagine se colocarmos todo o foco nos medos e preocupações; não há dúvidas de que colheremos ansiedade. Por outro lado, se dos nossos lábios fluem gratidão e adoração a Deus, o nosso bem-estar e sensação de plenitude tendem a melhorar. Isso se aplica a qualquer área — profissional, relacional, física, entre outras. Não é à toa que a Bíblia nos alerta: "Porque, como imagina em sua alma, assim ele é [...]" (cf. Provérbios 23.7, ARA). A maneira como pensamos e imaginamos pode transformar a nossa realidade. É por esse motivo que devemos pensar corretamente e definir bem o que de fato merece a nossa atenção, pois isso, certamente, crescerá em nossa vida. Um segredo que aprendi ao longo dos anos é estabelecer prioridades e concentrar nelas os meus esforços.

Os últimos tempos têm impulsionado muitas de nós a gastar energia naquilo que rouba o nosso propósito, paz e alegria. Mas Filipenses 4.8 nos aconselha darmos atenção ao que é verdadeiro, respeitável, justo, puro, amável, ao que é de boa fama, e àquilo que carrega virtude e louvor. Isso, sim, deve ocupar nosso pensamento dia após dia. Portanto, ore ao Senhor e peça que ele lhe dê a mente de Cristo (cf. 1Coríntios 2.16) e derrame sabedoria para que você escolha os lugares, pessoas e atividades às quais dedicará a sua atenção; você se surpreenderá com os frutos.

De Deus não se zomba

não se deixem enganar: de Deus não se zomba. Pois o que o homem semear, isso também colherá. Quem semeia para a sua própria carne, da carne colherá destruição; contudo, quem semeia para o Espírito, do Espírito colherá a vida eterna. (Gálatas 6.7-8, NVI)

Mulher, não tente viver deixando falhas sem reparação. Não siga adiante como se nada estivesse acontecendo. Se você errou, volte atrás e conserte. Roubou? Devolva. Mentiu? Diga a verdade. Enganou? Peça perdão. Traiu? Arrependa-se, mude e peça perdão. Não aja como a adúltera de Provérbios que diz: "Não fiz nada de errado" (cf. Provérbios 30.20).

Deus viu. O Senhor sabe o que você fez, e a Bíblia é clara: ninguém pode zombar dele. Certamente, o que plantamos também colheremos. Algumas pessoas precisam passar por situações difíceis para chegar ao conhecimento da verdade e quebrantamento. Algo que o Espírito Santo ministrou ao meu coração há anos foi sobre a necessidade de perguntar-lhe, até mesmo como eu deveria ajudar alguém. Eu conheço uma pessoa que estava sempre afundada em dívidas. O tempo inteiro ela pedia dinheiro emprestado de um, de outro, e eu fazia parte da lista VIP das que prestavam auxílio. A questão é que, em vez de quitar aquelas despesas, ela se arruinava cada vez mais. Até que senti o Senhor me incomodar e dizer: "Não quero mais que empreste dinheiro. Ela terá de sofrer as consequências do seu plantio".

Logo de cara, esse direcionamento me soou espantoso, mas pouco depois entendi perfeitamente a intenção do Senhor por detrás daquela frase. Creio que muitas crises são bênçãos que nos levam de volta para casa. O nosso Deus é Pai e, por nos amar, não nos livra de muitas tempestades que vivemos, mas nos ensina por meio delas, principalmente, quando essas adversidades são resultado das más escolhas que fizemos. Hoje é dia de arrependimento e conserto. Se você tem algo que precisa de reparo, posicione-se agora. Não jogue para debaixo do tapete. Não zombe de Deus, pois o que você semear é exatamente o que irá colher.

Cada um transborda o que tem dentro de si

Pois a boca fala do que o coração está cheio.
(Mateus 12.34b)

Uma hora ou outra, o que está dentro de nós pula para fora. Não dá para esconder ou remediar; inevitavelmente virá à luz. Há uma história antiga que ilustra muito bem a reflexão de hoje. Uma família que se mudou para o interior foi recebida pelos vizinhos do sítio ao lado com um balde de lavagem para porcos, sinalizando que não era bem-vinda. Os recém-chegados, sem entender, não revidaram. Porém, de tempos em tempos, recebiam os indesejados "presentinhos". Os meses se passaram e, após o cultivo de suas terras, os novos moradores enviaram aos vizinhos uma cesta repleta de flores. Questionando o motivo do gesto carinhoso em retribuição à indelicadeza oferecida na recepção, tiveram a seguinte resposta: "Cada um dá o que tem!".

De fato, nós transbordamos o que carregamos dentro de nós: se amor, amor; se ódio, ódio. E o que nos faz ser o que somos é o que consumimos todos os dias, pois é isso que alimenta nossa alma e modela nosso coração e pensamentos. Por isso, todas as transformações que o Espírito Santo faz começam dentro de nós, e geram amor e verdade. Elas permanecem ocultas até terem raízes fortes o suficiente para suportar a exposição. Mas os que se nutrem do pecado são consumidos por ele. Às vezes, assustamo-nos com o que vem à tona de pessoas que não imaginávamos ser quem eram. As aparências não se sustentam para sempre. Sendo bom ou ruim, a verdade sempre vem à superfície.

Este é um bom dia para perguntar a si mesma: o que tenho permitido entrar em meu coração? Minhas ações e palavras refletem o amor e a verdade de Deus, como declara o versículo 34 de Mateus 12?

Todo excesso esconde uma falta

"Preste atenção! Estou à porta e bato. Se você ouvir minha voz e abrir a porta, entrarei e, juntos, faremos uma refeição, como amigos." (Apocalipse 3.20)

Excesso de exposição, de palavras, de medo, de tristeza. Nossa geração está presa a excessos, e eles revelam uma disfunção na alma. Para muitas pessoas, a tentativa de preencher um vazio ou de compensar uma ausência emocional ou espiritual acaba por extravasar em alguma área. A relação doentia com a comida, por exemplo, revela carência, ansiedade ou descontentamento. Quanto mais comem, menos satisfeitas se sentem. Isso se aplica a outras esferas, como o excesso de trabalho e o ativismo religioso, que frequentemente escondem uma frustração com o próprio lar ou necessidade de aprovação.

Contudo, o versículo de Apocalipse 3.20 nos leva a refletir sobre a presença de Jesus que está à porta e bate, esperando, pacientemente, que abramos, a fim de que ele entre, transforme tudo de dentro para fora e complete a lacuna da nossa existência. As mudanças que ele deseja realizar são silenciosas, mas extremamente poderosas. O Senhor é o único capaz de ocupar o espaço em nosso coração que clama pelo que é eterno. Se o excesso esconde uma falta, o equilíbrio expõe uma plenitude que só Deus pode proporcionar — e não esqueça, tudo o que construímos a partir desse equilíbrio permanece estável e seguro.

Quando Cristo entra em casa, tudo fica em perfeita ordem. O convite dele neste 7 de junho é para que você abra a porta do coração e peça que ele se sente à sua mesa. O banquete é o próprio Jesus quem oferece e, por ser farto e eterno, satisfaz o que nenhum excesso consegue.

Prontas para ouvir

"Por que vocês me chamam 'Senhor! Senhor!', se não fazem o que eu digo?"
(Lucas 6.46)

A prontidão para ouvir vai muito além de utilizar a capacidade natural de escutar; trata-se da disponibilidade para obedecer. Deus sonda o nosso interior e vê o coração que anseia viver seus planos genuinamente, e não apenas diz: "Senhor! Senhor!".

Agora, pense comigo: você gostaria de conversar com alguém que não lhe dá ouvidos? Contaria segredos e compartilharia sonhos com quem não está decidido a prestar atenção ao que você tem a dizer? Creio que não. Deus também procura aqueles que estão dispostos a ouvi-lo, seguir seus ensinamentos com sinceridade e dedicação.

Há muitas pessoas que vêm até mim dizendo que não ouvem a voz de Deus. No entanto, eu me pergunto: será que realmente querem ouvi-lo? Ou estão focadas em ter suas vontades atendidas à sua maneira? As palavras do Senhor são profundas e capazes de criar vida, provocar alinhamento e gerar cura em nós. Vivemos dias de tantas distrações e sons disputando nossos ouvidos. O Pai, porém, não mudará seu tom de voz; para ouvi-lo devemos abafar todo o resto, concentrarmos nele e buscá-lo de coração.

Neste momento, faça a si mesma um questionamento: estou disposta a escutar o que o Senhor deseja falar a mim? Estou preparada para isso? O que ele almeja dizer pode ser diferente do que queremos ouvir, mas nos desafiará a crescer, a mudar e a sermos mais como ele.

O amor na prática

"Ame o SENHOR, seu Deus, de todo o seu coração,
de toda a sua alma, de toda a sua força e de toda a sua mente'
e 'Ame o seu próximo como a si mesmo". (Lucas 10.27)

Ao ser questionado por um doutor da lei acerca de como herdar a vida eterna, Jesus o orientou com as palavras que acabamos de ler: ame. O amor não é um simples sentimento. Antes, se dá com ações.

Na parábola do Bom Samaritano, o Mestre nos mostra claramente que Deus deve estar acima de qualquer escolha que façamos e que servir ao próximo tem conexão direta com a nossa relação com ele, pois são dois lados da mesma moeda. Nosso amor ao Criador também deve se manifestar de forma concreta quando servimos os que estão ao nosso redor em suas necessidades. É por meio dessa dinâmica que temos a oportunidade de pôr em prática o que Jesus ensina. O samaritano responsabilizou-se por um estranho à beira da estrada de diversas maneiras — desde os seus cuidados físicos até o pagamento dos custos de sua recuperação. Ele poderia ter ignorado o homem, assim como outros fizeram antes dele, mas escolheu parar e servi-lo com amor.

Você e eu somos convocadas a amar na prática hoje. Talvez uma vizinha esteja doente e precise de ajuda para levar seu filho à escola, ou quem sabe uma desconhecida necessite de um prato de comida. Podemos oferecer amparo a uma idosa que vive sozinha ou nos voluntariarmos em trabalhos comunitários; também somos capazes de contribuir financeiramente para suprir uma carência.

Cada uma de nós pode ser inspirada a servir e amar de diferentes modos. O importante é estarmos atentas às ocasiões para sermos as mãos e os pés de Cristo. Esse é o início do caminho para nos tornarmos praticantes, e não apenas ouvintes da Palavra, como Tiago nos instrui (cf. 1.22). Afinal, como diz a frase: o amor é o que o amor faz.

Desculpe o transtorno, estou em obras

Tenho certeza de que aquele que começou a boa obra em vocês irá completá-la até o dia em que Cristo Jesus voltar. **(Filipenses 1.6)**

Quantas vezes você se sentiu inadequada ou despreparada para as responsabilidades e desafios da vida? Às vezes, parece que todos ao nosso redor estão mais preparados, e que nós, por algum motivo, estamos ficando para trás. No entanto, existe uma promessa: aquele que começou a boa obra em nós irá completá-la. Isso significa que, quando andamos com Deus, cada passo faz parte do nosso desenvolvimento, e por meio dele somos moldadas pelas mãos do Criador. Ele sabe exatamente o que está fazendo, ainda que certas partes de nós pareçam bagunçadas. Nunca foi uma pretensão divina que alcançássemos a perfeição de uma vez só; na realidade, o Senhor escolheu trabalhar em nós pouco a pouco.

Toda obra passa por etapas em sua construção. Alicerces, paredes e teto levam tempo para serem construídos. Da mesma forma, Deus nos edifica e transforma em fases, conforme o seu plano. O que realmente importa nesse processo é se nos manteremos obedientes, perseverantes e fiéis ao grande Construtor até o fim.

Mulher, você está em uma contínua metamorfose rumo ao aperfeiçoamento celeste. O Senhor não espera que você esteja completamente pronta neste exato momento, mas que permita, um dia após o outro, que ele complete a boa obra que começou em seu coração. Celebre suas conquistas e mudanças, e não se esqueça: Deus não procura mulheres ideais, mas reais. Ser de verdade é uma das virtudes mais lindas que alguém pode buscar.

Viviane Martinello

Ajuda do alto ou autoajuda?

"Já basta, SENHOR", disse ele. "Tira minha vida, pois não sou melhor que meus antepassados que já morreram." (1Reis 19.4b)

Conheço bem a sensação de alcançar uma grande vitória no mundo espiritual e em seguida sentir-se sugada emocional e espiritualmente. Elias, porém, foi ao extremo. Após experimentar feitos sobrenaturais e notáveis, sentiu-se tão deprimido e com tanto medo, que desejou a morte. O profeta sabia que, por mais que tentasse, não conseguiria se levantar sozinho daquela situação.

Livros, palestras e cursos nos ensinam atualmente que temos dentro de nós o poder de superar qualquer obstáculo. Embora a autoconfiança e o desenvolvimento pessoal sejam importantes, devemos ter em mente que há momentos em que nossas próprias forças não serão suficientes. Para o debilitado Elias, o Senhor foi a chave que trouxe equilíbrio e libertação.

Buscar ajuda do alto é ir direto à fonte que é capaz de restaurar e socorrer a nossa alma e renovar as forças. Nenhum método de autossuperação poderia proporcionar algo assim. Quem sabe tudo o que você precisa agora seja um bom descanso, uma alimentação adequada e a presença do Senhor? Elias teve de ser alimentado por Deus e descansar para, então, recuperar-se de sua crise.

Em tempos de desespero e fraqueza, lembre-se de que a solução não está apenas em você mesma, mas no Senhor. Que, como o salmista, possamos dizer: "Elevo os olhos para os montes: de onde me virá o socorro? O meu socorro vem do SENHOR, que fez o céu e a terra. Ele não permitirá que os teus pés vacilem; não dormitará aquele que te guarda. É certo que não dormita, nem dorme o guarda de Israel. O SENHOR é quem te guarda [...]" (Salmos 121.1-5, ARA).

Descanse, mulher. Descanse e continue. Aquele que a guarda e ajuda não dorme.

O segredo do solo fértil

Quem cuida da figueira comerá de seus frutos;
quem protege os interesses de seu senhor será recompensado.
(Provérbios 27.18)

Uma árvore frutífera bem cuidada produz em abundância. Assim também uma mulher que é tratada com amor e respeito por seu marido frutifica em todas as áreas. É interessante como o homem tem esse poder de fazer florescer ou murchar uma mulher pela forma como a trata, protege e provê suas necessidades. Todo esse cuidado no modo de proceder gera segurança, confiança e, consequentemente, paz no lar.

Contudo, antes de questionar seu marido por não nutri-la adequadamente – se esse for o caso – quero lembrá-la de que a responsabilidade não é somente dele. Há uma parcela significativa que compete a nós mulheres, porque nenhum relacionamento saudável é alimentado parcialmente. Nesse sentido, o respeito, a honra e a oração são os nutrientes que depositamos como adubo no solo onde nascerá esse homem segundo o coração de Deus – um esposo que confia, ama e honra sua esposa e o Senhor.

Às vezes, colocamos uma lupa nos defeitos e deixamos passar despercebidas as qualidades tão preciosas naqueles que amamos. Essa propensão vem da mesma raiz que nos faz reclamar mais do que agradecer. Já observou que para murmurar não precisamos de muito esforço, mas para ter um coração grato necessitamos da ajuda do Espírito Santo?

Meu conselho a você é que busque a Deus em oração, seja forjada nele, a fim de receber do alto os nutrientes que farão do seu lar um solo fértil. Enraizada no Senhor, seu casamento será fortalecido, e toda a sua casa florescerá e dará frutos sadios.

O poder do sal

O seu falar seja sempre agradável e temperado com sal, para que saibam como responder a cada um. (Colossenses 4.6, NVI)

Quem nunca preparou um prato delicioso com uma apresentação impecável e ficou ansiosa para ver a reação dos entes queridos na hora do jantar? Entretanto, imagine que, ao servir a comida, todos se entreolhassem e sinalizassem que algo não estava certo. Então, você ficaria sem entender, até que um membro da família gritasse: "Faltou o sal!". Que decepção! Tantas horas na cozinha para isso.

A falta de sal põe toda expectativa a perder; assim são nossas palavras ao nos comunicarmos. Em Colossenses 4.6, Paulo nos dá uma orientação clara, dizendo que o nosso modo de falar deve ser sempre agradável e temperado com sal. Na Antiguidade, essa iguaria era valorizada por suas propriedades de preservação e sabor. O "falar temperado com sal" significa usar de discernimento nas conversas; é saber quando e o que dizer, de maneira que seja apropriado e benéfico para quem as ouve. Já a expressão ser "sempre agradável" demonstra graça e gentileza em nossas interações. Mesmo quando precisamos corrigir ou confrontar alguém, devemos fazê-lo com um espírito de amor e consideração, e isso inclui a escolha do vocabulário. Fico consternada com alguns cristãos que pronunciam termos de baixo calão, com tanta naturalidade, como se Cristo não estivesse presente nas conversas. Ou quando têm de tratar assuntos difíceis e acabam sendo grosseiros, ferindo as pessoas à sua volta.

Mulher, as palavras têm o poder de construir ou destruir, de atrair ou repelir. O nosso papel é comunicar com graça e revelar o amor de Cristo em cada diálogo. Isso não significa evitar a verdade, mas sim transmiti-la de modo edificante, compreensível, conciliador e agradável como uma comida bem temperada.

O Deus que muda destinos

***Pela fé, a prostituta Raabe não foi morta com os habitantes de sua cidade que se recusaram a obedecer, pois ela acolheu em paz os espiões.* (Hebreus 11.31)**

Raabe era uma prostituta que morava em uma casa construída sobre a muralha da cidade de Jericó. O livro de Josué narra a proeza de dois espias que foram enviados para observar aquela terra e acabaram conhecendo Raabe e sendo acolhidos por ela em seu lar. A notícia chegou aos ouvidos do rei, que foi tirar satisfação com a mulher e pedir que entregasse os inimigos. No entanto, além de escondê-los, ela despistou os guardas do rei. O que acontece em seguida é um trecho que sempre toca o meu coração quando leio. A Palavra conta em Josué 2.8-15 que:

> Antes que os espiões fossem dormir, Raabe foi ao terraço falar com eles. "Sei que o Senhor lhes deu esta terra", disse ela. [...] Todos os habitantes [...] estão desesperados, pois ouvimos que o Senhor secou as águas do mar Vermelho para que vocês passassem, quando saíram do Egito. E sabemos o que fizeram a leste do Jordão aos dois reis amorreus Ogue e Seom, cujos povos vocês destruíram completamente. [...] Ninguém tem ânimo para lutar depois de ouvir coisas como essas, pois o Senhor, seu Deus, é Deus supremo em cima no céu e embaixo na terra. Agora, portanto, jurem-me pelo Senhor que, assim como os tratei com bondade, vocês serão bondosos comigo e com minha família. Deem-me alguma garantia de que, quando Jericó for conquistada, vocês pouparão a minha vida e a vida de meu pai e minha mãe, e também a de meus irmãos e irmãs e de suas famílias". Os homens responderam: "Oferecemos a própria vida como garantia de sua segurança. Se você não nos entregar, cumpriremos nossa promessa e trataremos vocês com bondade quando o Senhor nos der a terra". Então Raabe os ajudou [...].

Por certo, Raabe não entendia a dimensão do que Deus faria através de sua vida. Aos olhos humanos, ela era apenas uma prostituta qualquer, sem valor e sem futuro. Contudo, havia escutado sobre os feitos do Senhor, deparou-se com o povo escolhido e decidiu alinhar-se ao cumprimento do plano divino. O resultado é o que lemos em Mateus 1, que diz que Raabe se tornou a bisavó de Davi e parte da genealogia de Jesus. Aquele jamais teria sido o seu enredo de vida, mas, no trajeto, ela foi encontrada por Deus, que mudou o seu destino e de sua família.

Eu não sei qual é a sua história, mas se existiu esperança para Raabe, existe esperança para mim e para você. Seu passado não determina o seu futuro. O que você viveu até aqui não sentencia o que desfrutará daqui para frente. Em Deus, tudo se faz novo. Só ele é capaz de transformar a sua dor, vergonha e caos em uma biografia digna de uma heroína da fé.

Somente ele pode ver o quadro inteiro

"Porque eu sei os planos que tenho para vocês", diz o SENHOR. *"São planos de bem, e não de mal, para lhes dar o futuro pelo qual anseiam"*. (Jeremias 29.11)

Por vezes, sentimo-nos perdidas. Independentemente da idade ou da fase em que nos encontramos, é comum que muitos questionamentos surjam no decorrer da jornada e, se não prestarmos atenção, isso pode nos impedir de avançar. É possível que você se veja nessa situação, indecisa com relação ao futuro, quem sabe ansiosa ou desnorteada a respeito da sua vida profissional, preocupada com os estudos, com o seu ministério, sua família.

Quando olhamos para a frente e nos sentimos angustiadas por não saber qual trajeto seguir, temos de lembrar que dependemos da liderança do Senhor. Gosto de pensar que a nossa vida é como o instante em que observamos uma pintura. Por estarmos bem perto, só conseguimos ver os detalhes: as pinceladas sutis, os tons das cores e certas formas abstratas. Deus, porém, vê o quadro inteiro. Ele sabe do nosso passado, presente e futuro. Não há nada que o pegue de surpresa ou o deixe desestabilizado.

Neste dia, meu conselho é que você descanse nessa verdade de Jeremias 29.11. Sempre seremos pressionadas a tomar decisões, e sei que, com frequência, é difícil enxergar qual a escolha certa a se fazer, mas peça ao Pai que lhe dê sabedoria e confie que ele está ao seu lado, guiando cada passo seu. Por fim, agarre-se à Palavra, pois ela garante: "Quer você se volte para a direita, quer para a esquerda, os seus ouvidos escutarão uma voz atrás de você, dizendo: "Este é o caminho; siga-o" (Isaías 30.21 - NVI). Essa voz é verdadeira e clara. Persiga-a.

Amar é também dizer não

Eu corrijo e disciplino aqueles que amo [...]. (Apocalipse 3.19)

Sabemos que, quando pais e mães dizem "não" aos seus filhos, estão demonstrando amor e ensinando o que é correto, para que sejam bem-sucedidos em suas escolhas ao se tornarem adultos. Em nosso relacionamento com o Senhor também funciona assim: ao nos corrigir, ele revela o seu amor por nós. Acredito que muitos têm dificuldade de enxergar a disciplina como uma prova de zelo e carinho porque associam-na apenas ao sofrimento, que intrinsecamente é taxado como nocivo e perverso. O curioso é que a Bíblia assegura: "Nenhuma disciplina é agradável no momento em que é aplicada; ao contrário, é dolorosa. Mais tarde, porém, produz uma colheita de vida justa e de paz para os que assim são corrigidos" (Hebreus 12.11).

Diante da disciplina, frequentemente, perdemos de vista a recompensa que ela produz. Entretanto, a correção do Céu não tem o intuito de promover morte, e sim vida. Ainda que nossa geração atual vincule amor apenas ao prazer, Deus nos ensina que o pano de fundo na correção do nosso caráter e de certas rotas que escolhemos é o amor.

Deus não é mau. Ele não é um carrasco que se diverte com a nossa repreensão e dor. O Pai nos ama e por isso nos corrige. Encerro este devocional com um versículo que sempre me deixa reflexiva e esperançosa: "Meu filho, não rejeite a disciplina do Senhor; não desanime quando ele o corrigir. Pois o SENHOR corrige quem ele ama, assim como o pai corrige o filho a quem ele quer bem" (Provérbios 3.11-12). Aceite a disciplina divina; ela livrará a sua alma da morte e, sem dúvida, trará recompensas.

Viviane Martinello

O Consolador

***[...] E eu pedirei ao Pai, e ele lhes dará outro Consolador, a fim de que esteja com vocês para sempre: é o Espírito da verdade, que o mundo não pode receber, porque não o vê, nem o conhece. Vocês o conhecem, porque ele habita com vocês e estará em vocês. — Não deixarei que fiquem órfãos; voltarei para junto de vocês.* (João 14.16-18, NAA).**

Se há algo pelo qual devemos ansiar é por mais da presença do Espírito Santo. A Bíblia revela tudo o que precisamos saber acerca de Deus, mas, ainda assim, ele continua um mistério que desvendamos pouco a pouco, e que jamais terá fim. O Espírito Santo é conhecido por muitas características, mas uma das mais favoritas para mim é a de consolador.

Não muito tempo antes de ser crucificado, Jesus prometeu nos presentear com o Consolador, que preferiu fazer de nós a sua morada a habitar em templos feitos por mãos humanas (cf. 1Coríntios 3.16). O Espírito Santo não é uma energia, uma força ou sentimento. Ele é uma pessoa. Ele é Deus (cf. Mateus 28.19).

Há alguns anos, fiz uma escolha poderosa: além de contar com ele como meu consolador e amigo, decidi seguir a sua liderança. Jesus também seguiu a liderança do Espírito Santo, até mesmo quando essa direção parecia não favorecê-lo. E é aqui que muitas falham. Afinal, quantas não o seguem até o ponto em que são contrariadas ou confrontadas? Mas isso não é submissão ao Espírito e, sim, conveniência; e Deus não está na conveniência, mas na entrega verdadeira.

Tudo mudou em minha vida quando decidi buscar mais profundamente a sua presença e seguir sua liderança. Nesse relacionamento fui curada, transformada, confrontada, capacitada e consolada. Mulher, clame por mais do Espírito Santo agora. Você e eu necessitamos dele. Não importa se tudo vai bem ou se você está passando por aflições neste tempo. Corra atrás do Espírito e tenha segurança de que, caso esteja enfrentando sofrimentos, experimentará a promessa de Mateus 5.4: "Bem-aventurados os que choram, pois serão consolados" (NVI).

Salas de espera

***Aquiete-se na presença do* SENHOR,**
***espere nele com paciência* [...]. (Salmos 37.7)**

Sem dúvida alguma, Deus usa as temporadas de espera para cumprir seu propósito em nós. Agora, convenhamos, a coisa mais comum é encararmos essas fases de maneira negativa ou não sabermos como agir enquanto aguardamos. Por isso, se você está passando por uma "sala de espera", tenho três dicas importantes para lhe oferecer.

Primeiramente, permaneça em obediência à última direção que recebeu de Deus, porque é muito difícil dar o próximo passo e obter novas coordenadas sem finalizar etapas antigas. Em segundo lugar, seja intencional e prepare-se para o que está por vir. Se você pretende morar em outro país, quer iniciar um novo curso, deseja se casar ou tornar-se mãe, tem de estar pronta para assumir as responsabilidades que surgirão. Por vezes, o Senhor permite a espera para que possamos nos aperfeiçoar, então utilize seu tempo com sabedoria.

E, por último, lembre-se de que essa estação é como um fogo purificador e calibrador, porque amadurece e refina nossas motivações, além de nos ajudar a evitar atitudes impulsivas. Use-a para ponderar sobre os desejos e sonhos do seu coração, a fim de entender se os seus anseios estão de fato alinhados à vontade do Pai. As nossas intenções, planos e projetos precisam passar pelo fogo, para que sejamos livres da empolgação passageira. É por esse motivo que, durante esse período, talvez você receba alguns "nãos" divinos; veja-os como uma bênção, pois eles irão protegê-la de fazer escolhas erradas.

Aplique esses conselhos à sua vida e aproveite as "salas de espera" de Deus. Não compreendemos todos os motivos e tempos do Senhor, mas ele sabe do que necessitamos e em que momento. Ele jamais nos dará algo que possa nos roubar da sua presença ou nos destruir. Oro para que, a partir de agora, você encare a espera com mais leveza, aprenda a utilizá-la de maneira inteligente e ativa, e confie na natureza de Deus.

Cante uma nova canção

Sim, o SENHOR *fez coisas grandiosas por nós; que alegria!* (Salmos 126.3)

Sempre tive dificuldade de celebrar ao completar algum projeto, superar um desafio ou entrar em uma nova estação. Lembro quando fazia festinhas de aniversário para as minhas filhas, mas não conseguia aproveitar porque, vez ou outra, os acontecimentos não ocorriam de acordo com o que eu tinha planejado.

Hoje, porém, reconheço o poder dos momentos de celebração. Se as circunstâncias fogem ao meu controle, não permito mais que isso tire a minha alegria ou mine a chance de agradecer pelas bênçãos diárias que recebo de Deus. Talvez, nesta semana, algo tenha tentado roubar a sua alegria e satisfação. É tão comum sermos atacadas pelas raposinhas que estragam as vinhas, como disse Salomão (cf. Cânticos 2.15). Algumas vezes, elas se prestam a nos saquear nas pequenas coisas do cotidiano, outras, nos planos futuros que desenhamos e, em determinados momentos, tentam nos destruir por meio das notícias difíceis, como diagnósticos e situações de extrema dor. Nessas ocasiões, cante uma nova canção.

Quando celebramos, dedicamos ao Senhor uma oferta de adoração, honramos o seu nome, testemunhamos acerca de seu caráter e, consequentemente, atmosferas são transformadas. Por isso, mulher, esteja sempre atenta às tentativas do Inimigo de roubar o seu contentamento, pois ele quer impedir que você enxergue a graça, a bondade e o amor divinos; e isso contamina o seu coração e as pessoas ao seu redor.

Não se prive de comemorar — mesmo que as situações não aconteçam como o esperado —, cante uma nova canção de gratidão e alegria pelo que Deus tem feito e ainda fará. Agora mesmo, deixe fluir através de você uma canção nova, que nunca foi cantada por ninguém. Você e eu sempre teremos pelo que agradecer.

Caiu em si, e foi o melhor tombo da vida

Quando se aproximava de Damasco, de repente uma luz do céu brilhou ao seu redor. Ele caiu no chão e ouviu uma voz lhe dizer: "Saulo, Saulo, por que você me persegue?". (Atos 9.3-4)

Paulo estava completamente concentrado em seu desejo de agradar a Deus e, mesmo assim, totalmente distante do seu verdadeiro chamado. Por isso, cair por terra foi a melhor coisa que poderia ter acontecido em sua vida. Aquela queda, apesar de confrontadora e brutal, recalculou sua jornada e alinhou sua missão com os Céus.

Em nossa trajetória, também podemos enfrentar tombos, e, sim, eles machucam. Dói encarar certas verdades a nosso respeito, lidar com nossas imperfeições, enfrentar fins de relacionamentos e abrir mão do passado, nossos desejos e necessidade de estarmos certas. Mas nada é tão dolorido quanto permanecer na direção errada, longe do plano perfeito do Senhor. Paulo estava no caminho contrário, achando que as perseguições e torturas em nome de Deus lhe confeririam o título de homem íntegro e irrepreensível. Ele pensava estar cumprindo o anseio divino. Bastou, porém, um encontro com Cristo para que sua vida virasse de cabeça para baixo. E descobriu que esse era o lado certo. Após a queda, o apóstolo levantou-se com um novo entendimento em seu coração e mente, e o mesmo tem de acontecer conosco. Nossa mente e coração precisam ser transformados por Deus.

Por outro lado, essa mudança integral leva tempo. Ela não ocorre em frações de segundos; é gradual. Alguns encontros com o Senhor mudam o rumo de nossa história de uma hora para outra, isso é verdade, mas, ainda assim, o processo de santificação de nossa alma é lento. Necessitamos de comprometimento, obediência e perseverança nessa jornada de purificação, e Deus usará o tempo, as provações e até os tombos para forjar nosso caráter e nos tornar mais parecidas com seu Filho Jesus. Não desista, o preço alto compensa.

Viviane Martinello

Lidando com os processos de cura

Ele cura os de coração quebrantado e enfaixa suas feridas. (Salmos 147.3)

Ao longo dos anos atuando no ministério pastoral, já encontrei muitas pessoas feridas e perdidas, que não sabiam como achar um remédio para a sua dor. Foi pensando nisso que decidi compartilhar algumas dicas que foram essenciais para os processos de cura do meu coração, e creio que também irão ajudá-la em sua restauração.

1. *Reconheça que necessita de ajuda, pois há uma ferida em seu interior que ainda dói:* lembro quando, diversas vezes, dizia para mim mesma que já me sentia bem resolvida com relação a certas áreas e sentimentos, mas o que eu pensava ser uma cicatriz era, na verdade, um machucado ainda aberto. Quando confessamos que precisamos solucionar algum problema, nos abrimos para o agir de Deus, que, apesar de invisível, trará transformações palpáveis e assombrosas em nossa vida.
2. *Avalie os seus relacionamentos e escolha suas influências:* talvez você não seja capaz de listar boas referências no lar em que cresceu, mas não precisa carregar um legado familiar de misérias e chagas. Ore por amigos na sua comunidade de fé, na faculdade ou no trabalho que terão acesso ao seu coração e poderão auxiliá-la com a sabedoria do alto. Selecione com cautela aqueles que deseja ter por perto e que serão fonte de cura para o seu interior. Posso me lembrar do exemplo de Ester, que mesmo sendo órfã, e por isso, alguém que provavelmente carregava várias mazelas e limitações, recebeu de Deus, Mardoqueu, que exerceu uma influência positiva e crucial em sua vida. Procure seus Mardoqueus.

Ponha em prática esses ensinamentos com paciência e confiança no poder divino. Jesus tomou sobre si nossas dores e enfermidades, para que provássemos da vida em abundância que ele prometeu. Deus deseja que desfrutemos de um coração sarado e renovado pelo seu amor. Faça o que está ao seu alcance e, no que depender de Deus, entregue em suas mãos e deixe-o trabalhar em seu interior. Será só questão de tempo até a cura alcançá-la.

Não troque o eterno pelo momentâneo

Então Jacó deu a Esaú um pedaço de pão e o ensopado de lentilhas. Esaú comeu, levantou-se e foi embora. Assim, ele desprezou seu direito de filho mais velho. (Gênesis 25.34)

No contexto bíblico, o filho mais velho recebia o direito de governar a casa, herdar uma porção dobrada dos bens após a morte de seu pai e até mesmo uma benção especial. Esse entendimento deixa evidente o tamanho da tolice de Esaú, ao trocar seus privilégios de primogênito por um ensopado de lentilhas. Porém, o que às vezes esquecemos, é que corremos o risco de nos comportarmos como ele.

Em Gênesis 25.32, lemos: "'Estou morrendo de fome!', disse Esaú. 'De que me servem meus direitos de filho mais velho?'". A "fome" que Esaú sentiu também pode se manifestar em nós em forma de carência, imediatismo, impaciência ou carnalidade. Alguém que se sente insatisfeito em seu casamento, por exemplo, pode acabar destruindo o lar na ânsia de satisfazer seus desejos — sejam eles emocionais ou físicos. Uma mulher solteira que se submete a um jugo desigual por se sentir sozinha e carente, também está abandonando um princípio divino por um "prato de lentilhas". Até mesmo quando escolhemos passar tempo nas redes sociais, em vez de investi-lo em nosso relacionamento com o Senhor, estamos sendo tolas como Esaú.

Não se engane. A tentação de trocar aquilo que é eterno e valioso por um prazer momentâneo e sem importância será constante. Jamais tome decisões baseadas na "fome" que sua carne sente, porque isso pode gerar consequências graves e até irreversíveis. Seja guiada pelos princípios e valores celestes. Não troque o eterno pelo momentâneo.

Filhos são divisores de tempos em nossa vida

Os filhos que o homem tem em sua juventude são como flechas na mão do guerreiro. Feliz é o que tem uma aljava cheia delas [...].
(Salmos 127.4-5)

Fui profundamente marcada pelo nascimento das minhas duas filhas. Quando estava grávida da mais velha, recebi do Senhor a revelação de que seria uma garotinha doce, temente a Deus e que seu nome seria Vitória. Aos sete meses de gestação, eu e meu marido fomos convidados para assumir uma comunidade como pastores pela primeira vez. Coincidência ou não, quando também estava grávida de sete meses da mais nova, Isabela, nasceu a Abba Pai Church.

A vinda da Vitória representou o início do nosso chamado, o modo como fomos construídos e gerados pelo Espírito Santo. Ela é sempre tão sensível ao coração do Senhor e sabe nos lembrar de nossas origens como ninguém. A chegada da Isabela, por sua vez, simbolizou o nosso destino e o estabelecimento da vontade divina sobre nossas vidas. Ela é um milagre, depois de tantos diagnósticos médicos afirmando que não seríamos pais outra vez. Assim também surgiu a Abba Pai Church. Após anos de dificuldades, do improvável nasceu o que primeiro foi desenhado pelo Pai. Nossa caçula é uma menina que sempre nos impulsiona e desafia. Ousada e corajosa, ensina-nos a vencer nossos medos todos os dias. Não acredito que tudo isso seja obra do acaso.

Dentro da sua casa também há tesouros, e talvez você não imagine o quanto eles podem auxiliar a sua trajetória. Como flechas que durante a batalha garantem que o guerreiro chegue mais longe, seus filhos podem ser instrumentos divinos que farão você ir além em sua vida. Pare agora, pense no nascimento deles e peça ao Espírito Santo que ministre ao seu coração; se não tem filhos ainda, reflita sobre seus familiares mais próximos. Se está grávida, tenha certeza: existe um tempo novo sobre a sua casa.

Não foque no que se foi, olhe para os montes

Olho para os montes e pergunto: "De onde me virá socorro?". Meu socorro vem do SENHOR, que fez os céus e a terra!
(Salmos 121.1-2)

Constantemente, recebo mensagens de mulheres com casamentos despedaçados, que estão em processo de separação e tentando de todas as formas restaurar suas famílias. Enquanto lidam com suas dores, esforçam-se para cuidar de seus filhos pequenos, presas em angústias e desesperança. Muitas delas perderam a autoestima e esqueceram sua identidade após traições, mentiras e abandono.

Se você também se encontra nessa situação, eu tenho um conselho para lhe dar: antes de tentar reerguer seu casamento ou sua família, procure restaurar o seu relacionamento com Deus em primeiro lugar. Não me refiro a apenas estar presente nos cultos da sua igreja aos domingos, e sim de desenvolver uma intimidade real e profunda com o Senhor em um tempo a sós com ele.

Sente-se ao lado de Jesus e ouça-o falar ao seu coração. Assim como a mulher que lavou os pés de Cristo com suas lágrimas e derramou seu caro perfume sobre eles (cf. Lucas 7.36-50), entregue-se por completo em sua presença. Renda tudo a ele. Não retenha nada. Garanto que você encontrará paz, cura, amor e aconchego, mesmo em meio ao sofrimento. O vazio, ansiedade e luto se converterão em amparo, alegria e calmaria.

Uma mulher segura no Senhor é uma mulher forte e que não tem falta de nada. É verdade que nem sempre as circunstâncias tristes e problemáticas mudarão, mas nós podemos mudar por meio da ação do Espírito Santo em nosso coração. Existe renovo, direcionamento, sabedoria e força necessários para lidar com as dificuldades que têm enfrentado. Divida esse fardo pesado com Jesus e receba o descanso que a sua alma precisa (cf. Mateus 11.28-30). Ele é quem pode colocá-la no colo, instruí-la e fortalecer o seu espírito. As palavras dele estão sobre você e são capazes de redefinir a sua história. Não foque no que se foi, olhe para o alto.

Viviane Martinello

Tempestades que nos reposicionam

***O Senhor, porém, enviou sobre o mar um vento forte, e caiu uma tempestade tão violenta que o navio estava prestes a se despedaçar.* (Jonas 1.4)**

A história de Jonas é um exemplo clássico sobre a importância de não resistirmos aos comandos do Senhor. O profeta fora chamado por Deus para pregar o arrependimento à cidade de Nínive, mas, em vez de obedecer, preferiu embarcar em um navio para Társis e fugir. Nesse trajeto, foi surpreendido por uma tempestade, lançado ao mar, engolido por um grande peixe e, após três dias, jogado em terra firme. Finalmente, Jonas decidiu obedecer e os ninivitas alcançaram o arrependimento por meio de sua pregação.

Alguns ensinamentos fundamentais que tiro desse livro:

1. *Você pode ouvir o Senhor e mesmo assim não obedecê-lo* (Jonas 1.1): *escutar a voz de Deus não é o suficiente. É necessário obedecer; posicionar-se.*
2. *Você pagará um preço para fugir* (Jonas 1.3): *não pense que a fuga será de graça. Ela tem um custo. Quantos estão fugindo da vontade divina, porque descobriram que Deus é Deus e faz o que quer. O Senhor não se dobra aos nossos desejos. Ele tem um plano e o cumprirá. Uma vida enrolada, estagnada e sem propósito, muitas vezes, é fruto das fugas que financiamos.*
3. *Não podemos verdadeiramente fugir de Deus* (Jonas 3.1-2).

Há uma graça especial que nos encontra ao estarmos no centro da vontade de Deus. Não existem forças, pessoas ou quaisquer coisas que resistam ao seu agir. No cerne da vontade divina, tudo se encaixa e flui naturalmente, ainda que não seja confortável ou fácil. Às vezes, as tempestades precisam nos alcançar, pois elas revelam a vontade, autoridade e caráter de Deus. Expõem também a necessidade de seguirmos na direção para a qual ele nos conduz. As adversidades podem ser amigas leais que nos levam a ajustar nossa vida aos planos celestiais. Jonas que o diga: ele foi para o lugar errado, por isso a tormenta o alcançou.

Mulher, você está enfrentando tribulações em seu trabalho, saúde ou ministério? Quem sabe elas não tenham vindo da parte de Deus? Algumas vezes, o Senhor não nos poupará das tempestades e grandes peixes, a fim de nos reposicionar de acordo com a sua soberana vontade.

A essência da mulher está na origem

Então o SENHOR *Deus o fez cair num sono profundo.*
Enquanto o homem dormia, tirou dele uma das costelas
e fechou o espaço que ela ocupava. Dessa costela
o SENHOR *Deus fez uma mulher e a trouxe ao homem.*
(Gênesis 2.21-22)

A costela tem a função de proteger os órgãos vitais como pulmões e coração. Além disso, é de dentro dos ossos que o sangue — símbolo da vida — é formado. Quando compreendemos que essa é a origem da mulher, entendemos mais profundamente qual a nossa função e propósito.

O homem foi feito do pó da terra, mas nós, de dentro dele, por isso é comum que sejamos mais bem vocacionadas para lidar com as questões do interior: cuidamos do lar e da família, acolhemos os filhos e estamos atentas aos sentimentos das pessoas ao nosso redor; no geral, somos propensas aos assuntos do coração e da alma.

Mulher, você carrega dentro de si a Vida que transforma ambientes, cura os feridos, liberta os cativos e leva salvação aos perdidos. Você é aquela que pode impulsionar a sua família, trazer reconciliação e afeto para a sua casa e fazer do seu lar um lugar seguro e fértil para gerar um legado frutífero às próximas gerações.

Neste dia, lembre-se da sua origem, a fim de se agarrar àquilo para o qual foi projetada para fazer em primeiro lugar. Peça ao Senhor que renove seu entendimento a respeito de sua identidade como mulher, e se posicione para proteger e fortalecer o coração de sua família e daqueles que estão sob seus cuidados. Que Deus restaure em nós a essência do Jardim e abra nossos olhos para que sejamos capazes de enxergar a beleza e o poder que há em ser feminina.

Acesso

"Vá, reúna todos os judeus de Susã e jejuem por mim. Não comam nem bebam durante três dias e três noites. Minhas criadas e eu faremos o mesmo. Depois, irei à presença do rei, mesmo que seja contra a lei. Se eu tiver de morrer, morrerei". (Ester 4.16)

Ester entendeu que deveria consagrar-se, jejuar e clamar pela graça de Deus se quisesse cooperar com o Senhor em seu plano de salvar os judeus do extermínio. Comparecer na presença do rei sem ser convidada poderia sentenciá-la à morte, mas ela foi corajosa e estava disposta a perecer para resgatar seu povo. Após três dias de jejum, ao entrar no pátio interno do palácio e apresentar-se ao monarca, recebeu permissão para se aproximar e fazer seu pedido. Esse episódio nos ensina uma lição valiosa: o nosso relacionamento com Deus nos garante acesso. Gosto de pensar que acessos são, na verdade, responsabilidades que o Senhor nos confia. Quanto mais maduras somos, mais propensas estamos a absorver responsabilidades.

À medida que crescemos em intimidade com o Senhor, ele nos oferece acessos especiais: terrenos e espirituais; creio que isso vale tanto para relacionamentos em geral e aquisição de espaços físicos, por exemplo, quanto para novos entendimentos a respeito da Palavra, discernimento, sabedoria, favor dos Céus e autoridade sobrenatural para cumprir a vontade divina. Além disso, Jesus menciona a respeito dessa maturidade espiritual que precisamos desenvolver em Deus e destaca a importância do jejum e da oração na batalha contra o Inimigo (cf. Mateus 17.14-21).

Existem acessos reservados para os íntimos, e há segredos que o Senhor compartilha somente com aqueles que estão perto o suficiente para ouvirem. Esteja atenta e sensível à voz dele, busque por mais do Espírito Santo com todo o seu coração, pois, para todos que batem, a porta é aberta (cf. Mateus 7.7-8).

Você não sabe o que está perdendo

Marta, porém, estava ocupada com seus muitos afazeres. Foi a Jesus e disse: "Senhor, não o incomoda que minha irmã fique aí sentada enquanto eu faço todo o trabalho? Diga-lhe que venha me ajudar!". (Lucas 10.40)

Em certa ocasião, Jesus visitou a casa de Marta, e a Bíblia fez questão de citar o esforço que ela despendeu para recebê-lo da melhor maneira possível. Imagino que o café estivesse pronto, o bolo à mesa, a sala arrumada. Em contrapartida, por conta dos afazeres intermináveis, Marta era uma mulher que não conseguia parar. Ela abrira sua casa para Jesus, mas isso não significava que tivesse sido capaz de abrir o seu coração. Em sua ânsia de servi-lo, quase perdeu a oportunidade de ouvir o que ele dizia. Isso lhe soa familiar?

Talvez, em suas conversas com o Senhor, você também tenha a tendência de reclamar das "Marias" de sua vida: o esposo, os filhos, o chefe, a amiga ou qualquer um que não pareça trabalhar tão duro quanto você. Erramos, não no desejo de servir, mas ao darmos mais importância ao serviço do que às preciosidades que existem em cada período de nossos dias.

Quem sabe, naquela hora, Maria não tenha olhado para a sua irmã como quem diz: "Você não sabe o que está perdendo". É comum que estejamos tão sobrecarregadas por tarefas e cheias de preocupações que nos tornamos insensíveis à presença de Jesus em nossa casa, no trabalho ou na igreja. Por esse motivo, o conselho de hoje é: desacelere um pouco. Aprenda a valorizar o que de fato importa. As tarefas precisam ser feitas e devemos ser diligentes com essas demandas, mas elas não podem roubar o espaço do que é mais importante. Pare tudo agora. Respire fundo e contemple a presença de Jesus na sua casa neste momento.

Adotada

***Pois vocês não receberam um espírito que os torne, de novo, escravos medrosos, mas sim o Espírito de Deus, que os adotou como seus próprios filhos [...].* (Romanos 8.15)**

Conta-se que na Roma Antiga, a partir do nono dia após o nascimento de um bebê, seus pais tinham a opção de rejeitá-lo. No entanto, esse não era o destino de uma criança adotada, que, pelo costume vigente, não poderia ser abandonada, uma vez que tinha sido escolhida voluntariamente. Talvez essa prática soe esquisita para nós, mas, na época, conferia um valor especial a um filho adotado. Esse foi o pano de fundo quando Paulo escreveu aos romanos sobre a nossa adoção como filhos de Deus. Ele discorria a respeito de uma promessa valiosa e inalterável.

A cultura brasileira é diferente da romana e, em nosso país, nem sempre as crianças adotadas tiveram os mesmos direitos de um filho biológico. Digo isso, pois a visão de mundo hoje pode atrapalhar a nossa compreensão acerca do significado precioso e profundo da adoção bíblica. Você, mulher, foi escolhida pelo Senhor, e esse entendimento muda tudo.

Atualmente, no Brasil, após concluir o processo de adoção, a nova família recebe todos os direitos legais sobre a criança, que se torna herdeira. Em seguida, uma nova certidão de nascimento é emitida. Da mesma forma, quando Deus nos adotou, nossa identidade antiga foi substituída por uma nova, e assim teve início a regeneração de nossa mente e coração (cf. 2Coríntios 5.17).

A adoção não nos faz menos merecedoras ou filhas ilegítimas, mas escolhidas. A paternidade divina nos restaura e nos traz a garantia de que jamais seremos abandonadas, ainda que nossos pais terrenos tenham feito isso. Agora você faz parte da família de Deus, e essa é a sua real identidade. Nunca se esqueça desta verdade. Você é aceita, escolhida, adotada.

Rasgando o coração

Não rasguem as roupas em sinal de tristeza; rasguem o coração! **(Joel 2.13a)**

O povo de Israel tinha o costume de rasgar suas vestes em sinal de luto, mas, nessa passagem, o profeta os exorta a não se arrependerem de maneira superficial. De que adiantava aparentar tristeza, enquanto, em seu interior, continuavam desobedientes à voz do Senhor? Por isso, Joel mudou o foco para aquilo que era mais profundo: o coração.

Quando caminhamos ao lado de Cristo, somos chamadas ao arrependimento todos os dias. Ele ocorre não apenas no momento da nossa conversão, mas ao longo de toda a nossa jornada como cristãs aqui na Terra. Conforme aprendemos sobre a Palavra e crescemos no conhecimento de quem Deus é, percebemos falhas, pecados e feridas em nós mesmas que não enxergávamos antes. Diante disso, "rasgar" o coração se torna urgente.

Constantemente, temos de permitir que o Espírito Santo vasculhe com profundidade o nosso interior e nos revele a verdade. Porém, engana-se quem pensa que o arrependimento se resume a uma mudança de comportamento. Mais do que uma modificação exterior, ele é, antes de tudo, uma transformação de mente e coração. Não foque em ostentar uma metamorfose pública e escandalosa. Passe pelo casulo, solitário e dolorido, e desenvolva um coração quebrantado, que não hesita em se humilhar aos pés de Jesus e se comprometer diariamente, com a graça divina, a tornar-se cada vez mais parecida com ele.

Nesta hora, peça que o Espírito Santo a ajude a chegar ao arrependimento e se manter no caminho correto. Permita que ele realize em você uma restauração genuína e intensa. Abandone a religião rasa e superficial e mergulhe no profundo amor de Deus. Rasgue seu coração diante do Senhor agora e deixe que a verdade de Cristo atinja seu interior com força nesse momento.

Julho

Descanso

"Por quarenta anos estive irado com eles e disse: 'São um povo cujo coração sempre se afasta de mim; recusam-se a andar em meus caminhos'. Assim, jurei em minha ira: 'Jamais entrarão em meu descanso'". (Salmos 95.10-11)

Quando minhas filhas eram menores, o mês de julho chegava com grandes expectativas. Planejávamos tudo com antecedência e lá íamos nós para as tão merecidas férias escolares. Na praia ou no campo, as pausas sempre foram dádivas que recebemos como um convite ao descanso.

No entanto, descansar de fato vai além de separar alguns dias para uma higiene mental; é encontrar paz em meio às circunstâncias cotidianas graças a uma confiança profunda em Deus, pois ele sabe o que é melhor para mim e para você, e cuida de cada detalhe de nossa vida. Quando confiamos plenamente no Senhor, colidimos com a paz e descanso, mesmo cercadas por atribulações.

O povo de Israel, em sua jornada pelo deserto, teve a oportunidade de aprender sobre confiança e descanso em Deus, mas escolheu um caminho diferente. Embora fossem cuidados dia e noite pela boa mão do Senhor, reclamavam incessantemente, ansiando pelo Egito. Eles falharam em reconhecer que o verdadeiro descanso vem de uma dependência inabalável nele.

Para nós, essa história serve como um poderoso lembrete de que necessitamos confiar em Deus de todo o coração e entregar nossas ansiedades, medos e dúvidas aos seus pés se quisermos experimentar um refrigério sobrenatural. Em Mateus 11.28-30, Jesus nos convida a levar nossas cargas a ele e, em troca, promete descanso. Mulher, existe paz, tranquilidade e repouso para você. Basta compreender que a confiança em Deus é um ato de fé.

O amor que não esquece

"Pode a mãe se esquecer do filho que ainda mama?
Pode deixar de sentir amor pelo filho que ela deu à luz?
Mesmo que isso fosse possível, eu não me esqueceria de vocês!
Vejam, escrevi seu nome na palma de minhas mãos; seus muros
em ruínas estão sempre em minha mente." (Isaías 49.15-16)

Um dos textos bíblicos que mais me emociona é Isaías 49.15-16. Quando Deus quis exprimir seu amor, usou a maternidade para representá-lo. Ele reconhece o vínculo poderoso e quase inquebrável entre uma mãe e seu filho. Em contrapartida, ainda que ela pudesse esquecer-se daquele que gerou, Deus promete que jamais nos esquecerá. Essa verdade me impulsiona a crer nesse amor, que é maior que qualquer outro, até o materno.

Os amores desta Terra podem falhar. Mas a certeza que nos põe de pé é que ainda que sejamos abandonadas, Deus nunca faria isso conosco. Ele declara que tem os nossos nomes gravados nas palmas de suas mãos. Que lindo! Essa imagem é profundamente comovente, porque não somos apenas lembradas por Deus; somos parte dele, gravadas em um espaço onde ele sempre nos vê. Nossas preocupações, lutas e dores estão continuamente diante dele.

Talvez você não tenha mais a sua mãe; quem sabe nem chegou a conhecê-la ou até mesmo sofreu a dor do abandono. Pode ser também que tenha tido uma boa mãe. Seja qual for o cenário, não estamos imunes a enfrentar sofrimentos, rejeições e quebras de aliança. Sinta-se abraçada agora por esse amor e convicção. Que estas palavras sejam um bálsamo para sua alma. Nos dias difíceis, lembre-se de que o amor de Deus por você é eterno e inabalável. Descanse nesse cuidado incomparável e permita que ele renove sua esperança e alegria. Você não foi esquecida. O amor divino não tem memória curta.

A religião muda rotinas, mas não muda pessoas

ó povo, o SENHOR *já lhe declarou o que é bom e o que ele requer de você: que pratique a justiça, ame a misericórdia e ande humildemente com seu Deus.* (Miqueias 6.8)

Em nossa jornada espiritual, é muito fácil nos perdemos nas rotinas religiosas e nos esquecermos do verdadeiro propósito da nossa fé. Miquéias, especialmente no capítulo 6, oferece um poderoso alerta sobre a relação entre o Senhor e seu povo, e o que realmente importa na vida espiritual. O profeta expõe aos israelitas as acusações de Deus contra eles por sua infidelidade e injustiça, embora estivessem praticando a religião, com ofertas e holocaustos.

A religiosidade vazia até pode nos proporcionar uma estrutura e mudar nossos hábitos, mas não transformar o nosso coração. Somente a caminhada humilde com o Senhor é capaz de fazer algo dessa natureza. Foi para essa estrada de aconchego que Jesus me atraiu, onde a sua presença flui de forma natural e marcante, trazendo descanso para os meus dias. Mas ela não se limita a uma sensação agradável; a presença de Deus é verdade e transparência. Em um mundo de plástico, ser de verdade dói e, certas vezes, nos custa a reputação, porque extrairá de nós a essência — enquanto a falsa religião pinta de branco o sepulcro, fingindo que lá dentro nada morreu (cf. Mateus 23.27). Rituais ocos apenas cumprem tradições, que, em tantas ocasiões, escondem o mau cheiro da nossa própria podridão.

Jesus, por outro lado, nos chama com sua voz poderosa: "Filha, saia da sepultura e experimente a plenitude de vida que eu ofereço". Ele nos convida a abandonar as amarras dos costumes artificiais e nos rendermos totalmente a ele, para que possamos experimentar o que de fato importa: a justiça, a misericórdia e a intimidade com o Pai. A religião muda o que aparece por fora; Deus muda o que está dentro. A religião tem respostas rasas para as nossas indagações mais profundas e conflitos internos; Deus não só tem a resposta, mas é a própria resposta.

Ebenézer

[...] "Até aqui o Senhor nos ajudou!".
(1Samuel 7.12b)

Nossa primeira casa de pastoreio foi em Treviso, um município em Santa Catarina. Eu e meu marido fomos enviados para lá, anos atrás, e o Senhor nos moldou e ensinou profundamente durante aquele tempo. Na época, tínhamos um carro que só funcionava a gás, pois o nosso tanque de gasolina estava furado, e dávamos graças a Deus por esse combustível ser mais econômico.

Em uma noite, no meio da estrada escura voltando para Criciúma, sem sinal de celular, meu marido disse: "Não vamos conseguir chegar, o tanque está vazio". Naquele período, havia poucos postos que abasteciam carros a gás, e eu entrei em desespero, enquanto segurava minha filha mais velha, ainda pequena, em meu colo. Seria impossível seguir viagem.

Porém, sobrenaturalmente, o carro não parou, e conseguimos chegar a um posto. O frentista se aproximou e perguntou por que estávamos chorando, pensando que talvez não tivéssemos dinheiro para pagar o combustível. Então respondi: "O Senhor nos trouxe até aqui". Pouco depois, quando foi abastecer o veículo, o rapaz comentou surpreso: "Eu nunca vi um tanque tão vazio!".

Mulher, quero lembrá-la de que, quando Deus lhe aponta uma missão, ele irá sustentar você no caminho. No dia em que Israel havia escapado mais uma vez das garras dos filisteus, Samuel ergueu um altar ao Senhor, batizado de "Ebenézer", que significa "pedra da ajuda". Esse mesmo Deus que salvou seu povo no Antigo Testamento também nos oferece livramento hoje. Em meio ao medo de não conseguir voltar para casa, minha família recebeu auxílio do alto, e eu sei que o Pai também é capaz de livrar você em seu momento de dificuldade. Por isso, não tenha medo! Até aqui, o Senhor a ajudou e continuará a fazê-lo.

Dores necessárias

[...] Portanto, para evitar que eu me tornasse arrogante, foi-me dado um espinho na carne, um mensageiro de Satanás para me atormentar e impedir qualquer arrogância. (2Coríntios 12.7b)

Imagino que para o Apóstolo Paulo não tenha sido fácil conviver com o "espinho" que insistia em permanecer na sua carne. Ele orou, orou e orou, mas a resposta de Deus foi "não". Esse episódio nos ensina algo precioso: as dores que enfrentamos podem ser mais do que simples sofrimentos. Se permitirmos, elas têm potencial para serem agentes de transformação que Deus usa para nos moldar. São aqueles instrumentos que reequilibram, reorganizam e fazem com que novos começos floresçam em nossa vida. Ou, como gosto de dizer: os "calibradores de propósito", que nos guiam de volta ao coração do Senhor.

Outro dia, minha filha mais nova me questionou sobre o propósito da dor. Ela comentou que não gostava do sofrimento e desejava que ele não existisse. Lembrei à Isabela que a dor, diferentemente do que as pessoas pensam, é uma bênção para nosso organismo. Ela revela que algo está errado e precisa ser curado, por exemplo. Mencionei a respeito do perigo da insensibilidade, afinal, quando queimamos nosso dedo no fogão, a dor nos ajuda a identificar a queimadura, a fim de nos afastar do fogo imediatamente.

C.S. Lewis, em seu livro *O problema do sofrimento*,[1] afirmou que "Deus sussurra em nossos prazeres, fala em nossa consciência, mas grita em nosso sofrimento: é o seu megafone para acordar um mundo surdo". Às vezes, temos de enfrentar o "espinho na carne" para escutar o que de outra forma não daríamos ouvidos. Como Paulo, é importante aprender a não temer as dores necessárias. Não fuja dos sofrimentos, porque são eles que levarão você até o Senhor. Em sua presença, a maravilhosa graça e o poder do alto nos sustentarão e tornarão mais parecidas com ele.

Oro para que você encontre consolo e fortaleza na certeza de que Deus é suficiente, mesmo em meio à dor. Que sua história seja marcada pela humildade e submissão ao senhorio de Cristo.

---

1 LEWIS, C.S. **O problema do sofrimento**. São Paulo: Vida, 2006.

A outra face

Se alguém lhe der um tapa numa face, ofereça também a outra [...].
(Lucas 6.29a)

Inúmeras vezes, quando a humilhação, injustiça ou ofensa bate à porta, deixamos que a ira tome conta do nosso coração. A nossa tendência natural é revidar imediatamente, no entanto, não é isso que Jesus nos ensinou. Pelo contrário, ele nos instruiu a "oferecer a outra face", o que não significa permitir qualquer agressão passivamente, e sim permanecer em silêncio, deixando que os outros falem e julguem. Não é uma tarefa fácil, eu sei. Só que resistir a esses impulsos nos amadurece e nos torna mais sábias.

No momento em que vencemos o ímpeto de "pagar com a mesma moeda", Deus nos dá uma visão nova e mais elevada, pela qual passamos a enxergar o outro com misericórdia e compaixão. Trocamos o coração ofendido e impulsivo por um caráter manso e humilde à semelhança de Cristo.

Em Atos, vemos que os apóstolos se alegravam com os açoites que recebiam por pregarem o Evangelho (cf. Atos 5.41). Suas cicatrizes revelavam o quanto suportaram para que o nome do Senhor fosse conhecido e glorificado, e isso era motivo de grande honra. Da mesma forma, ao controlarmos a nossa raiva e agirmos com mansidão, suportando xingamentos e ataques, glorificamos o nome do Pai por meio de uma atitude irrepreensível e sábia.

É tempo de amadurecer e consentir que as afrontas moldem seu coração e façam de você alguém mais parecida com Jesus. Neste dia, ore pedindo ao Senhor que lhe ajude a ver o próximo com o mesmo olhar de misericórdia e amor que ele tem por você. Por fim, não se esqueça: a justiça do Céu não falha.

Vencendo a violência com a generosidade

***[...] Abigail providenciou duzentos pães, duas vasilhas de couro cheias de vinho, cinco ovelhas preparadas, cinco cestos de grãos tostados, cem bolos de passas e duzentos bolos de figo. Colocou tudo em jumentos e disse aos servos: "Vão adiante, e logo os seguirei."* (1Samuel 25.18-19a)**

Abigail era uma mulher de grande beleza e discernimento, casada com Nabal, um homem rude e egoísta. A Bíblia narra que em certa ocasião Davi fugia de Saul e pediu ajuda a Nabal, que o tratou com desdém e se recusou a fornecer qualquer assistência. Rápida e perspicaz, ela levou suprimentos a Davi e intercedeu por sua família. Se você ler o capítulo 29 inteiro, descobrirá que, com humildade, essa mulher extraordinária evitou a violência, utilizando-se de uma atitude generosa e palavras de paz.

Tal qual Abigail, muitas mulheres compartilham suas vidas com alguém sem sabedoria e agressivo como Nabal — homens de coração endurecido e rápidos em tomar decisões que destroem a família. Ela poderia ter respondido à recusa do marido com ressentimento e raiva, alimentando um ciclo de conflito e hostilidade; ou simplesmente optado por permanecer passiva, vendo o "circo pegar fogo".

No entanto, Abigail evitou uma tragédia graças à sua confiança em Deus, sabedoria e mansidão. Ela não permitiu ser governada pela dureza do coração do esposo, mas agiu com uma sabedoria providencial. A situação foi administrada com tamanha sensatez que até mesmo Davi reconheceu que havia sido o próprio Senhor que a levara para pacificar aquela guerra.

E você? O que pode extrair dessa história formidável no trato com seu marido, chefe ou familiares difíceis? O Senhor sempre me ensina a confrontar a falta de sabedoria de alguns com discernimento e coragem. Todas nós somos chamadas a sermos mulheres assim, que usam a prudência e o entendimento para promover a paz, sempre confiando em Deus para nos capacitar em todo o processo. Existem recompensas poderosas para os pacificadores e todos aqueles que são guiados por Deus. Deus conta com você.

Enquanto não voam longe

***Guarde sempre no coração as palavras que hoje eu lhe dou. Repita-as com frequência a seus filhos. Converse a respeito delas quando estiver em casa e quando estiver caminhando, quando se deitar e quando se levantar.* (Deuteronômio 6.6-7)**

Sim, minha filha casada já foi um bebê, com uma energia e tanto, mas deixe-me dizer: ela cresceu e se tornou uma mulher. Se você tem filhos adolescentes ou adultos, sabe bem o que estou dizendo. Às vezes, queremos voltar no tempo, pegar nossos filhos no colo novamente e pôr em prática o que deixamos passar, por "falta de tempo" ou sabedoria.

A frase "Os dias são longos, mas os anos são curtos" expressa muito bem a maternidade. Os primeiros meses parecem tão lentos. Entretanto, quando percebemos, o tempo passou e nos damos conta de que ele não espera ninguém.

Os versículos de hoje nos relembram da nossa missão de transmitir à geração futura a fé que um dia nos alcançou. Nós, mães e pais, desempenhamos um papel crucial na formação espiritual e moral dos nossos filhos, por isso, enquanto há tempo, não podemos perder as oportunidades de inculcar em suas mentes e corações a fé e os valores que sustentam a nossa vida. À medida que observo minhas filhas fazendo escolhas sábias, vivendo de modo íntegro e desenvolvendo seu próprio relacionamento com Cristo, meu coração se enche de alegria e certeza de que o tempo que investimos discipulando cada uma delas valeu a pena.

Discipular filhos envolve mais que contar histórias bíblicas ou cantar louvores infantis; é viver e refletir os princípios e valores que desejamos passar adiante. É exemplificar o amor, a graça, a justiça e a compaixão em nossas ações diárias. É também ensinar nossas crianças a discernirem entre o bem e o mal, a optarem pelo caminho da sabedoria e a confiarem no caráter de Deus em todas as circunstâncias.

O encorajamento deste dia é que você abrace, como fiel guardiã do legado da fé, e capacitada pelo Espírito Santo, essa linda missão de ensinar seus filhos a andar conforme a Palavra de Deus orienta, porque num piscar de olhos eles crescem e voam longe — carregando para sempre um legado que você ajudou a construir.

Renúncias

Somos instruídos a abandonar o estilo de vida ímpio e os prazeres pecaminosos. Neste mundo perverso, devemos viver com sabedoria, justiça e devoção. **(Tito 2.12)**

Tito relembra que a graça de Deus nos convida a viver de modo sensato, justo e piedoso, enquanto aguardamos com esperança a manifestação da glória do nosso Senhor e Salvador, Jesus Cristo. São essas virtudes que definirão o nosso futuro e as experiências que teremos.

Li recentemente um texto sobre renúncia que expressou exatamente meu pensamento. Ele enfatizava a importância de nos aproximarmos de Deus pelo amor, pois somos amados independentemente dos nossos erros. O medo, por sua vez, distorce a nossa relação com o Senhor e nos leva a uma espiritualidade superficial e legalista. Muitos resistem se achegar a Cristo por não desejarem abandonar seus velhos hábitos, no entanto, se abraçarem o amor, fruto de sua graça, serão capacitados a viver uma nova vida em Jesus e deixar seus antigos padrões de vida.

Entrar pela porta do amor nos conduzirá a uma decisão inescapável: a renúncia. Essa diz respeito ao DNA do Evangelho, de abandonar uma vida e achar outra. As renúncias, se feitas por direcionamento divino e amor a Deus, nos dão acessos no Reino do Espírito. Mas não para por aí, afinal elas não são apenas a base do nosso relacionamento com Deus, mas também do nosso casamento, maternidade, ministério e vida profissional. Tudo o que é importante e duradouro requer esforço e sacrifício.

Posso me lembrar de uma ocasião em que me senti movida a doar todo meu guarda-roupa e ficar com apenas duas peças. Chorei tanto quando entendi que, para o meu amadurecimento, era necessário me desapegar do que, de alguma forma, tinha um lugar especial no meu coração. Fiz a doação, e logo a paz reinou em meu interior, revelando que as renúncias fazem parte da construção de quem somos em Deus.

É por isso mesmo que a aconselho: não evite as renúncias motivadas pelo amor, pois são elas que lhes proporcionarão as chaves de autoridade para desfrutar de novas experiências e níveis de comunhão com Deus que ainda não foram explorados por você.

Não fuja das provas

***Portanto, alegrem-se com isso, ainda que agora, por algum tempo, vocês precisem suportar muitas provações. Elas mostrarão que sua fé é autêntica [...].* (1Pedro 1.6-7a)**

Eu me lembro que, há muitos anos, costumava pedir a Deus que me levasse para a África, clamando em meio às lágrimas: "Senhor, quero deixar tudo para trás e gastar os meus dias servindo naquele lugar!". Mas, como sempre costumo dizer, o Pai sabe o que somos capazes de suportar e nos conhece melhor do que nós mesmas.

Naquela época, eu e minha família havíamos reformado a nossa casa, com todos os móveis feitos sob medida, e isso nos deixou muito apertados financeiramente. Por trabalhar no exército, meu marido recebeu uma casa no centro da cidade, um benefício que alguns conquistam de acordo com a patente e outros requisitos. Apesar do local ser antigo, sem forro e ter o piso solto, Telmo sugeriu que morássemos ali enquanto alugávamos nossa moradia recém-construída, para aliviar as dívidas. Ao ouvir aquela ideia, imediatamente contestei: "De jeito nenhum! Não vou alugar a minha casa nova!". Porém, ele insistiu.

Na mesma noite, orei dizendo a Deus o quanto aquela situação me angustiava, e para a minha surpresa, fui confrontada ao ouvi-lo sussurrar em meu coração: "Você diz que quer largar todos os seus bens e ir para a África, mas não consegue se mudar para uma casa mais simples em sua própria cidade?". Foi, então, que percebi a hipocrisia das minhas orações. Eu não estava disposta a entregar tudo como pensava. Aquela fora a resposta que eu necessitava para compreender que tinha que passar por aquela pequena provação, a fim de que o meu interior fosse aperfeiçoado.

As provas revelam a autenticidade da nossa fé e amadurecem o nosso caráter. É o que 1Pedro assegura. Elas são como exames, que expõem o que temos por dentro. Por isso, se hoje você está passando por uma provação, não se rebele e nem resista. Não fuja. Da mesma maneira, quando descobrir quem você realmente é, não desanime, mas corra para a presença de Deus e clame ao Espírito Santo para que a ajude nesse processo e purifique seu coração no fogo. Você se tornará melhor quando tudo isso passar.

Respeitar não significa concordar

A resposta gentil desvia o furor, mas a palavra ríspida desperta a ira. (Provérbios 15.1)

Você não consegue concordar? Saiba que pode respeitar. O livro de Provérbios nos confronta com um segredo poderoso para desarmar qualquer conflito: a resposta gentil.

Nervos à flor da pele, sensação de incompreensão, cheiro de injustiça no ar. Esses são alguns dos sentimentos que nos invadem no instante em que estamos diante de um embate. Na vida, é comum nos depararmos com situações nas quais nossos pontos de vista e crenças divergirão das dos outros. No entanto, é essencial lembrarmos que respeitar alguém não significa necessariamente concordar com suas opiniões. Podemos e devemos manter nossas convicções e valores firmemente, enquanto tratamos os outros com dignidade e respeito.

Provérbios nos ensina sobre o poder das palavras, e como a calma e gentileza podem apaziguar uma guerra entre duas pessoas. Responder com cortesia não só acalma a situação, mas também reflete o caráter de Cristo em nós.

Às vezes, não existe mais acordo, harmonia e nem sintonia; e é justamente nesses contextos que o respeito precisa entrar em cena. Por outro lado, Amós 3.3 diz: "Acaso duas pessoas podem andar juntas se não estiverem de acordo?". É importante lembrar que se o acordo teve de dizer adeus, o respeito necessita tomar as rédeas da situação, mas isso não quer dizer que sejamos obrigadas a forçar uma relação de proximidade com as pessoas — e, aqui, não me refiro de forma alguma ao matrimônio. Talvez, se o acordo já não é um caminho viável, a distância seja a melhor decisão a se tomar enquanto o respeito se manifesta por meio de palavras brandas e sábias. Que possamos buscar essa harmonia que nos permite caminhar em amor, paz e unidade.

Uma ferramenta insignificante?

***[...] "Quem é você?". Ele respondeu com toda franqueza: "Eu não sou o Cristo". [...] João respondeu com as palavras do profeta Isaías: "Eu sou uma voz que clama no deserto:'Preparem o caminho para a vinda do SENHOR!".** (João 1.19b-20, 23b)*

João Batista, ao ser confrontado por líderes religiosos acerca de sua identidade, respondeu a uma série de perguntas. Em cada uma delas, negou ser quem sugeriram, até que declarou: "Eu sou a voz do que clama no deserto [...]'". A convicção com a qual ele se apresentou nos faz refletir sobre a humildade e clareza de propósitos que tinha.

Isso me lembra uma história muito conhecida entre os pregadores, em que um pastor sonhou estar em uma oficina automotiva diante de um quadro de chaves. Ao observá-las, comparou a si mesmo com a menor, sentindo-se insignificante. As maiores, ele as relacionou a figuras renomadas, como Billy Graham, Jonathan Edwards e Lutero. Porém, percebeu que o mecânico, ao testar as grandes chaves para consertar um motor, não obteve sucesso, a não ser com a menor. Naquele instante, sentiu em seu coração o Senhor lhe dizer: "Todos a quem chamo possuem uma missão especial em meu Reino. Não posso levar Billy Graham aonde só você pode ir. Portanto, cumpra o seu chamado".

Como João Batista, precisamos ter consciência de qual é a nossa missão. Em vez de nos envaidecermos ou menosprezarmos com falsas identidades ou aspirações, devemos entender e abraçar nosso verdadeiro propósito, mesmo que sejamos simples vozes que preparam o caminho para algo maior. Conheça a si mesma e o chamado que recebeu de Deus. Ele conta com você, como aquela ferramenta que parecia tão pequena, mas que guardava dentro de si uma grande função. Permita que ele revele seu verdadeiro valor e seja fiel. Deus está fazendo algo grandioso neste tempo e levantando pessoas que sabem quem são e valorizam o que ele valoriza. Você é uma ferramenta útil e oportuna para esta hora.

Viviane Martinello

Autruísmo

Certo dia, Rute, a moabita, disse a Noemi: "Deixe-me ir ao campo ver se alguém, em sua bondade, me permite recolher as espigas de cereal que sobrarem". **(Rute 2.2)**

Altruísmo é uma dedicação sem interesse; uma preocupação em ajudar o outro sem esperar ser retribuído; é uma compaixão, consideração. O altruísta é empático e está sempre disponível para servir, ainda que suas ações não lhe tragam benefícios. Não sei você, mas esse assunto me faz lembrar de alguém que foi altruísta em um momento muito difícil de sua própria vida e daqueles que a cercavam. Seu nome é Rute, e ela tem um livro inteiro dedicado à sua história — que vale a pena ser lido.

O diálogo entre Rute e Noemi, no trecho bíblico de hoje, revela a força e a resiliência de uma mulher diante das adversidades que enfrentou. Como estrangeira, Rute estava em uma situação de muita vulnerabilidade e incerteza depois da morte de seu marido. Ainda assim, em vez de se entregar ao desespero ou à autopiedade, ela demonstrou grande determinação e iniciativa indo em busca de ajuda para si e a sogra. A dor que enfrentava não conseguiu arrancar a lealdade dessa mulher, que nos deixa alguns ensinamentos preciosos.

Ao recolher espigas de cereal no campo, mostrando sua disposição para trabalhar e a confiança na providência divina, ela, sem saber, encontrou o caminho para sua restauração. Boaz apareceu, prometeu resgatá-la e devolveu-lhe esperança, proteção e provisão. A perseverança e humildade foram canais para que seu caráter fosse aprovado para os próximos desafios. Ela nos ensina que o bem que fazemos não passa despercebido por Deus e pelas pessoas que ele coloca em nosso percurso. A Bíblia termina contando que Rute foi resgatada e cuidada. Mais do que isso, essa mulher se tornou avó do grande rei Davi e teve a honra de fazer parte da genealogia de Jesus.

A persistência, predisposição a servir e a lealdade de Rute nos mostram que mesmo a dor mais profunda não tem de apagar nossa bondade, fidelidade e generosidade, pois, apesar das dificuldades, no caminho, podemos ter certeza de que seremos encontradas pelo Senhor, que é o nosso Boaz, o resgatador, que não nos deixará e nem abandonará.

Você será tentada

Jesus, porém, respondeu: "As Escrituras dizem: 'Uma pessoa não vive só de pão, mas de toda palavra que vem da boca de Deus'". **(Mateus 4.4)**

Na passagem de Mateus 4, Jesus foi conduzido pelo Espírito Santo ao deserto para ser testado pelo Diabo. Na primeira tentativa, Satanás instigou o Mestre a transformar pedras em pães. Da segunda vez, ele disse: "[...] Se você é o Filho de Deus, salte daqui. Pois as Escrituras dizem: 'Ele ordenará a seus anjos que o protejam. Eles o sustentarão com as mãos, para que não machuque o pé em alguma pedra'" (v. 6). Embora tivesse poder para realizar as ofertas malignas, Cristo recusou, rebateu o Inimigo e, com isso, nos ensinou a maneira correta de vencer as tentações: por meio da Palavra de Deus. Esse é o segredo.

Não por acaso, essa experiência nos revela algo curioso a respeito do modo como, tantas vezes, somos atacadas pelo Tentador. Em ambos os casos, Jesus teve sua filiação colocada à prova. "Se você é o Filho de Deus, faça tal coisa". Acredite: qualquer semelhança conosco, não é mera coincidência. No entanto, a Bíblia conta que Cristo rebateu o Diabo com as verdades bíblicas. As Escrituras carregam a verdade acerca de nós, de Deus e de todos os outros temas que precisamos conhecer se quisermos nos posicionar corretamente.

Descobri que a Palavra de Deus é a nossa arma mais poderosa quando Satanás ataca a nossa identidade e a paternidade divina em nossa vida, ou nos tenta fazer crer que Deus não se importa conosco, que nos esqueceu ou que necessitamos provar quem somos para as pessoas. Utilizar a Bíblia como arma contra as estratégias do Inimigo é a nossa única saída nos momentos de tentação.

Esse episódio termina com a vitória de Jesus e a derrota de Satanás, que o deixou em paz após ter sido envergonhado. Não tente vencer as tentações com suas próprias forças. Apoie-se na Palavra de Deus. Agora, a pergunta que fica é: quanto das Escrituras você tem dentro de si? Para rebater as tentações com a Palavra é preciso ter a Palavra dentro de você. Por isso, passe tempo com ela.

A frustração é um chá amargo

O Senhor diz: "Eu o guiarei pelo melhor caminho para sua vida, lhe darei conselhos e cuidarei de você. Não sejam como o cavalo ou a mula, que não têm entendimento e precisam de freios e rédeas para ser controlados".
(Salmos 32.8-9)

Você já passou mal do estômago e teve de tomar o tão temido chá de boldo? Esta certamente é uma bebida horrível, mas que tem o seu valor, já que possui propriedades medicinais capazes de melhorar o processo de digestão, amenizar as dores de barriga e os incômodos gastrointestinais. Muitas de nós, quando crianças, já tentamos fugir de remédios assim. A questão é que, mesmo depois de crescidas, existem remédios que ainda queremos evitar. A frustração é um exemplo disso.

Ela é necessária em nossa vida. Apesar de desagradável, a frustração pode ser um instrumento poderoso de ensino nas mãos de Deus e, se permitirmos, atuará como um chá amargo que traz cura. Constantemente, nós nos esquivamos desse sentimento, sem compreender que ele tem potencial para tratar o nosso ego inflado, redirecionar escolhas erradas, reorganizar nossos relacionamentos e nos revelar a verdade a respeito do nosso coração.

Em Salmos 32, somos advertidas a não agirmos como os animais, teimosos e sem entendimento. Em vez disso, devemos nos render à condução do Senhor. Por meio das situações diárias e nosso relacionamento com o Pai, aprendemos a enfrentar as frustrações com uma perspectiva do alto, abraçando a oportunidade de sermos realinhadas à sua vontade.

Mulher, não seja como o cavalo ou a mula, que precisam de freios para serem guiados à força. Tenha autodisciplina. Sente-se à mesa com o Senhor, onde a sabedoria será o prato principal, e deixe-o cuidar e instruir você por meio dessas decepções. Quando o chá da frustração chegar, tome-o, a fim de alcançar a sobriedade que corta o efeito da embriaguez de nosso coração enganoso. No futuro, você irá agradecer por tê-lo experimentado. Afinal, o amargo também cura.

16 de julho

A mulher das estacas pontuais

"Jael, esposa de Héber, o queneu, é a mais abençoada entre as mulheres. Que ela seja a mais abençoada das mulheres que vivem em tendas!" (Juízes. 5.24)

Jael era uma mulher que viveu tempos turbulentos, descritos no livro de Juízes. Durante esse período, Israel era constantemente atacado por nações inimigas. E, ela, uma mulher do lar, ensina-nos uma lição poderosa sobre a força e coragem de alguém que sabia o seu lugar. A Bíblia não conta muito a respeito de Jael, a não ser que foi surpreendida pelo general das tropas inimigas enquanto estava em sua tenda. Sísera, como era chamado, fugiu para a barraca de Jael e Héber, marido dela, após ter presenciado a dizimação do seu exército na batalha contra o povo de Israel. Pelo contexto, imagino que, muito possivelmente, ela era uma mulher comum, ocupada com afazeres domésticos e uma rotina ordinária. Entretanto, estava atenta e preparada para ser usada por Deus em seu cotidiano.

Após receber Sísera em sua tenda, as Escrituras relatam que Jael o cobriu com uma manta e deu-lhe de beber. Assim que o adversário caiu em um sono profundo, a israelita pegou um martelo e uma estaca da barraca, entrou de mansinho na tenda e fincou-a na cabeça do general. A estaca atravessou-lhe a cabeça, entrou na terra e ele morreu, garantindo a vitória do povo de Deus sobre os inimigos.

Em nossa vida, muitas vezes, encontramo-nos nos bastidores, cumprindo responsabilidades diárias sem muito alarde ou reconhecimento público. Podemos ser esposas, mães, cuidadoras do lar ou profissionais em uma empresa, que desempenham papéis que parecem simples aos olhos do mundo, sem proeminência ou destaque, mas que são de imensa importância aos olhos de Deus. Nesses lugares, somos ministradas e preparadas pelo Senhor ao mesmo tempo em que nos tornamos sensíveis à sua voz. No instante em que as batalhas da vida se aproximam e o Inimigo tenta se esconder em nossa casa, sabemos que somos revestidas de coragem e habilidade dadas pelo Senhor. Para essas guerras, não necessitamos de armas físicas, apenas da confiança na força da Palavra de Deus e na sabedoria que ele nos concede. Seja estratégica, sábia, corajosa e dependa de Deus; essa combinação não tem erro.

Viviane Martinello

Simplicidade excelente

"Vocês o reconhecerão por este sinal: encontrarão o bebê enrolado em faixas de pano, deitado numa manjedoura."
(Lucas 2.12)

Desde o início da nossa conversão, o Senhor nos levou a caminhar de braços dados com a simplicidade e, nos últimos tempos, ele nos tem lembrado disso com mais ênfase. Algo que tenho aprendido é que simplicidade e mediocridade não podem ser confundidas. Jesus era simples. Ele nasceu numa manjedoura, lugar onde os animais se alimentavam, que de tão modesto, parecia inadequado e completamente improvável para o Messias. Porém, em momento algum Cristo foi medíocre em suas atitudes.

A grandiosidade de sua essência não podia ser condicionada ao seu local de nascimento, a roupas ou relacionamentos. Cristo era simples, pois não precisava de nada, além das palavras do Pai, para validá-lo. Ele conhecia sua identidade. Além do mais, ensinava por parábolas, porque desejava alcançar todos, o que não significava superficialidade ou falta de intelectualidade, afinal ele sabia se portar entre doutores e mestres desde pequeno e entre pessoas carentes e iletradas. Sua sabedoria não fora adquirida por influência ou conhecimento humano, mas havia sido dada pelo Pai. Anciãos, crianças, mulheres, homens, todos tinham acesso, na simplicidade de suas palavras, ao amor de Deus.

A mediocridade, por sua vez, contenta-se com a média; com aquilo que não é bom, com o resultado que não carrega expressão ou virtude alguma. Ela se satisfaz com pouco esforço, com a falta de excelência e a omissão no empenho para melhorar. A pessoa medíocre não consegue enxergar valor em atingir seu máximo potencial, por isso, está sempre vivendo à sombra de um "eu" mascarado e que não desperta admiração e inspiração em ninguém. Jesus nunca foi medíocre. Ele é o modelo perfeito em tudo. Sua simplicidade, excelente e admirável, sempre andava uma milha a mais e inspirava as pessoas. Siga seus passos.

Relacionamentos têm níveis

Jesus usou muitas histórias e ilustrações semelhantes para ensinar o povo, conforme tinham condições de entender. Na verdade, só usava parábolas para ensinar em público. Depois, quando estava sozinho com seus discípulos, explicava tudo para eles. (Marcos 4.33-34)

Após analisar a maneira como Jesus se relacionava com as pessoas, fui capaz de compreender que relacionamentos têm níveis. Cristo estava em meio à multidão, convivia diariamente com seus doze discípulos, era ainda mais íntimo de Pedro, Tiago e João e, dentre estes, tinha um que era mais próximo. Lendo as Escrituras, percebemos que ele tratava cada um desses três grupos de forma diferente.

Para a multidão, ele ensinava por meio de parábolas, enquanto para os seus discípulos, reservava as revelações e mistérios do Reino. Quando foi transfigurado em um alto monte, levou consigo apenas seus três amigos mais íntimos (cf. Mateus 17.1-2). Assim como Jesus, é crucial estabelecermos níveis de confiança, profundidade e propósito em nossas relações, pois eles nos protegem.

Erramos quando colocamos sobre pessoas pesos e expectativas que elas não são capazes de carregar ou suprir. Não devemos oferecer para a multidão o que é destinado àqueles que de fato sabem nos amar, proteger e que nos conhecem de verdade. Respeitar essa hierarquia nos impedirá de viver dores desnecessárias e nos ajudará a cuidar do nosso coração.

Cristo se importa com as conexões que você estabelece com os outros, pois elas são fundamentais em sua caminhada nesta Terra. Então, mulher, aprenda a escolher seus relacionamentos. Assim, você evitará feridas e construirá amizades saudáveis e fortes.

Viviane Martinello

Um Pai provedor

Jesus, porém, disse: "Providenciem vocês mesmos alimento para eles". "Temos apenas cinco pães e dois peixes", responderam. "Ou o senhor espera que compremos comida para todo esse povo?". (Lucas 9.13)

No Evangelho de Lucas, encontramos muitos milagres realizados por Jesus, entre eles a primeira multiplicação dos pães e peixes. Cristo esteve com a multidão até o fim da tarde naquele dia, e os seus discípulos sugeriram que mandasse o povo embora para que pudessem encontrar comida. No entanto, receberam uma inusitada ordem do Mestre como resposta: "Providenciem vocês mesmos alimento para eles". E, em seguida, realizou um milagre.

Muitas de nós têm dificuldade de enxergar Deus como um Pai provedor, assim como os discípulos nesse episódio. Talvez, você não tenha tido uma figura paterna dentro de casa e fora criada somente por sua mãe, que batalhava para colocar comida na mesa. Ou, quem sabe, seu pai estivesse presente, mas era entregue ao alcoolismo, aos vícios e não contribuía para o sustento da família. Quantas mulheres cresceram em meio à escassez, e hoje trabalham exaustivamente, tomadas pelo medo de que algo lhes falte?

Se você se identifica com algum desses casos, quero recordar-lhe de uma verdade neste dia: o Senhor é provedor. Para os discípulos, parecia impossível alimentar cinco mil homens, mas Jesus mostrou a eles que o Pai cuida de seus filhos de modo sobrenatural.

Algumas faltas que vivemos ao longo da trajetória são oportunidades que Deus usa para experimentarmos da sua provisão. O Senhor é capaz de realizar absolutamente qualquer coisa. Ele é poderoso, soberano e bondoso. Não se desespere, apresente-lhe seus cinco pães e dois peixes e dê espaço para o milagre acontecer.

A poda

"Eu sou a videira verdadeira, e meu Pai é o lavrador. Todo ramo que, estando em mim, não dá fruto, ele corta. Todo ramo que dá fruto, ele poda, para que produza ainda mais". (João 15.1-2)

Se você é do tipo de mulher que ama ter flores e plantas em casa, deve saber que a poda é muito importante para a saúde e o bom crescimento delas. Nesse processo, as folhas secas e os pedaços mortos são cortados, para que os ramos bons tenham espaço para frutificar e florescer, além de receberem os nutrientes corretamente. Quando as folhagens velhas não são retiradas, a planta perde vitaminas e deixa de se desenvolver.

O relacionamento com Deus segue essa mesma dinâmica. Enquanto nos mantemos arraigadas em Cristo, recebemos dele os nutrientes fundamentais para amadurecer e florescer espiritualmente. De tempos em tempos, porém, precisamos ser redirecionadas, corrigidas e confrontadas, a fim de continuarmos a frutificar; e isso faz parte do cuidado de Deus em nossa vida. Ele, o Lavrador, cultiva-nos com carinho, rega nossas folhas, aduba nosso solo e, quando necessário, corta aquilo que já não nos serve mais.

Há alguns anos, eu e meu marido Telmo acompanhamos uma família preciosa de amigos que passou pelo período de poda. Deus estava arrancando coisas de suas vidas que eles jamais conseguiriam por si mesmos. Foi doloroso presenciar o Senhor mexendo nas estruturas que eles pensavam estar firmes, mas ver o resultado dessa entrega foi poderoso.

É verdade, a poda costuma ser dolorosa, porque nem sempre estamos dispostas a abandonar velhos hábitos e maneiras de pensar, mas ela é um privilégio reservado aos filhos. Por vezes, você receberá a disciplina do alto. Só não se esqueça de que se o Senhor está podando você é porque investe e acredita em seu potencial. Ele sabe exatamente do que você carece para continuar crescendo. Aceite esse processo regado de amor e zelo divinos, e se prepare para frutificar como nunca.

Anel de ouro em focinho de porco

A mulher bonita, mas indiscreta, é como anel de ouro em focinho de porco.
(Provérbios 11.22)

Sempre amei moda e, muitos anos atrás, ao rascunhar uma lista de formação profissional, recordo-me de ter elencado uma faculdade nessa área como uma das primeiras opções de carreira. No entanto, a vida tomou o rumo que Deus havia planejado para mim, e sou grata por isso. Ainda assim, frequentemente valorizava estar vestida conforme a minha essência — roupas que de fato demonstram quem sou e os princípios que carrego —, mesmo em épocas financeiramente restritas em que a criatividade se tornava minha aliada. A relação entre estilo e poder aquisitivo nunca foi uma barreira para mim, porque entendia que a moda era uma expressão da identidade, que se refletia no autocuidado, assim como na discrição, na elegância de um caráter transformado e até mesmo na forma como tratamos os outros.

Por outro lado, não temos como ignorar: vivemos em um país onde a sensualidade, muitas vezes, é mais valorizada que o caráter, e as vestimentas usualmente destacam o corpo em detrimento da alma feminina. Nesse sentido, Provérbios faz uma comparação inusitada, dizendo que como um anel de ouro seria desperdiçado no focinho de um porco, a beleza sem discrição perde o seu valor. Por isso, mulheres de Deus que carregam a essência do Céu devem se levantar como inspiração para outras e promover esse tema de maneira equilibrada e bíblica.

A beleza exterior tem, sim, de ser cultivada. É essencial, dentro das nossas condições, estarmos sempre bem-vestidas, de banho tomado, com unhas limpas e cabelos penteados. Contudo, o cuidado da aparência jamais pode ser desculpa para a negligência com a beleza interior, pois é ela que transbordará para fora e iluminará todo o ambiente com o brilho que reflete os valores do Reino. Não é à toa que as Escrituras dizem: "O coração alegre aformoseia o rosto [...]" (Provérbios 15.13, ARC). Portanto, mulher, seja autêntica e glorifique o Pai com a imagem que transmite aos outros e um caráter polido pelo Espírito, pois é aí que se encontra a verdadeira essência feminina.

Use a espada

Eu lhes dei autoridade para pisarem sobre cobras e escorpiões, e sobre todo o poder do inimigo [...]. (Lucas 10.19)

Eu me converti em 2002 e, naquele ano, estava em um culto quando o pastor me chamou ao altar. Logo pensei que meus pecados seriam expostos e que ele me exortaria diante de toda a congregação, mas, em vez disso, falou: "estenda as suas mãos". Eu tinha uma postura cética naquela época, e não esperava que algo sobrenatural pudesse acontecer, até que ele continuou: "o Senhor está entregando a você uma espada". No mesmo instante, notei um forte peso sobre meus dedos, como se, de fato, eu estivesse carregando algo. Fiquei atordoada. A partir dali, passei a crer no poder de Deus e no que ele desejava realizar em minha vida.

Muitos anos depois, estava distraída em minha casa e o Espírito Santo trouxe à minha memória o dia em que recebi aquela palavra. Instantaneamente, senti o Senhor dizer em meu coração: "Ter uma espada é diferente de usá-la". Percebi que eu ainda não tinha me apropriado plenamente do que Jesus derramara sobre mim. Quantas vezes me envergonhava em agir com ousadia e autoridade, e permanecia atuando no ministério de maneira insegura. Nunca tive medo de admitir minhas falhas e pecados, porém temia reconhecer que o Senhor havia me chamado para algo grande e transformador.

Mulher, Deus compartilhou com você poder para vencer o Inimigo e dons sobrenaturais; pare de escondê-los. Ao nos portarmos com coragem e convicção para pregar o Evangelho, expulsar demônios e curar os enfermos, engrandecemos o nome do Senhor e o fazemos conhecido aos que ainda estão perdidos. Não perca tempo com inseguranças, timidez ou medo da opinião alheia. Realize o que foi convocada a fazer. O Senhor lhe deu uma espada, portanto, use-a.

Viviane Martinello

Cuidado para não atacar o que mais deseja

Mas, se em seu coração há inveja amarga e ambição egoísta, não encubram a verdade com vanglórias e mentiras.
(Tiago 3.14)

Você conhece a fábula da *Raposa e as uvas*? A história conta que uma raposa faminta caminhava pela floresta, até que avistou lindas uvas penduradas no alto de uma árvore. Na mesma hora, tentou a todo custo alcançá-las, mas seu esforço foi em vão. Por fim, após inúmeras tentativas sem sucesso, desistiu e murmurou: "Essas uvas devem estar azedas mesmo".

Às vezes, nós também atacamos aquilo que tanto desejamos. Como Tiago adverte, certos discursos podem esconder desejos egoístas e invejas amargas. Quando "não vamos com a cara" de alguém, talvez, em nosso íntimo, estejamos nutrindo uma inveja que tentamos mascarar. Na ânsia de acobertar esse sentimento, passamos a desprezar no outro justamente o que mais gostaríamos de ter, ainda que de maneira inconsciente.

Cuidado com os enganos sutis em seu interior. Antes de disparar críticas de desaprovação aos que estão ao seu redor, analise se suas palavras demonstram uma amargura escondida. Desnude a sua alma diante do Senhor, a fim de que ele jogue luz sobre os cantos escuros e revele se há atitudes que precisam ser endireitadas. Lembre-se: aquilo que dizemos revela muito a nosso respeito.

Que sejamos mulheres com um caráter refinado e satisfeito em Cristo. Aquelas que trarão reconciliação, sabedoria e alegria para os ambientes, em vez de discussões, fofocas, amargura, inveja e condenação. A cada dia, o convite de Deus ao aperfeiçoamento se renova. Então peça que o Espírito Santo revele se há algum comportamento que você precisa abandonar, e escute com atenção o que ele tem para lhe dizer hoje.

O Deus das segundas chances

Restaura, SENHOR, nossa situação, como os riachos revigoram o deserto.
(Salmos 126.4)

Quando eu e Telmo tínhamos um ano e meio de casados, começamos a discutir constantemente. Na época, frequentávamos uma igreja, mas eu ainda não me relacionava direito com o Senhor e era imatura em muitos aspectos. Infelizmente, chegou um momento em que a situação ficou tão delicada e insustentável, que decidimos nos separar.

Por quatro meses, morei sozinha em um apartamento alugado. Foi uma fase triste e, com o tempo, sentia que minha vida perdia o propósito. Até que, certo dia, o meu marido me ligou, dizendo que precisava conversar comigo. Assim que nos encontramos, nós nos abraçamos, choramos muito e relembramos do amor que sentíamos um pelo outro e da aliança que havíamos feito.

Foi então que pude conhecer o Deus das segundas chances. Ele não deseja realizar em nós uma simples faxina ou reforma, mas quer nos restaurar de modo radical e profundo. Esse processo é doloroso, pois arranca as impurezas do nosso coração e alcança o nosso íntimo. Digo por experiência própria, afinal foi o que aconteceu em meu casamento ao darmos espaço para que o Pai nos transformasse e quebrasse o nosso orgulho. Eu jamais imaginaria que, ao longo dessa fase, Deus estava nos preparando para assumirmos um ministério pastoral, a fim de levar cura para muitas outras famílias. Hoje, não é difícil enumerar tantos casamentos restaurados através da nossa história e posicionamento em relação à nossa família. Isso me faz pensar que muito provavelmente as lutas pelas quais passamos revelarão onde Deus deseja nos usar.

É uma alegria saber que hoje esse é um testemunho com um final feliz. Por isso, ainda que o cenário seja conturbado, não duvide que o Senhor é capaz de restaurar a sua casa também. Permita que suas atitudes e pensamentos sejam mudados pelo poder sobrenatural do Espírito Santo. Às vezes, a restauração leva tempo e requer de nós perseverança, mas o Deus das segundas chances é também o Deus do impossível.

Cidade sem muros

Quem não tem domínio próprio é como uma cidade sem muros.
(Provérbios 25.28)

O domínio próprio faz parte do fruto do Espírito Santo (cf. Gálatas 5.22). Isso significa que, ao andarmos com o Senhor, é natural que sejamos transformadas e passemos a dominar os nossos impulsos, falas e até mesmo pensamentos que não agradam o Pai. Uma mulher que não sabe se controlar é como uma cidade sem muros: desprotegida e vulnerável aos ataques do Inimigo.

Por esse motivo, o primeiro conselho que eu gostaria de deixar a você hoje é: não faça algo permanentemente estúpido só porque está temporariamente desapontada. Não seja dominada pela ira, pelo sentimento de rejeição, ciúmes ou inveja, pois eles podem levá-la ao pecado, erro e insensatez, além de machucar aqueles que convivem com você. Palavras impensadas e atitudes impulsivas ferem como uma espada, então aja com cautela para evitar arrependimentos futuros.

Além disso, o domínio próprio é uma arma essencial na batalha contra a carne. O Espírito Santo nos empodera para que sejamos capazes de vencer a gula, a imoralidade sexual, vícios, cobiça e até mesmo a preguiça que tenta nos paralisar diariamente. Assim, construímos muralhas ao nosso redor, que nos preservarão quando o pecado bater à porta.

Neste 25 de julho, clame ao Pai que conceda a você um temperamento equilibrado, um coração manso e uma mente que não se rende às seduções deste mundo. A graça e o poder divinos são mais do que suficientes para nos livrar das armadilhas da impulsividade e nos transformar em cidades fortificadas.

Aquilo que nos controla se torna o nosso deus

***[...] Pois cada um é escravo daquilo que o controla.* (2Pedro 2.19b)**

Em sua segunda carta, Pedro aconselha a estarmos atentas à falsa sensação de liberdade que o pecado oferece. Talvez alguém que viva desregradamente, entregue às tentações deste mundo, pense estar livre para fazer o que bem deseja. Mas a verdade é que a prática do mal aprisiona em um ciclo vicioso, controla a mente e apodrece a alma. Com o tempo, a pessoa se vê cercada de ídolos que tomam o lugar de Deus em sua vida.

Quem busca poder torna-se obcecado por ele e começa a perseguir posições de prestígio exaustivamente — alguns, inclusive, se utilizam de seu chamado e ministério para isso. Os que focam apenas no dinheiro tornam-se escravos das riquezas, chegando a vender seus princípios, que não têm preço. Pessoas que desejam aceitação a todo custo passam a ser controladas pelos outros. Vivem de relacionamentos em relacionamentos, e a maioria deles doentios e abusivos. Aqueles que só anseiam pelo prazer perderão a oportunidade de construir alianças e projetos duradouros, pois são governados por desejos carnais e autodestrutivos. Em todos esses casos, fica claro quem são seus deuses.

Mulher, cuidado com a idolatria. Ela, muitas vezes, contamina o nosso coração de maneira sutil. Aquilo que confunde a sua mente, tira a sua paz, influencia negativamente suas atitudes e afasta você do Pai pode ser um ídolo. Abandone-o hoje.

Viviane Martinello

Tenha paciência com a multidão

Quando os apóstolos voltaram, contaram a Jesus tudo que tinham feito. Em seguida, Jesus se retirou para a cidade de Betsaida, a fim de estar a sós com eles. As multidões descobriram seu paradeiro e o seguiram [...]. (Lucas 9.10-11a)

Em Lucas 9, os discípulos foram enviados na missão de anunciar as Boas Novas pela primeira vez ao terem recebido autoridade para curar enfermos e expulsar demônios. Depois disso, voltaram alegres e ansiosos para compartilhar com o Mestre tudo o que haviam experimentado; em seguida se retiraram para a cidade de Betsaida, com o intuito de passarem um tempo a sós com Jesus. Porém, foram interrompidos pelas multidões, que descobriram o paradeiro deles o os seguiram.

Em nossa vida, também somos seguidas pela "multidão", pessoas carentes de consolo, ajuda e força: colegas de trabalho que anseiam por um ouvido amigo, irmãos em nossa igreja que precisam de aconselhamento e cuidado ou moradores de rua que pedem por alimento. E quantas vezes agimos de modo ríspido, insensível e impaciente por conta das demandas que trazem até nós? Quantas vezes ignoramos e fingimos que não é conosco?

No pastoreio, de vez em quando, experimento um desgaste e cansaço que não exponho. Esse cansaço vem da multidão. Nesses momentos, em muitas ocasiões, desejei estar sozinha. Para ser sincera, em minha fraqueza, já quis fugir dela. Mas Cristo não se portou assim. Na continuação do verso 11, lemos: "[...] Ele as recebeu, ensinou-lhes a respeito do reino de Deus e curou os que estavam enfermos". É fundamental termos paciência com a multidão que vez ou outra nos alcança. Mesmo que o Mestre desejasse estar a sós com seus discípulos, interrompeu seus planos para dar atenção àqueles que necessitavam. Seguindo seu exemplo, devemos acolher, servir e ensinar a multidão com mansidão.

Em meio à correria e ao desejo de estar sozinha com o Senhor, escolha ser paciente com aqueles que chegam até você, desprovidos de auxílio e cuidado. Aprenda a renunciar à sua vontade e saber o momento certo de agir em prol do próximo, porque isso também é uma forma de glorificar o nome do Pai.

A ponta do iceberg

[...] sejam espertos como serpentes e simples como pombas.
(Mateus 10.16)

Tempos atrás, recebi a seguinte pergunta em uma rede social: "Como está o seu coração?". Isso me fez refletir sobre o risco da vulnerabilidade na internet. Responder àquele questionamento me levaria a compartilhar aspectos profundos da minha vida pessoal para milhares de pessoas em um ambiente raso e repleto de expectativas irreais.

Por isso, neste devocional eu gostaria de alertar você sobre o perigo de abrir sua intimidade para estranhos nesses tipos de plataforma. Existem aqueles que seguem nossos perfis, celebram nossa vida e querem o nosso bem. Entretanto, outros só nos acompanham para criticar, julgar e invejar.

Jesus aconselhou seus discípulos a serem astutos como serpentes e simples como pombas. Isso quer dizer que devemos buscar a pureza — que é diferente da inocência e ingenuidade — ao mesmo tempo em que desenvolvemos discernimento e perspicácia para fazer a leitura das pessoas, locais e situações. Esteja alerta. Não se esqueça de que a internet é só a ponta do iceberg; ela é superficial e revela apenas uma pequena porcentagem do que somos ou do que queremos mostrar.

Não confunda os seus seguidores nas redes com amigos da vida real. O off-line representa a maior parcela da sua vida, e essas ocasiões devem ser aproveitadas em volta da mesa, onde você pode olhar nos olhos daqueles que caminham ao seu lado e que de fato conhecem o seu interior.

Termino com a seguinte pergunta: como está seu coração? Não deixe de dar uma resposta, mas procure o lugar e a pessoa certa para ouvi-la.

Discernimento

Da tribo de Issacar, 200 chefes com seus parentes. Todos eles entendiam bem os acontecimentos daquele tempo e sabiam qual era o melhor caminho para Israel seguir.
(1Crônicas 12.32)

Em 1Crônicas, encontramos um trecho que descreve os filhos de Issacar: pessoas com discernimento, capazes de direcionar e liderar o povo de Israel. Hoje, também temos acesso a esse entendimento sobrenatural sobre acontecimentos, temporadas, indivíduos e ambientes, que nos torna capazes de enxergar de acordo com a ótica celestial. Dessa forma, aprendemos a diferenciar o que é bom do que é mau, ganhamos compreensão a respeito dos tempos e tomamos decisões cada vez mais assertivas.

Uma das coisas que sempre admirei em mulheres ao meu redor era a capacidade de muitas delas discernirem os tempos e estações em suas jornadas. Tenho uma amiga em especial que se dedica a cuidar dos filhos ainda pequenos. Isso, muitas vezes, a impede de estar em alguns cafés com amigas e atividades extras. Ela vive a sua estação com entendimento. Não se ofende com outras mulheres que podem desfrutar desses momentos com suas amigas e nem aborta a sua própria temporada para viver o que não é para ela agora, mas celebra o que as outras estão experimentando sem necessariamente se envolver. Ela sabe o seu lugar.

Por isso, mulher, encorajo você a buscar por discernimento e sensibilidade à voz do Senhor. Seja conduzida pelo Espírito Santo e pela Palavra em todos os momentos do seu dia, por mais simples que pareçam, e crie o hábito de pedir o direcionamento divino antes de fazer escolhas. Você verá que, aos poucos, seus sentidos espirituais começarão a ficar mais aguçados, e seus pensamentos, alinhados com a mente de Cristo.

Discernir é entender o que está além do óbvio, além do que nossos olhos podem ver no natural. Quem tem discernimento dispõe de mais facilidade para descansar no Senhor — pois reconhece com maior clareza a sua presença e cuidado ao longo da jornada —, vive com intencionalidade, sabe como se portar em cada fase, torna-se apta para liderar, aconselhar e discipular pessoas. Que, tal qual a tribo de Issacar, sejamos mulheres dotadas de discernimento, sabedoria e conectadas ao Espírito Santo para indicar aos outros qual o melhor caminho a ser seguido.

Até que Deus abra a porta, adore no corredor

Sabemos que todas as coisas cooperam para o bem daqueles que amam a Deus, daqueles que são chamados segundo o seu propósito.
(Romanos 8.28, ARA)

Esperar que uma porta se abra frequentemente nos deixa apreensivas e inquietas. Muitas de nós estamos em corredores de espera, aguardando por uma resposta divina, uma oportunidade de emprego, um direcionamento específico, a conversão de um familiar ou que um filho se arrependa e volte aos caminhos de Deus. Com o tempo, se perdemos o foco de vista, é comum que eles se transformem em medo, desesperança e preocupação. Por isso, temos de aprender a nos comportar da maneira correta enquanto as portas à nossa frente ainda não se abriram.

Mulher, não deixe que as incertezas e as dúvidas gerem em você um coração ansioso, e a impeçam de confiar e depender do Pai. Em vez de se manter impaciente em meio aos muitos questionamentos, adore ao Senhor e permaneça arraigada à sua verdade. O Senhor é digno da nossa adoração em todo o tempo — até quando as circunstâncias não acontecem como gostaríamos — e, ao exaltarmos o seu nome, somos lembradas de sua soberania, bondade e poder, que, pouco a pouco, transformam a nossa visão e trazem paz sobrenatural para a nossa alma. Mesmo que tudo o que você escute agora seja o silêncio, espere, pois todas as coisas cooperam para o bem daqueles que amam a Deus (cf. Romanos 8.28). Apegue-se às promessas que estão presentes nas Escrituras, e creia que ele jamais perderá o controle da sua vida.

É possível que as portas permaneçam fechadas, mas siga adorando no corredor, porque o Senhor continua sendo bom. Com Cristo, nada é desperdiçado; até os momentos de espera são úteis para prepará-la e fortificá-la, a fim de chegar ao destino que o Senhor planejou para você.

O seu lugar seguro

Aquele que habita no abrigo do Altíssimo encontrará descanso à sombra do Todo-poderoso. Isto eu declaro a respeito do SENHOR: ele é meu refúgio, meu lugar seguro, ele é meu Deus e nele confio. (Salmos 91.1-2)

No decorrer do meu ministério, conheci inúmeras mulheres que não tiveram bons exemplos em suas famílias, o que acabou por gerar insegurança crônica e sentimentos de orfandade. Pessoas assim têm a tendência de se comportarem de modo independente e, por vezes, solitário, e isso pode dificultar sua relação com os outros e com o Senhor.

Em seus relacionamentos, muitas não conseguem desfrutar plenamente do amor de seu cônjuge, familiares ou amigas, pois costumam ser conduzidas por desconfiança, feridas, medos e amarguras. Também têm dificuldade em acreditar que são cuidadas e amadas por Deus, afinal a dinâmica com seus pais terrenos influenciou o modo como enxergam o Pai celestial. Por isso, temem se aproximar dele e se entregar intimamente.

Quando se relacionam com os outros, sem perceber, tendem a buscar por competição, e parecem correr atrás de um troféu imaginário; até mesmo nas conversas mais despretensiosas do dia a dia, elas querem sempre ganhar.

Talvez você se identifique com esse perfil e, hoje, veja-se afetada pelo pensamento de que precisa dar conta de tudo sozinha e esforçar-se além do normal para resolver os problemas do seu jeito ou se proteger das pessoas. Se este é o caso, quero convidá-la a experimentar algo novo: o colo do Pai; aquele que é bom, compassivo, paciente, manso, amoroso e abundante em misericórdia. Mulher, existe um esconderijo em Deus que nos traz descanso, proteção e cura. Deixe seus problemas e traumas aos pés do Senhor, pois, diferente dos seres humanos — cheios de imperfeições — ele nunca falhará em ser o seu lugar seguro.

Agosto

Este é o caminho

É da natureza humana fazer planos, mas é o SENHOR *quem dirige nossos passos.* (Provérbios 16.9)

Não sei você, mas todo dia, eu agradeço a Deus pelo GPS. Eu me recordo da época em que tínhamos de viajar por aí antes dessa invenção revolucionária. Os mapas eram de muita ajuda, mas não se comparam a esses aplicativos modernos.

É muito comum, em meio às encruzilhadas da vida, nós nos sentirmos sem rumo e perdidas em nossos planos, sonhos e até chamado. Em momentos como esses, a promessa divina em Provérbios 16.9 se torna um GPS para a nossa alma inquieta. A voz celestial nos assegura: "Eu dirijo seus passos". Contudo, devemos estar atentas. Em um mundo repleto de distrações e atalhos, é fácil tirarmos os olhos do mapa para admirar o que está acontecendo fora do carro. Aprecie a paisagem, mas não se distraia. Esteja sintonizada com a voz suave e gentil do nosso Guia, o Espírito Santo.

Sim, é verdade: seguir a orientação de Deus nem sempre é fácil. Às vezes, ele nos leva por estradas inesperadas e desafia a nossa compreensão e vontade. No entanto, podemos confiar plenamente em seu caráter e amor; ele sabe bem o caminho.

Certa ocasião, estava em meu carro, refletindo justamente a respeito desse assunto e me veio um pensamento: ter um GPS e um carro não garante que você chegará ao lugar certo. Para isso, é preciso seguir a liderança do GPS. Assim como frequentarmos a igreja, termos uma Bíblia e participarmos de algumas liturgias evangélicas não é sinônimo de estarmos obedecendo à liderança do Espírito Santo em nossa vida.

Encerro este devocional compartilhando esta que tem sido a minha constante oração, e o meu desejo é que se torne a sua também: "Deus, não me deixe trilhar percursos que não sejam os seus, nem me permita ansiar por lugares que não correspondam ao meu propósito. Espírito Santo, por favor, guie-me".

Leva tempo para Deus fazer de repente

Aprofundem nele suas raízes e sobre ele edifiquem sua vida. Então sua fé se fortalecerá na verdade que lhes foi ensinada, e vocês transbordarão de gratidão. **(Colossenses 2.7)**

Gosto de metáforas — como as que Jesus usava para ensinar verdades profundas da Palavra. Uma delas é a do bambu chinês, que passa anos em silêncio, sem sinais de crescimento visíveis, mas durante esse tempo, forma e fortalece uma complexa rede de raízes. Tudo isso, que se dá no subterrâneo, cria uma base sólida para o espetacular desenvolvimento externo que ocorrerá cinco anos mais tarde.

Eu me lembro de um pastor querido, que amamos muito, relatar que alguém lhe disse uma vez: "Nossa, como aquela igreja, Abba Pai Church, da Vivi e do Telmo, tiveram um crescimento repentino!". Sem demora, aquele pastor, com muito carinho, respondeu: "Não foi de repente. Há muitos anos que eles estão crescendo para baixo antes de exporem o que Deus faria. E, agora, o Senhor está fazendo!".

Muitas coisas em nossa vida são semelhantes ao bambu chinês. Trabalhamos, investimos tempo, esforço, fazemos tudo o que podemos para nutrir nosso crescimento e, às vezes, não vemos nada por semanas, meses ou anos. Entretanto, se tivermos paciência para aguardar o Espírito trabalhar em nossas raízes, o "quinto ano" chegará, e com ele mudanças que jamais esperávamos. O "de repente" de Deus é assim. O Senhor trabalha no seu tempo, que na maioria das vezes, é diferente do nosso. Pouco a pouco, ele cultiva o nosso coração e nos prepara com paciência até que, repentinamente, o *shift* acontece.

Não tente acelerar o que é impossível apressar. O crescimento leva tempo e o "de repente" divino também, mas tanto um quanto outro, uma hora, chegam. Raízes firmes e um caráter tratado são fundamentais para nos sustentar enquanto cumprimos o propósito.

Seu deus pode ser seu ego

O rei de Israel respondeu a Josafá: "Há mais um homem que pode consultar o SENHOR *para nós, mas eu o odeio, pois nunca profetiza nada de bom a meu respeito, só coisas ruins! Chama-se Micaías, filho de Inlá"* (2Crônicas 18.7)

Você já caiu na armadilha de ir atrás de um conselho que confortasse seu coração e inflasse seu ego, em vez de buscar a verdade que traria mudança para a sua vida? A passagem de hoje é parte de um diálogo que revela a relutância do rei Acabe em ouvir a posição de Deus em relação ao combate que planejava contra Ramote-Gileade; ele preferiu se cercar de profetas que lhe diziam apenas o que queria escutar.

A história narrada no capítulo 18 de 2Crônicas é um alerta acerca dessa ilusão. Ela conta sobre o trágico fim do rei Acabe que não deu ouvidos ao que de fato importava. Independentemente de a mensagem divina ser desconfortável ou não, nós devemos nos submeter, porque a egolatria é, no mínimo, falta de noção acerca da realidade.

Depois de anos de aconselhamento pastoral, descobri que, em certas ocasiões, algumas pessoas não buscavam conselhos. Na verdade, procuravam opiniões que coincidissem com a sua vontade. Muitas chegavam com o bolo pronto só esperando que "soprássemos as velas" do ego que elas nutriam e idolatravam. Por isso mesmo, não foram poucas as vezes que essas mesmas pessoas saíram do aconselhamento entristecidas porque não falamos o que queriam ouvir.

Por que temos dificuldade nisso? Penso que muitos estão buscando um Deus ajustado às suas necessidades e uma religião que satisfaça suas vontades. O que acontece, de fato, é que tememos as missões difíceis de obedecer. Cuidado, mulher! Se o deus que você serve só fala o que você gosta de ouvir, seu deus pode ser seu ego.

Não tenha reações, mas ações

É melhor ser paciente que poderoso; é melhor ter autocontrole que conquistar uma cidade. (Provérbios 16.32)

Você é o tipo de pessoa mansa até que pisem no seu calo? Não é novidade para ninguém que, todos os dias, somos instigadas a reagir a situações desafiadoras, seja no trânsito, na fila do mercado ou no trabalho. As ofensas e injustiças estão por toda parte, e se não tomarmos cuidado podem nos empurrar para um estado de constante defesa e reatividade. Por outro lado, Provérbios nos recorda do valor que há na paciência e no autocontrole acima do poder e da capacidade de conquista, afinal de contas a verdadeira força está em dominarmos a nós mesmas.

Gosto da comparação de C. S. Lewis acerca dos ratos no porão.[1] Ele diz que as situações inesperadas revelam o real estado do nosso caráter, assim como temos mais probabilidade de ver se há ratos no porão se entrarmos de supetão. As reações não pensadas expõem o que realmente está dentro de nós. Ao permitirmos que as ocasiões e as ações dos outros determinem nossas respostas, entregamos o controle da nossa vida para aqueles que nos ferem ou frustram, ou para os nossos sentimentos.

É fundamental cultivarmos um caráter que reflita o padrão de Cristo de forma consistente, não apenas em momentos controlados, mas também quando somos espremidas pelas circunstâncias. Deus nos ensina a ser proativas em nosso amor e bondade, mesmo diante do mal. Esse é o verdadeiro poder transformador do Evangelho em ação.

Neste 4 de agosto, peça ao Espírito Santo para sondar o seu coração e mostrar quais têm sido suas atitudes no calor do momento. Arrependa-se, se necessário, e clame ao Senhor que a capacite a responder com graça e amor, em vez de reações impulsivas e defensivas. Aja com intenção e propósito.

---

1 Lewis, C. S. **Cristianismo puro e simples**. São Paulo: Thomas Nelson Brasil, 2017, p. 177.

Sem medir esforços

Por causa da multidão, não tinham como levá-lo até Jesus. Então abriram um buraco no teto, acima de onde Jesus estava. Em seguida, baixaram o homem na maca, bem na frente dele. (Marcos 2.4)

Amigos de verdade protegem a nós, nossos sonhos, nosso nome e nossa história. Na passagem de Marcos 2.1-12, vemos um exemplo de quatro amigos que, determinados a ajudar um deles, que era paralítico, não deixaram que os obstáculos os impedissem. Sem medir esforços, abriram o telhado e baixaram o homem até Jesus. Esta é uma marca de amizades verdadeiras: amparo incondicional, mesmo em circunstâncias difíceis.

No turbilhão da Segunda Guerra Mundial, a amizade entre Anne Frank e Miep Gies[2] resplandeceu como um farol de esperança que nos inspira até hoje. Enquanto Anne e sua família enfrentavam os horrores da perseguição nazista escondidas em um anexo secreto, Miep arriscava-se diariamente para levar não apenas comida, mas também conforto e suporte emocional. Naquele cenário sombrio, a amizade das duas floresceu e, após a prisão e morte de Anne, Miep recuperou seu diário, que anos mais tarde seria publicado como um livro.

Por outro lado, cercar-nos de más amizades pode comprometer nosso propósito e até mesmo nossa vida. Essa é a mensagem que o trecho bíblico de Marcos nos deixa: a escolha de nossos amigos é importante. Mais do que isso, relacionamentos são poderosos e curativos. Não invista seu precioso tempo tentando convencer aqueles que não valorizam sua lealdade. Ame todos, mas entenda que a intimidade deve ser reservada para verdadeiros amigos. Quem são aqueles que abririam um buraco no teto para levá-la até a cura? Lembre-se deles hoje.

[2] Frank, Anne. **O diário de Anne Frank**. Edição de bolso. Editora Record, 2014.

Esperança em tempos turbulentos

Alegrem-se em nossa esperança. Sejam pacientes nas dificuldades e não parem de orar. **(Romanos 12.12)**

A esperança mencionada na Bíblia não é mera expectativa otimista de que as coisas vão melhorar; é uma convicção profunda de que, apesar das circunstâncias adversas, existe uma certeza a qual podemos nos agarrar e que não frustrará. Ela nos sustenta quando tudo parece desmoronar e nos inspira a continuar avançando, mesmo quando as probabilidades estão contra nós.

Enquanto medito sobre esse assunto, há tensões eclodindo em toda parte, que deixam rastros de destruição e sofrimento em muitas famílias, como a guerra entre a Rússia e a Ucrânia, a catástrofe no Rio Grande do Sul, além dos conflitos geopolíticos persistentes entre Israel e o Hamas, que parecem não ter fim. É trágico e confrontador ao mesmo tempo.

Diante disso: como é possível sobreviver ao caos deste mundo? A Bíblia nos convida a cultivar algumas posturas fundamentais que nos ajudam a manter a chama da fé e confiança acesas. Primeiro, devemos nos alegrar na esperança, pois nosso Salvador está vivo, resgatou-nos e um dia voltará para nos buscar; você e eu não somos daqui. Em segundo lugar, sermos pacientes. Soa paradoxal, mas a Palavra nos chama a encarar a tribulação sob a ótica de que ela não é o fim da história, apenas uma parte do caminho que nos tornará mais resilientes e maduras espiritualmente. Terceiro: não estamos sozinhas. O Espírito Santo está conosco para confortar, fortalecer, confrontar e ajuda-nos a passar pelas aflições. E, por último, não podemos nos esquecer jamais de que somos embaixadores de Cristo nesta Terra, e como tal devemos nos posicionar para transformar este mundo quebrado, ainda que nossa contribuição pareça uma gota no oceano, como disse Madre Teresa de Calcutá.[3] Por meio da oração sem cessar e atitudes práticas, temos a responsabilidade de expandir o Reino de Deus e compartilhar o amor divino, a verdade, a alegria, o consolo e força celestial com as pessoas que sofrem e estão perdidas.

Você não está aqui a passeio. Não perca de vista o seu destino, e peça a Deus que a encha de esperança para que você possa derramá-la sobre aqueles que tem passado por tempos turbulentos.

---

[3] Madre Teresa de Calcutá foi uma freira e missionária da Igreja Católica que dedicou sua vida a ajudar pobres e doentes na Índia. Em 1979, ela ganhou o Prêmio Nobel da Paz.

Unidade

Acima de tudo, revistam-se do amor que une todos nós em perfeita harmonia. (Colossenses 3.14)

Li recentemente uma ilustração divertida, que narrava a discussão de algumas ferramentas em uma marcenaria: a lixa queria excluir o martelo, que batia demais; o martelo criticava a lixa por ser áspera; o parafuso era acusado de enrolar. A régua se achava perfeita e era condenada por isso. Foi quando o marceneiro apareceu, habilmente usou cada uma delas e criou um móvel perfeito. Essa história me lembra que às vezes vivemos embates inúteis enquanto deveríamos cultivar a unidade como parte essencial do funcionamento do Corpo de Cristo.

A Palavra diz que o mundo crerá quando formos um (cf. João 17.21-23). Essa é uma das marcas do cristão: a unidade. Quando cada pequena fração se une num mesmo propósito, o Reino avança e o inferno é envergonhado. Em compensação, se alianças deixam de existir na igreja, surgem algumas características perceptíveis. O egocentrismo nos faz pensar apenas no que é bom para nós mesmas e esquecer o bem comum. A emancipação nos leva a achar que podemos caminhar sozinhas e, assim, passamos a desprezar a família da fé. A insubmissão nos faz acreditar que não precisamos prestar contas a ninguém e, desse modo, começamos a confiar excessivamente em nossas habilidades. A competição gera divisão, pois nos preocupamos mais em mostrar que nosso jeito é melhor do que colaborar com os outros.

Em um de seus sermões, John Wesley disse: "Embora não possamos pensar do mesmo modo, não podemos amar de maneira igual? Não podemos ter um só coração, ainda que não tenhamos uma opinião só? Sem dúvida que podemos".[4] Para manter a unidade, o caminho não é outro senão revestirmo-nos do amor, que é o elo perfeito, e ele nos chama a nos colocar no lugar dos outros, a servir com humildade e a buscar a harmonia. Quando cada fragmento do corpo funciona unido, a Igreja cresce saudável e reflete a glória de Deus ao mundo.

---

[4] [Tradução livre] VICKERS, Jason E. (ed.); COLLINS, Kenneth J. (ed.). **The Sermons of John Wesley**: A Collection for the Christian Journey. Sermon 39 Catholic Spirit. Abington Press: Nashville, 2013. Disponível em: https://archive.org/details/sermonsofjohnwes0000wesl/mode/2up?view=theater. Acesso em: 6 jun. 2024.

Um novo coração

Eu lhes darei um só coração e colocarei dentro deles um novo espírito. Removerei seu coração de pedra e lhes darei coração de carne, para que obedeçam a meus decretos e estatutos. Então eles serão o meu povo, e eu serei o seu Deus. (Ezequiel 11.19-20)

Um coração que bata no compasso dos Céus é o que eu busco todos os dias. Tenho procurado não cair na armadilha de me amoldar a uma vida espiritual rotineira e vazia, que apenas cumpre rituais ou produz conteúdo para alimentar os outros. Quero estar sensível à voz do meu Pastor, que me conduz aos pastos verdejantes da sua presença.

Na passagem de Ezequiel 11, a comparação que o Senhor usa por meio do profeta traz a revelação do que de fato acontece em nosso interior quando perdemos a sensibilidade espiritual. Um crente que possui um coração de pedra se torna ambicioso, não se compadece, não intercede, é indiferente e rebelde. Tenho constantemente clamado ao Senhor, dizendo:

> Pai, não há nada que eu queira mais do que a ti. Vou pregar essa verdade ao meu coração sempre que algo mais me atrair. Quando meu coração se sentir tentado a querer mais, vou lembrar a mim mesma que o Senhor é tudo o de que eu preciso. E ainda mais do que preciso, tu és tudo o que eu quero. As coisas desta vida passam, mas tu permaneces para sempre. Assim como Davi pediu que o Senhor sondasse seu coração, sonda-me também e se for necessário troca-o por um de carne como Ezequiel profetizou.

Recuperar essa sensibilidade passa pelo arrependimento, pela renovação do nosso compromisso com a oração, a Palavra e a nossa comunidade de fé, além do realinhamento das nossas prioridades aos valores do Reino de Deus. O Senhor está sempre disposto a nos ajudar. Será que você pode pedir hoje um novo coração também?

Desistir jamais

Vocês precisam perseverar, a fim de que, depois de terem feito a vontade de Deus, recebam tudo que ele lhes prometeu. (Hebreus 10.36)

A perseverança é um alicerce indispensável em nossa jornada de fé. É ela que nos conduz firmemente em direção aos propósitos divinos e que nos sustenta no momento em que os desafios se erguem como montanhas diante de nós.

Tenho grande admiração pela história de Thomas Edison,[5] o inventor da lâmpada elétrica. Edison se deparou com inúmeras falhas em seu empenho de criar uma lâmpada que fosse funcional. Os historiadores dizem que ele tentou cerca de mil vezes antes de finalmente obter o maior sucesso da sua vida. Quando alguém o questionou sobre suas falhas, ele respondeu: "Eu não falhei. Apenas descobri 999 maneiras de como não fazer uma lâmpada".

Na vida, acredito que falhas são erros que poderíamos evitar, poupando-nos de muitas "dores de cabeça". No entanto, também as vejo como oportunidades de crescimento e amadurecimento. Eu já errei tanto: falei quando não devia, fiz o que não era certo, reagi sem pensar, alimentei mentiras dentro de mim e depois ficava me martirizando. Mas, hoje, aprendi a me levantar, arrepender, sacudir a poeira e recomeçar outra vez.

Muitas vezes, encontramos desafios que testam a nossa fé e determinação e, nesses momentos, a perseverança se torna vital. Ao enfrentarmos dificuldades, devemos nos lembrar de que cada passo, mesmo que pareça um fracasso iminente, nos aproxima do cumprimento das promessas de Deus. Mulher, você também acredita que Deus nos oferece novas oportunidades todos os dias? Pois então, não desista.

---

[5] SILVA, Daniel Neves. "Thomas Edison"; *Brasil Escola*. Disponível em: https://brasilescola.uol.com.br/biografia/thomas-edison.htm. Acesso em: 11 jun. 2024.

Paternidade curada

Vejam como é grande o amor do Pai por nós, pois ele nos chama de filhos, o que de fato somos! [...]. (1João 3.1)

Sempre que medito nesse versículo, sou muito tocada pelo Espírito Santo. Você já refletiu sobre o imenso privilégio de ser chamada filha de Deus? Nestes tempos em que a figura paterna tem sido marcada por ausências e feridas, nosso Pai celestial oferece um amor perfeito e restaurador, capaz de nos sarar profunda e verdadeiramente. Nossa saúde emocional e espiritual começa com esta compreensão de que seu amor é incondicional.

Para muitas, a imagem do pai terreno pode trazer à mente lembranças dolorosas e até mesmo a sensação de abandono. No entanto, Deus é perfeito e nunca nos deixa. Esta é a verdade que abraçou e curou meu coração: eu tenho um Pai que me vê, conhece e se importa comigo.

Mulher, não carregue suas feridas, pois elas podem espalhar amargura e gerar outros ferimentos por aí. Deus deseja curar as áreas machucadas dentro de você, restaurar sua família e criar um ambiente de paz e segurança em sua rotina, ainda que o seu entorno não mude. Aceitar essa dádiva e restauração faz com que nossas cicatrizes testemunhem em alto e bom som o poder redentor de Deus de maneira ainda mais poderosa que nossas próprias palavras.

Em cada momento da sua vida, especialmente diante dos desafios, lembre-se de que você é amada e cuidada por um Pai perfeito. Hoje é dia de recordar esta verdade: você não apenas tem um pai, mas um bom Pai.

Alfa e Ômega

E disse ainda: "Está terminado! Eu sou o Alfa e o Ômega, o Princípio e o Fim. A quem tiver sede, darei de beber gratuitamente das fontes da água da vida. (Apocalipse 21.6)

É provável que você já tenha cantado esta clássica canção[6] e declarado: "Maranata, Cristo, Filho, Mestre, Ó vem, ó vem, ó vem, Senhor Jesus". Sim, ele virá em breve, com majestade e poder. Todo olho o verá e toda língua confessará que Cristo é o Senhor.

Ele é o início de todas as coisas; criou e sustenta o Universo. Ao mesmo tempo, é o fim delas, porque promove o cumprimento dos seus propósitos e a restauração final de tudo. Em suas mãos, está o poder de abrir portas que ninguém pode fechar e de fechar aquelas impossíveis de abrir.

A nossa tendência é amar o Deus Alfa, aquele que nos apresenta oportunidades e nos guia em novos começos; no entanto, geralmente, esquecemo-nos de que o Senhor também é o Deus Ômega, aquele que nos conduz para o fim. A questão é que, na maioria das vezes, não lidamos tão bem com os finais. Ainda que alguém viva uma vida longa aqui na Terra, por exemplo, e faleça aos cem anos, haverá choro. É verdade que existem finais prematuros, que não compreendemos, mas, ao aceitarmos a soberania de Deus, temos sossego em admitir que o Senhor não é apenas o Deus do início, mas também o Ômega, o Deus do fim.

Que você abrace tanto os começos quanto os fins que Deus lhe apresentar e seja aprovada em ambos. Oro para que a sua vida reflita a confiança de que ele está no controle de todas as coisas, assim poderá cantar, agora, com todo o ar de seus pulmões e a convicção de seu coração: "Tu que estás assentado no trono/Sempre reinando, soberano". Ele sabe o que faz.

---

6 BORBA, Asaph. In: BORBA, Asaph. Louvores Inesquecíveis. [s.l.]: Musile Records, 2011. CD. Faixa 1.

A compaixão transforma o mundo

Sejam misericordiosos, assim como seu Pai é misericordioso. (Lucas 6.36)

Uma ordem divina para aquecer corações frios e restaurar almas feridas; a dar o abraço silencioso que conforta na hora da dor, a levantar o que está caído, declarando uma palavra gentil que acalma o espírito aflito — essa é a compaixão, poderosa e transformadora. Jesus nos chama a sermos misericordiosas como é o nosso Pai celestial.

Catherine Booth, co-fundadora do Exército de Salvação, inspira-me muito como alguém que se desprendeu de seu próprio egoísmo e olhou compassivamente para o seu entorno. Em uma época de grandes problemas sociais e econômicos, essa mulher extraordinária não apenas pregou sobre o amor e a misericórdia de Deus, mas viveu esses princípios de maneira palpável. Ela e o marido, William Booth, dedicaram suas vidas a ajudar os marginalizados, inaugurando abrigos, cozinhas comunitárias e programas de reabilitação para aqueles em necessidade — uma ação que se estende aos nossos dias.[7]

O Evangelho não é apenas para ser ouvido, mas colocado em prática. A compaixão por aqueles que sofrem e estão doentes, desamparados ou carentes é uma expressão tangível do amor de Cristo. Nossa missão neste mundo é promover atos de bondade, por menores que sejam, pois eles têm o potencial de trazer luz, esperança e transformação aos cantos mais escuros da sociedade.

Procure hoje uma oportunidade de ser compassiva com quem passa por momentos difíceis ao seu redor. Ofereça seu ouvido, seu coração e suas mãos. Não se esqueça de que, ao mostrar misericórdia e compaixão, refletimos o coração de Deus para o mundo.

---

[7] Leia mais em: https://www.exercitodesalvacao.org.br/nossa-historia.

Viviane Martinello

Comece de novo

Contudo, tenho contra você uma queixa: você abandonou o amor que tinha no princípio. **(Apocalipse 2.4)**

Para quem aprecia boa música, um concerto ao vivo é uma experiência única — desde a entrada do maestro, a meticulosa afinação de cada sessão de instrumentos até a nota final. Assim que a batuta se ergue, os músicos ficam atentos. Música também é silêncio. Em seguida, seus movimentos indicam andamento, dinâmica, expressão e as entradas de cada naipe. Então, com um golpe vigoroso de graça e energia ou suave como uma brisa, as notas se entrelaçam em uma sinfonia tão sublime e surpreendente, que nos prende do início ao fim da apresentação.

Assim é nossa vida. Quando estamos em sintonia e submissão ao nosso Maestro, fluímos de forma bela e harmoniosa. Porém, ao perdermos o compasso, a beleza e ordem desaparecem. Embora reconhecendo suas obras, esforço e perseverança, Jesus adverte a igreja de Éfeso, destacando a perda do primeiro amor, um alerta que ecoa para nós hoje.

Quanto a isso, deixo alguns conselhos que podem nos ajudar a manter viva a sintonia com o Senhor. Sempre que suas realizações tentarem enganá-la, dizendo que você é suficiente, comece de novo. Uma orquestra não é feita de um instrumento só. Portanto, reaproxime-se de seus irmãos na fé. Quando os elogios e aplausos a fizerem pensar mais a respeito de si mesma do que realmente é, recomece. Se Jesus lhe disser que você tem buscado mais a própria honra do que a dele, é hora de iniciar outra vez. Ao se afastar do lugar secreto e descobrir seu coração frio e distante, volte e conserte. Se o brilho do dinheiro ou bens materiais ofuscar a presença de Deus, abra seu coração para que o Senhor restaure a essência que se perdeu dentro de você.

Não perca de vista o Maestro e, se preciso for, pare e acerte o compasso, a afinação e a harmonia. Lembre-se de onde errou, arrependa-se e retorne às primeiras notas, ao primeiro amor.

Mais preciosa que rubis

Pois a sabedoria vale muito mais que rubis; nada do que você deseja se compara a ela. (Provérbios 8.11)

Imagine que você é convidada por uma joalheria renomada a visitar suas dependências e escolher as joias que quiser. Nada mau, não? Ali, diante de seus olhos, cada peça reluz e reflete um valor e uma beleza imensuráveis. Em meio a tanto esplendor, surge uma condição: escolher essas joias magníficas ou algo de valor imaterial, como sabedoria ou outra virtude. Salomão escolheu a sabedoria divina e prosperou. O livro de Provérbios nos ensina que há algo infinitamente mais valioso do que todas as riquezas materiais: a sabedoria divina. Você optaria por ela?

A sabedoria é mais do que conhecimento; é a aplicação correta do conhecimento em todas as dimensões de nossa vida. É o discernimento que nos guia em nossas decisões, a compreensão que nos ajuda a enxergar a verdade em meio às mentiras, a ter menos palavras e mais ações, menos discursos e mais exemplos. No entanto, adquiri-la requer humildade e disposição para aprender. A Bíblia é a nossa fonte inesgotável de sabedoria. Ao meditarmos nela, permitimos que Deus molde nossos pensamentos e atitudes. Tiago 1.5 nos lembra: "Se algum de vocês precisar de sabedoria, peça a nosso Deus generoso, e receberá. Ele não os repreenderá por pedirem".

Ao buscarmos a sabedoria do alto, encontramos um tesouro mais precioso que qualquer joalheria poderia proporcionar, porque nos capacita a viver de modo pleno e abundante.

Viviane Martinello

Parteiras

Mas as parteiras temiam a Deus e se recusaram a obedecer à ordem do rei; assim, deixaram os meninos viver. (Êxodo 1.17)

Duas mulheres compartilhavam o mesmo chamado, possuíam habilidades semelhantes e carregavam o temor do Senhor dentro de si. Este devocional é um lembrete de que algumas conexões são usadas como instrumentos nas mãos de Deus.

Sifrá e Puá foram as parteiras que trouxeram Moisés à luz. Receberam uma ordem de faraó para matar todos os meninos que nascessem naquele tempo, mas decidiram não gerar a morte. Infelizmente, o mesmo não aconteceu com muitas parteiras da época, que assassinaram bebês inocentes e, com eles, histórias, sonhos e projetos. Hoje, muitas mulheres acabam "matando" — emocional ou fisicamente — outras pessoas ou abortando projetos que estão prestes a se desenvolver.

Nem todos que se aproximam querem ajudar a dar à luz os planos que Deus desenhou para você; muitos são movidos pelo ciúme e inveja. Por outro lado, em meio a esse cenário, o Senhor convoca mulheres que se submetem aos seus princípios, estabelecem seus propósitos e trazem a público o que foi gerado em segredo. Deus conecta mulheres que andam no mesmo nível de renúncia e entrega, que se alegram ao ver projetos e sonhos nascendo. Elas colaboram com o nascimento do que pode salvá-las no futuro.

Busque suas Sifrás e Puás. Sabe como reconhecê-las? Elas amam assistir e participar do nascimento dos planos de Deus em sua vida. Juntas, vocês cooperarão com o Senhor na concepção dos desígnios do Céu para as nações.

Aprenda a continuar

[...] *Deus cuida de seus amados enquanto dormem.* (Salmos 127.2)

Como permanecer quando não vemos resultados? Existem momentos em que jejuamos, oramos e clamamos a Deus, mas as situações não apresentam melhora e, às vezes, até parecem piorar. Sentimos que aquele ânimo inicial já não mais nos impulsiona, e a mesmice angustiante nos deixa sem perspectiva de uma possível mudança. Sim, são fases desafiadoras em que nem as noites dormidas são capazes de nos oferecer o descanso que tanto buscamos. Porém, existe algo que não podemos perder de vista: Deus também trabalha no turno da noite.

No salmo 127, lemos que o Senhor cuida daqueles que ama enquanto dormem. Mesmo quando não percebemos, o Pai zela por nossa vida, atua em nosso favor e provê o sustento que precisamos para continuar na caminhada. Algumas estações que vivemos são como uma eterna escuridão: noites intermináveis de choro e lamento, que desesperam e inquietam a nossa alma. No entanto, em meio à tristeza profunda, Deus não deixa de agir.

Nessas horas, tenha paciência. Aprenda a meditar na verdade de que os planos de Deus cooperam para o seu bem, e apegue-se à promessa de Cristo, quando afirmou que estaria sempre conosco, até o fim dos tempos (cf. Mateus 28.20). O Senhor não se esqueceu de você, mas é preciso entender que há frutos que só colheremos através da perseverança. Por meio dela, adquirimos transformações preciosas e profundas em nosso coração; difíceis de serem perdidas.

Neste dia, eu a encorajo a continuar. Não desista antes do tempo, pois a maturidade em Deus é conquistada conforme permanecemos nele. Enquanto você descansa a sua cabeça no travesseiro, creia que o Pai está moldando o seu coração e cuidando de todas as suas necessidades.

Viviane Martinello

A Terra aplaude o que o Céu despreza

***[...] Não havia nada de belo nem majestoso em sua aparência, nada que nos atraísse. Foi desprezado e rejeitado [...]*. (Isaías 53.2-3)**

A lógica terrena não está alinhada à sabedoria do alto. Muitas vezes, quando nos baseamos em nossos sentimentos, pensamentos, desejos carnais ou até mesmo naquilo que dizem a nosso respeito, corremos o risco de desprezar o que é valioso para o Senhor, assim como aconteceu na época de Cristo. Mesmo sendo o próprio Deus, ele foi rejeitado, insultado, agredido e crucificado pelas pessoas de seu tempo.

Temos a tendência de confundir a aprovação do Pai com a aprovação dos homens, e pensamos que agradar os que estão à nossa volta é um sinal de que estamos no caminho certo, alinhadas à vontade divina. Porém, isso não é verdade. O que acontece, na prática, é que a Terra, geralmente, aplaude o que desagrada o Céu. O que este mundo despreza pode ser precioso para o Senhor, então esteja atenta e não caia no engano de buscar o louvor de homens.

A instabilidade humana não pode ser o nosso chão, pois somente Cristo é inabalável. Por isso, eu criei o hábito de dizer algo para mim mesma todos os dias: "Viviane, você precisa andar com Jesus e ser parecida com ele. O resto é consequência". Aconselho você a também meditar nessa verdade. Nós não somos definidas pelo que sentimos ou pensamos, tampouco pelas opiniões e achismos alheios. Precisamos desesperadamente ouvir o que o Pai revela sobre nós e nos apegarmos firmemente a isso.

Uma amiga como Isabel

Em alta voz, Isabel exclamou: "Você é abençoada entre as mulheres, e abençoada é a criança em seu ventre!". (Lucas 1.42)

Deus deseja usar a nossa vida, ao longo da caminhada, para ajudar nossos irmãos e irmãs a cumprirem a missão para a qual foram chamados. Por isso, há alguns anos, eu idealizei o projeto "Casa de Isabel", uma plataforma em que diversas mulheres ao redor do mundo podem se conectar, receber ensino, cuidado e aconselhamento. Escolhi esse nome porque a relação entre Maria e Isabel é uma das que mais me chama a atenção na Bíblia.

Em Lucas 1, lemos que as duas eram parentes e foram aliançadas em um mesmo propósito: Isabel, uma mulher estéril e já idosa, engravidou de João Batista, aquele que prepararia o caminho para o ministério de Jesus; enquanto Maria, uma moça jovem e ainda virgem, carregava em seu ventre o próprio Cristo.

Quando elas se encontraram, Isabel foi tomada pelo Espírito Santo e reconheceu imediatamente o grande chamado de Maria, oferecendo-lhe conforto, segurança e comunhão espiritual. Ela era extremamente fiel ao que o Senhor dizia e acreditava nas promessas divinas mesmo que parecessem impossíveis. Além disso, apesar de ser mais sábia e experiente, demonstrou humildade; ela não invejou Maria nem questionou a Deus por tê-la escolhido para gerar o Salvador.

Poder contar com alguém para nos sustentar em nossa jornada com Jesus nos garante crescimento espiritual e fortalece a nossa fé no Senhor. Talvez, as mulheres que rodeiam você, hoje, precisem de uma palavra de encorajamento ou de um conselho sábio. Então, seja essa cristã madura e sensível ao Espírito Santo; seja uma amiga como Isabel, que levará clareza, suporte e direcionamento aos outros.

Viviane Martinello

Enganos sutis

Não sejam egoístas, nem tentem impressionar ninguém. Sejam humildes e considerem os outros mais importantes que vocês. (Filipenses 2.3)

Nos últimos anos, Deus tem confiado posições de influência em minhas mãos, o que me levou a um nível maior de exposição. Sei que isso também acontece com muitos líderes cristãos, pessoas que alcançam o mundo inteiro ministrando em igrejas e compartilhando o Evangelho nas redes sociais. Entretanto, entendo também que essa popularidade exige muita cautela, pois constantemente corremos o risco de ceder à vaidade e à tentação de nos enxergamos como mais importantes do que os outros.

É comum que muitos queiram usar os cargos de influência como uma forma de suprir suas carências e curar dores na alma, e essa busca por vanglórias pode fazer com que se esqueçam de seu propósito e identidade. Portanto, mulher, atente a essas armadilhas e posicione-se com sabedoria quando começar a receber muitos elogios por algo em que você se destaca.

A comunhão com os irmãos nos ajuda a vencer as estratégias de Satanás. Procure líderes que possam acompanhá-la, submeta-se à autoridade deles, seja uma ovelha humilde que se deixa ser cuidada por seus pastores e não caminhe sozinha. Tenha alguém a quem prestar contas, ser vulnerável e mostrar suas fraquezas.

Não seja conduzida por pessoas erradas, com motivações dúbias escondidas, nem deixe que o orgulho e o desejo desenfreado de exaltar a si mesma ofusquem em seu coração o nome de Jesus, aquele que é de fato digno de ser glorificado. Escrevo isso com muito zelo e temor, porque entendo que eu mesma preciso proteger o meu coração para jamais me desviar da vontade e do amor do Pai. A minha oração é que Deus nos livre dos enganos sutis do Inimigo.

Malta, lugar inesperado

A tempestade terrível prosseguiu por muitos dias, escondendo o sol e as estrelas, até que perdemos todas as esperanças. (Atos 27.20)

Em Atos 21, Paulo foi acusado pelos judeus e preso em Jerusalém. Após ter sido interrogado por diversos líderes, embarcou em um navio e seguiu viagem até Roma como prisioneiro. Porém, durante o percurso, a tripulação foi atingida por uma terrível tempestade, e o barco foi levado pelos fortes ventos até uma ilha chamada Malta.

Naquele local inesperado, Paulo e os tripulantes encontraram um povo bondoso, que lhes ofereceu abrigo, presentes e suprimentos para a viagem. Além disso, a Bíblia conta que o Senhor realizou muitos milagres através do apóstolo, e diversos enfermos foram sobrenaturalmente curados na ilha.

Mulher, assim como a tempestade redirecionou a trajetória do navio, as tribulações da nossa vida, aquilo que não foi programado e os obstáculos indesejados também alteram a nossa rota e podem ser usados por Deus para nos alinhar à sua vontade. Por isso, não se desespere em meio aos tempos desafiadores nem se assuste diante dos imprevistos que surgirem, porque eles podem levá-la até Malta, um local onde você será surpreendida, abastecida e usada como instrumento para a glória do Senhor.

As situações que fogem ao nosso controle nos amadurecem, fortalecem a nossa fé e se transformam em testemunhos da bondade de Deus, se permitirmos. Então, no momento em que as ondas atingirem o seu navio, mantenha a confiança na soberania do Senhor, pois ela apontará a direção certa. Assim como Paulo disse aos homens que o acompanhavam no barco, eu encorajo você hoje: tenha bom ânimo.

Viviane Martinello

Uma mulher de honra

A mulher virtuosa coroa de honra seu marido, mas a que age vergonhosamente é como câncer em seus ossos. **(Provérbios 12.4)**

Nós já conhecemos a mulher virtuosa descrita em Provérbios 31, mas o capítulo 12 do mesmo livro nos traz uma característica importante deste modelo a ser seguido: a honra. Quando nos portamos de acordo com os princípios da Palavra de Deus, ganhamos maturidade, sabedoria e discernimento que, além de nos beneficiarem, abençoam todos ao seu redor.

A mulher virtuosa tem a capacidade para transformar o seu lar, pois cuida dos seus com zelo, ensina valores bíblicos aos filhos e coroa de honra o seu marido por meio do seu bom procedimento. Como mulher, você necessita compreender o impacto que pode causar em sua família e casamento. Que Deus nos livre de ser como câncer nos ossos para o nosso cônjuge e nos ajude a agir com pureza, mansidão e dignidade no lugar em que somos mais necessárias: dentro da nossa casa.

Cuidado para não expor a si mesma, seus filhos e seu marido através de atitudes vergonhosas, que não refletem o caráter de Cristo. Que, a cada dia, resgatemos o princípio da honra, agindo com respeito, amor e consideração, a começar pela nossa casa. Quantas vezes somos gentis e educadas com aqueles que mal conhecemos, mas falhamos em tratar com carinho e paciência a nossa própria família?

Se o seu lar estiver tomado por desonra, discórdias e indiferenças, clame ao Pai por quebrantamento, arrependimento e restauração. Assuma, hoje, a responsabilidade de ser uma mulher virtuosa que edifica o seu lar, carregando a convicção de que a graça divina e o poder sobrenatural do Espírito Santo irão capacitá-la nessa importante missão.

Quando Deus muda os nossos planos

***É da natureza humana fazer planos, mas a resposta certa vem do* SENHOR. (Provérbios 16.1)**

Muitas de nós costumamos nos achegar a Deus com o bolo pronto para que ele apenas assopre as velas. Planejamos minuciosamente o futuro de acordo com a nossa própria vontade e, às vezes, tudo o que pedimos em oração é que o Senhor abençoe o roteiro que nós mesmas idealizamos. Porém, caminhando em intimidade com ele, percebi que não funciona dessa maneira.

Por vezes, ele mudará a nossa rota, e isso pode gerar angústias profundas em nosso coração, pois temos a tendência de querer assumir o controle de todas as situações em nossa vida. No entanto, andar em fé é prosseguir de olhos fechados e aguçar a nossa audição à voz do Espírito Santo, que jamais nos conduzirá erroneamente. Nem sempre saberemos o que irá acontecer, mas carregamos a certeza de que o Senhor é soberano e sabe o que está fazendo.

Em certos momentos desafiadores que tive de enfrentar ao longo dos anos, eu chorava, sofria e, no meu entendimento limitado, era incapaz de compreender o que Deus estava realizando por meio daquelas situações. Contudo, lembro-me de que certa vez senti o Pai falar ao meu coração: "Será que você pode confiar em mim?". Ele não me explicou o que eu gostaria de saber, mas me convidou a ser dependente e descansar em seu amor.

Talvez, neste 22 de agosto, Deus esteja guiando você por uma direção que não estava em seus planos. Será que você está pronta para entregar o seu caminho a ele? Se os acontecimentos não se desenrolarem como o esperado, você confiará na soberania e amor do Pai? Mulher, deixe que o Senhor faça em sua vida aquilo que somente ele pode realizar.

Isso não me representa mais

[...] o Senhor, que é o Espírito, nos transforma gradativamente à sua imagem gloriosa, deixando-nos cada vez mais parecidos com ele. (2Coríntios 3.18)

Há muito tempo eu não renovava a minha carteira de identidade. Não foram poucas as vezes em que pessoas analisavam o meu documento e, em seguida, olhavam confusas para mim. Apesar de eu ser uma mulher adulta, a foto era a de uma menina de 17 anos, muito diferente do que sou hoje. Então, decidi fazer uma identidade nova, já que a antiga não me representava mais.

Depois de renová-la, fui até o local de emissão buscar o documento. Ao chegar no carro com ele em mãos, a voz de Deus me encontrou e me levou a refletir sobre aquela adolescente tímida, que colecionava diversas inseguranças, incertezas e não compreendia quem era de fato. Observando a minha nova foto, notei que agora sou uma mulher segura, resgatada, que carrega a certeza de ser uma filha amada do Pai. Eu mudei, e glória a Deus por isso.

Em sua segunda carta aos coríntios, Paulo escreve que o Senhor deseja nos transformar gradativamente, tornando-nos cada vez mais parecidas com Jesus. Isso significa que, assim como aquele meu documento, os nossos pensamentos e atitudes precisam ser renovados de tempos em tempos para que estejam de acordo com a nova identidade que recebemos dos Céus.

Quem sabe você não se identifica mais com a forma como se veste, os lugares que frequenta e os amigos com quem convive, e isso faz parte do processo de crescimento espiritual ao qual Deus nos submete. Se esse é o seu caso, chegou o tempo de mudar certos hábitos e comportamentos, a fim de renovar a sua imagem e refletir o caráter de Cristo que está sendo formado em seu interior. Mulher, o meu conselho para você hoje é: abandone aquilo que já não a representa mais.

De volta à pescaria

Simão Pedro disse: "Vou pescar". "Nós também vamos", disseram os outros. Assim, entraram no barco e foram, mas não pegaram coisa alguma a noite toda. (João 21.3)

Quando estamos frustradas com o presente, o passado se transforma em uma fuga atrativa, e desistir diante dos desafios nos parece tentador. Nessa passagem de João, ao decidir que iria pescar, Pedro se encontrava exatamente nesta situação: decepcionado consigo mesmo e desacreditado das promessas de Deus.

Antes do seu encontro com Jesus, pescar era o que ele estava acostumado a fazer, e aquela tarefa tão familiar parecia ser a única coisa que lhe traria conforto para a alma. Entretanto, mesmo com a ajuda de seus amigos, não pegou nenhum peixe, o que nos mostra que voltar aos velhos hábitos não é sinônimo de restauração, ou garantia de que acharemos o que estamos procurando.

Após negar a Cristo, Pedro percebeu que não era quem pensava ser e viu-se incapaz de lidar com essa verdade. Aquele que um dia disse: "Senhor, estou pronto a ir para a prisão, e até a morrer ao seu lado" (cf. Lucas 22.33), foi o mesmo a proferir: "Nem mesmo conheço esse homem!" (cf. Mateus 26.72). Sentiu-se uma farsa.

No entanto, Jesus não foi pego de surpresa. Ele já estava ciente de que isso aconteceria, e foi na "pescaria da fuga" que achou o seu discípulo, envergonhado, frustrado e desiludido. Só que esse não é o fim dessa história. Da mesma forma como ocorreu com Pedro, quando reconhecemos nossos erros, Cristo nos resgata e chama novamente.

Talvez você também tenha voltado a pescar recentemente, buscando no passado algum alívio para a sua dor. Mas saiba que o Mestre permanece na beira da praia, esperando que você retorne com sua rede vazia, para reacender a chama em seu coração mais uma vez. Vá ao encontro dele agora. Não é o fim.

Uma princesa de verdade

***Se somos seus filhos, então somos seus herdeiros e, portanto, co-herdeiros com Cristo [...].* (Romanos 8.17)**

Certa vez, eu e minha família viajamos para os parques de diversões da Disney. Minha filha mais nova, Isabela, vestiu-se de princesa para visitar o Castelo da Cinderela, mas, em determinado momento, frustrou-se com uma situação, tirou sua coroa e disse: "Eu não sou uma princesa de verdade!". Naquele instante, surpreendentemente, identifiquei-me com ela. Quantas vezes, em meio às minhas falhas e decepções, também não havia esquecido da minha identidade de filha do Rei e coerdeira com Cristo, incapaz de acreditar nas verdades que a Palavra dizia a meu respeito.

No entanto, em questão de segundos, olhei bem nos olhos dela e afirmei: "Você é, sim, uma princesa de um Reino de verdade, que existe". Recordei das ocasiões em que sentira o Espírito Santo interceder por mim em minhas fraquezas, quando eu mal sabia o que dizer ao Pai; era como se ele reposicionasse no lugar certo a coroa com a qual o Senhor me presenteara por meio do sacrifício de Jesus.

Devagar, coloquei novamente a coroa na cabeça da Isabela e enxuguei suas lágrimas, dizendo: "Filha, as frustrações não podem roubar o seu posto de princesa. Seja forte e corajosa". E tomei aquela afirmação para mim também. Seguimos normalmente o passeio pelo parque, mas, naquele dia, meu coração fora ministrado através da minha caçula.

Mulher, como aconselhei a Isabela, digo também a você: não deixe as frustrações roubarem a identidade que você recebeu de Deus. A Palavra é clara em afirmar que somos filhas amadas de um Rei soberano, misericordioso e bom. Por isso, use hoje sua coroa com ousadia e confiança.

O resgate da doçura

Rute respondeu: "Não insista comigo para deixá-la e voltar. Aonde você for, irei; onde você viver, lá viverei. Seu povo será o meu povo, e seu Deus, o meu Deus". **(Rute 1.16)**

Noemi perdera seu marido e os dois filhos, viu-se sozinha, desamparada e amargurada. Porém, quando parecia ser o fim, descobriu o amor através de sua nora. Rute a amou quando Noemi não conseguiria proporcionar a ela benefício algum. A futura esposa de Boaz, mesmo diante da crise, perigo e falta de perspectiva, decidiu não abandonar a sogra.

Sabemos o quão difícil é estar ao lado de uma pessoa contaminada pelo pessimismo, mas Noemi encontrou alguém que não desistiu dela. Com isso, quero lhe deixar dois ensinamentos muito importantes. Primeiramente, Jesus também não desistiu de nós. Assim como Rute, ele foi leal até o fim e se entregou por amor. Então, ao sentir a solidão bater à porta, lembre-se de que você tem um amigo que sempre permanecerá ao seu lado durante a caminhada e a ajudará no processo de cura das suas feridas.

Outro ponto importante é que o Pai nos presenteia com amizades como a de Rute, que nos auxiliam em nossos momentos mais angustiantes. Essas pessoas, raríssimas e valiosas, refletem o caráter de Cristo, são capazes de resgatar quem somos quando nos perdemos de nós mesmas e de nos conduzir de volta ao lugar certo. Esteja disposta a construir relacionamentos profundos com elas.

Se você também é uma mulher que, hoje, está angustiada e desesperançosa, quero encorajá-la a ler e prestar atenção na história de Noemi. O Senhor a curou, colocou pessoas certeiras em seu caminho, restaurou em sua vida o que parecia estar completamente perdido, e ele pode fazer o mesmo com você. Esse amor sobrenatural e provedor é capaz de resgatar a doçura do coração mais amargo. Por isso, apegue-se a ele.

E se eu desanimar?

***Não tenha medo nem desanime, pois o próprio* SENHOR *irá adiante de vocês. Ele estará com vocês; não os deixará nem os abandonará.* (Deuteronômio 31.8)**

Não foi uma nem duas vezes em minha vida que pensei: "Agora acabou!". Mas o Senhor, com sua graça e sabedoria, interveio dizendo: "Este é apenas o começo. Ajuste sua perspectiva à minha, filha". Pacientemente, o Espírito Santo me conduziu ao entendimento de que Deus não está sujeito às instabilidades das situações em meu entorno, pois ele é inabalável, poderoso e imutável. Isso significa que precisamos enxergar as circunstâncias utilizando os óculos da fé, que nos ajudam a focar na onipotência e soberania do Pai, maiores do que todas as nossas limitações.

Desde então, tenho aprendido a trocar o peso das cobranças internas e externas por uma amizade com Cristo, que desembaraça toda a confusão em minha mente e traz tranquilidade para os meus dias. Em meio ao turbilhão de emoções do meu coração indeciso e enganoso, decido diariamente fixar meus olhos nele, o que aumenta a minha convicção a respeito da realidade sobrenatural dos Céus. E, assim, quando tudo se aquieta aqui dentro, ouço a voz de Deus outra vez em meu coração: "Eu estou aqui!".

Mulher, não importa o quanto você esteja cansada ou assustada frente às provações, as promessas do Pai para a sua vida não mudam. Mesmo que se sinta incapaz, pequena e até soterrada por sentimentos e pensamentos nocivos, Deus permanece grandioso, invencível e excelso. Ele não saiu do trono. Ele não mudou, nem por um segundo. Confie no Senhor e continue buscando a sua presença, pois é certo que ele virá ao seu socorro.

Posicionamento correto para um tempo oportuno

Mardoqueu tinha uma prima jovem, muito bonita e atraente, chamada Hadassa, também conhecida como Ester. Quando o pai e a mãe de Ester morreram, Mardoqueu a criou como sua própria filha. (Ester 2.7)

Ester é uma inspiração para qualquer mulher. Exemplo de coragem e sensibilidade à voz do Senhor, essa bela jovem continua a nos ensinar depois de séculos e mais séculos. Contudo, neste devocional, gostaria de dar enfoque em Mardoqueu. Sua prima precisava de alguém que se importasse com seu coração e percebesse o seu potencial para lembrá-la do seu propósito, e ele foi esse amigo sincero e encorajador. Quando a posição de rainha e os benefícios do palácio tentaram falar mais alto na mente de Ester, Mardoqueu trouxe sabedoria e direcionamento.

Creio que podemos extrair grandes aprendizados da postura desse homem de Deus, que não atacou ou apontou o dedo para a sua parente privilegiada, mas decidiu, de maneira madura e assertiva, abrir os olhos da jovem rainha para que enxergasse quem era e a missão que tinha em suas mãos. Lendo a narrativa bíblica, os capítulos nos revelam que Mardoqueu era simples e humilde, mas ousado em suas palavras, alinhadas com a vontade do alto. O seu posicionamento foi o gatilho necessário que gerou em Ester o posicionamento correto para um tempo oportuno.

Eu e você necessitamos ser como ele: permanecer assentadas às portas do palácio, atentas e vigilantes, desprovidas de interesses mesquinhos que abafam a verdade, leais e sempre dispostas a lembrar aos outros de suas identidades em Deus. Ao auxiliarmos outros a se posicionarem do modo correto, toda uma nação pode ser liberta.

Viviane Martinello

Fique diante de todos

Jesus disse ao homem com a mão deformada: "Venha e fique diante de todos". **(Marcos 3.3)**

O ministério de Cristo fascina e nos ensina lições preciosas, pois cada uma de suas atitudes carregava uma intenção clara e premeditada. Em Marcos 3, lemos sobre a cura da mão deformada de um homem. Ao realizar aquele milagre em um sábado, Jesus repreende os fariseus pela sua religiosidade e traz uma perspectiva mais profunda a respeito da lei.

Algo que também me chama a atenção nesse trecho é que a exposição fez parte do processo de restauração, como aconteceu no episódio da mulher com fluxo de sangue, no qual Jesus faz questão de perguntar "Quem tocou em mim?" (cf. Lucas 8.40-48). Isso nos indica que, às vezes, precisamos ser expostas para que sejamos curadas, porque, enquanto escondemos e encobrimos nossas imperfeições, impedimos que certas atrofias emocionais e espirituais sejam trazidas à luz e tocadas pelo poder sobrenatural do Senhor.

Por isso, é importante que você tenha pessoas de confiança e tementes a Deus, com quem possa ser vulnerável e livre para revelar segredos que talvez ainda permaneçam escondidos em seu interior. O isolamento pode ser um refúgio perigoso e enganoso, pois o plano divino é que andemos em comunhão com a nossa família espiritual, a fim de receber suporte e aconselhamento.

Lembre-se de que as pessoas com quem convivemos não somente verão nossas deformidades, mas presenciarão as lindas transformações que Jesus quer realizar em nossa vida. Quando andamos com Cristo, não permanecemos com mãos atrofiadas e escondidas. Em vez disso, experimentamos exposições necessárias e grandes milagres. Então, mulher, direciono o convite de Jesus a você hoje: "Fique diante de todos". Venha para a comunhão, a cura a espera.

Você não é a história da sua família

O SENHOR *tinha dito a Abrão: "Deixe sua terra natal, seus parentes e a família de seu pai e vá à terra que eu lhe mostrarei".* (Gênesis 12.1)

Terá, o pai de Abrão, tinha o plano de se mudar para Canaã com seus familiares, mas, antes de chegarem ao destino, pararam em Harã e permaneceram ali (cf. Gênesis 11. 31-32). Quando seu pai já não era mais vivo, Abrão recebeu um chamado do Senhor e saiu da terra onde sua família havia se estabelecido, direcionado pela promessa divina.

É interessante notar que a história de Abraão não foi a mesma de Terá, por isso quero utilizar esse exemplo para assegurar algo importante a você hoje: a história da sua família não precisa ser a sua. Às vezes, é necessário nos desprendermos de onde criamos raízes para que sejamos curadas e nos tornemos capazes de cumprir a missão que Deus nos concedeu. Mais do que sair da casa dos nossos pais, eu me refiro a uma quebra de ciclos, hábitos e mentalidades que você talvez tenha adquirido pela forma como foi criada.

Além disso, é essencial compreender que os erros cometidos pela nossa família não definem o nosso futuro. Mesmo que o casamento dos seus pais tenha sido permeado por brigas e culminado em um divórcio, você pode, sim, ter um relacionamento saudável e duradouro. Ainda que a forma como foi tratada quando criança a tenha causado receio de se tornar mãe, o Senhor pode capacitá-la, sarar suas inseguranças e auxiliá-la na linda jornada da maternidade.

Como Abraão, apenas obedeça à voz de Deus. Creia que ele tem algo totalmente novo para realizar em sua vida, porque o seu poder é capaz de transformar qualquer história. Siga viagem em direção aos planos divinos; você não vai se arrepender.

Não se aproprie do que não é seu

[...] Então Absalão foi a Hebrom. Enquanto estava lá, porém, enviou em segredo mensageiros para todas as tribos de Israel. Eles diziam às pessoas: "Assim que ouvirem as trombetas, digam: 'Absalão foi coroado rei em Hebrom!'". (2Samuel 15.9-10)

Davi recebeu do Senhor a sua posição de rei, mas Absalão, movido pelo orgulho, tramou contra seu próprio pai a fim de tomar para si o trono. O fim dessa trama foi lamentável; Absalão morreu em batalha, e Davi sofreu profundamente por sua perda: "O rei ficou muito abalado. Foi para o quarto que ficava sobre o portão da cidade e começou a chorar. Andando de um lado para o outro, clamava: 'Ah, meu filho Absalão! Meu filho, meu filho Absalão! Quem me dera eu tivesse morrido em seu lugar! [...]'" (2Samuel 18.33).

Podemos tirar um aprendizado poderoso dessa triste história: não devemos cobiçar o que não foi desenhado para nós. Aquela posição não pertencia a Absalão e, como ele, também corremos o risco de tentar nos apropriar de cargos, títulos e até mesmo reproduzir o chamado que foram desenvolvidos para outras pessoas e não se encaixam em nossa realidade.

Não seja infiel ao próximo nem queira desfrutar daquilo que não foi feito para você. Viver o que foi planejado para nós nos dá legitimidade para atuar com autoridade. No tempo certo, o Senhor a colocará onde precisa estar, e as portas que ele abrir em sua vida ninguém poderá fechar. Você não precisa se autoproclamar rei, como fez Absalão. Jesus não dava testemunho de si mesmo, mas agia de acordo com as verdades que ouvia do Pai a seu respeito (cf. João 5.31-32); siga o seu exemplo.

Setembro

Perspectiva do Céu

***Então voltou-se para a mulher e disse a Simão: "Veja esta mulher ajoelhada aqui. Quando entrei em sua casa, você não ofereceu água para eu lavar os pés, mas ela os lavou com suas lágrimas e os secou com seus cabelos.* (Lucas 7.44)**

No Evangelho de Lucas, encontramos uma bela história sobre a importância da perspectiva correta. Jesus estava na casa de um fariseu chamado Simão, quando uma mulher, conhecida como alguém de caráter duvidoso, entrou com um frasco de alabastro cheio de perfume. Chorando, molhou os pés de Jesus com suas lágrimas, enxugou-os com seus cabelos, beijou-os e os ungiu com a fragrância caríssima.

Simão, o fariseu, ao se deparar com a cena, ficou chocado. Ele julgou a mulher pelos seus pecados, incapaz de enxergar além. Jesus, no entanto, com sua infinita graça, percebeu algo mais: o arrependimento sincero e o coração cheio de amor e devoção. Ele não focou sua atenção no que parecia mais óbvio, mas escolheu concentrar-se no ato de adoração e contrição daquela moça.

Quantas vezes nos deixamos levar por uma perspectiva como a de Simão em vez de mirarmos no exemplo de Cristo? Em determinadas ocasiões, movidas pelo pessimismo, preconceito, religiosidade, ou mesmo a maldade, decidimos focar a situação na perspectiva errada, sejam aquelas que envolvem os outros ou a nós mesmas. Jesus, por sua vez, convida-nos a olhar além e ver a pessoa que ele ama e valoriza. "Seus pecados estão perdoados [...] Sua fé a salvou. Vá em paz", disse o Mestre àquela mulher (Lucas 7.48,50). Essa atitude nos revela que o amor e o arrependimento genuínos são mais importantes que qualquer rótulo humano.

Mulher, ajuste sua perspectiva com a de Cristo hoje. Quem sabe você tem sido muito rápida em julgar, culpar e criticar os outros ou a si mesma. Estenda o perdão, graça e misericórdia com mais facilidade — seja a você ou às outras pessoas. Imite a Jesus, enxergue pela ótica do Céu.

Resolva o seu passado

***Jacó passou à frente e, ao aproximar-se de seu irmão, curvou-se até o chão sete vezes. Esaú correu ao encontro de Jacó e o abraçou; pôs os braços em volta do pescoço do irmão e o beijou. E os dois choraram.* (Gênesis 33.3-4)**

A relação entre irmãos é uma das mais complexas e enriquecedoras na vida de uma pessoa. Desde a infância, compartilham momentos de alegria, brincadeiras, segredos, também disputas e desentendimentos. Se você os tem, sabe do que estou falando.

Embora conflitos sejam comuns, algumas histórias familiares carregam dores e frustrações profundas, como a de Esaú e Jacó. A sensação de traição, somada à venda do direito de primogenitura, complicou drasticamente o relacionamento dos dois, a ponto de Jacó fugir de medo da vingança de Esaú.

O enredo desses gêmeos poderia ser o de dezenas de pessoas que enfrentam embates em suas famílias. Os anos passam, mas o passado sempre retorna. Eventualmente, nosso "Esaú" aparecerá. Por isso, resolver pendências familiares é a decisão mais sábia que alguém pode tomar.

Humildade e arrependimento sempre abrem portas para a reconciliação, e foi o que aconteceu entre os nossos personagens, em uma das conciliações mais belas que a Bíblia narra: enquanto Jacó se ajoelha em sinal de contrição, Esaú corre ao seu encontro e o abraça.

Se há situações não tratadas em sua vida, dê o primeiro passo e resolva-as. Quem sabe sua família tenha se tornado um campo de batalha? Nesse caso, seja você a promotora da paz. Perdoe, libere; peça perdão e seja liberada.

Viviane Martinello

Do ínfimo grão de areia ao sorriso de uma criança

Ele existia no princípio com Deus.
Por meio dele Deus criou todas as coisas,
e sem ele nada foi criado. (João 1.2-3)

No início de todas as coisas, Jesus estava presente. Ele é a Palavra por meio da qual Deus criou todas as coisas; sem ele nada teria sido feito. Ao contemplarmos o mundo ao nosso redor, desde o nascer do Sol até as estrelas cintilando no céu, somos lembradas da grandiosidade do nosso Criador. Cada detalhe da Criação é um reflexo do poder, esmero e sabedoria de Deus.

Se você repara nas flores que desabrocham com cores vibrantes, nas aves que preenchem nossos dias com seus cânticos, e nas ondas do mar que dançam ao ritmo do vento, não há como negar a obra majestosa e monumental do nosso Criador. Cada ínfimo grão de areia, cada sorriso de uma criança, cada brisa suave é uma prova viva do seu amor, cuidado e excelência.

Quando nos permitimos enxergar o mundo sob esse ângulo que exala maravilhamento e fascínio, nosso coração se enche de louvor. O salmista declara: "Os céus proclamam a glória de Deus; o firmamento demonstra a habilidade de suas mãos" (Salmos 19.1). Em nossa rotina diária, podemos facilmente nos distrair com as preocupações e afazeres. Porém, ao pausar e observar a beleza do nosso entorno, somos convidadas a um instante de adoração sincera.

Louvemos ao Senhor, que fez tudo com propósito e perfeição. Que nossos momentos de contemplação nos levem a uma profunda gratidão. Jesus, que estava no princípio de todas as coisas, habita em nosso coração, e graças a ele podemos vislumbrar o infinito amor, graça e poder de Deus. Hoje, permita-se maravilhar com a Criação e deixe que essa admiração se transforme em louvor ao Criador.

Solte a bagagem pesada

"Venham a mim todos vocês que
estão cansados e sobrecarregados,
e eu lhes darei descanso." (Mateus 11.28)

Você está cansada? Descanse. Não tenha receio, durma bem, alimente-se adequadamente, evite barulhos, fuja das multidões e aquiete o corpo e a alma. Sua mente está exausta? Pratique a contemplação, leia um bom livro. Cansar faz parte da vida, é normal. Até das coisas boas, como um dia de praia, nós nos cansamos.

No entanto, se você está sobrecarregada, isso indica que assumiu responsabilidades que não deveria — está carregando uma bagagem além das suas forças. Ter sabedoria para discernir o que nos compete ou não nos livrará da exaustão. Muitas vezes, na intenção de fazer o melhor, acabamos ultrapassando o nosso limite, e isso nos impede de avançar. Nossa vida paralisa e pensamos em desistir, quando, na verdade, só precisaríamos abandonar demandas que jamais deveríamos ter aceitado. Nossa incapacidade de dizer "não" está arruinando nossas prioridades.

Solte, portanto, sua bagagem pesada. Confie suas preocupações ao Senhor e permita que ele cuide daquilo que você não é capaz. Jesus nos chama a uma vida de equilíbrio. Ao nos afastarmos das pressões e encargos constantes e nos voltarmos para ele, encontramos um alívio que nos revitaliza por completo. Esse descanso não é uma fuga, mas uma restauração, porque ele nos capacita a enfrentar os desafios com energia e perspectiva renovadas.

O Senhor quer que tenhamos sabedoria para dizer "não" quando necessário e que busquemos quietude, paz e repouso nele. Aceite o convite de Jesus e solte suas cargas; apenas descanse em sua presença.

Que tal uma faxina?

Cria em mim, ó Deus, um coração puro;
renova dentro de mim um espírito firme. (Salmos 51.10)

Pense naquele sábado em que você acorda bem-disposta, põe um louvor animado e começa a faxina na casa. Então joga fora papéis velhos, faz uma limpa no guarda-roupa, desinfeta banheiros e passa o aspirador de pó nos cômodos. Ao fim do dia, o corpo até pode estar exausto, mas a satisfação de ter um lar cheiroso, arrumado e limpo revigora até a alma. Da mesma forma, nosso coração precisa de uma faxina regular para nos mantermos saudáveis e espiritualmente alinhadas com Deus.

Não vale a pena guardar mágoas, já que elas destroem você. Em vez disso, guarde gratidão e honra, porque estas edificam. Permita que o Espírito Santo faça uma limpeza em seu coração; da inveja, da reclamação, do medo, da insegurança, fofoca e tudo o que tem sujado seu interior, pois tudo isso acumula lixo e pode se voltar contra você no dia de amanhã.

Ao nos desfazermos do que não nos serve mais, criamos espaço para as novas bênçãos e experiências que Deus deseja nos proporcionar. Assim como uma casa organizada nos brinda com bem-estar e tranquilidade, uma alma limpa nos traz um vislumbre do Céu.

Peça ao Senhor que purifique seu coração e renove seu espírito. Descarte o que não edifica e abrace a paz que acompanha uma vida ajustada à sua vontade. A faxina da alma não só traz alívio, mas também nos prepara para o novo que vem do alto.

Não retire as rodinhas antes do tempo

Irmãos, honrem seus líderes na obra do SENHOR. *Eles trabalham arduamente entre vocês e lhes dão orientações.* (1Tessalonicenses 5.12)

Certa ocasião, eu estava com a minha família no parque e decidi tirar as rodinhas da bicicleta da minha filha caçula. Segundo meu entendimento, aquele acessório atrapalhava a aprendizagem e, se eu o retirasse, ela conseguiria se desenvolver melhor e até mesmo alcançar maiores distâncias. Mas não foi o que aconteceu. Isabela ficou insegura e decepcionada porque já não era mais capaz de se equilibrar e, mesmo que eu insistisse, ela se recusava a tentar novamente. Foi então que entendi: no desejo de apressar o processo, retirei as rodinhas antes do tempo e gerei um grande desgaste.

Aquela situação me impactou muito, poque percebo que muitas de nós fazem o mesmo. Paulo, em sua primeira carta aos Tessalonicenses, ressalta a importância dos líderes, aptos para nos orientar em nossa trajetória. Eles funcionam como as rodinhas da bicicleta, que nos dão suporte para prosseguirmos e nos desenvolvermos. No entanto, vejo que muitas mulheres têm dificuldade em pedir ajuda, negligenciam esse apoio tão essencial e caminham de maneira independente mesmo sem maturidade para tal.

Mulher, busque o auxílio de outras pessoas — pastores, amigos, conselheiros e até mesmo psicólogos, se for preciso —, pois Jesus as coloca em nosso caminho para nos aperfeiçoar. Recorra a alguém mais experiente, habilidoso e sábio que você, a fim de evitar quedas dolorosas.

Talvez, você sinta que não consegue progredir em certas áreas da ida por falta de amparo. Então, neste 6 de setembro, ore ao Senhor e peça discernimento para aprender a identificar as pessoas preciosas que estão por perto e que funcionarão como suportes necessários para a estação que você está enfrentando. Um dia, você conquistará novas habilidades e alcançará um nível maior de maturidade, mas, até lá, não retire as rodinhas.

Liberdade e clamor

Portanto, permaneçam firmes nessa liberdade, pois Cristo verdadeiramente nos libertou. Não se submetam novamente à escravidão da lei. (Gálatas 5.1)

Amo o nosso Brasil, e o calendário me lembra que hoje é uma data muito emblemática para nós, brasileiros. Há pouco mais de 200 anos comemoramos a independência do nosso país, o que nos leva à reflexão sobre o conceito de liberdade. Creio que este seja um dia para dobrarmos nossos joelhos e buscarmos a intervenção divina em todas as esferas da nossa sociedade.

A liberdade é um dos bens mais preciosos que possuímos e, como cristãs, entendemos que ela está enraizada em Cristo, que nos desprende do poder do pecado e das trevas. Em Gálatas 5.1, o apóstolo Paulo nos lembra que foi para a liberdade que Cristo nos libertou, e ela é uma convocação para vivermos de maneira que honre a Deus e abençoe as pessoas.

Não há como negar que o Brasil necessita de uma interferência e toque celeste. Somos uma das nações mais ansiosas do mundo; enfrentamos diversos desafios na saúde, educação e segurança, que mantêm o nosso povo em sofrimento e dificuldade. Por essa razão, precisamos nos posicionar em intercessão, pois ela abre portas, realiza o impossível e alcança lugares que talvez jamais pudéssemos chegar fisicamente. A oração também muda realidades dolorosas e liberta os cativos, que de outra maneira não seria possível.

Neste 7 de setembro, não nos esqueçamos de que, apesar dos traços de opressão, pecado e maldade em nossa nação, a maior independência foi conquistada por Cristo na cruz e, pela graça de Deus, é derramada sobre nós, brasileiros, também. Que possamos viver essa liberdade de forma plena, permanecendo firmes na fé, e não deixando de clamar para que as conjunturas do nosso Brasil sejam transformadas pelo poder divino. Que Deus nos abençoe enquanto nação.

Voce já falou de Jesus hoje?

"[...] mas quem bebe da água que eu dou nunca mais terá sede. Ela se torna uma fonte que brota dentro dele e lhe dá a vida eterna". (João 4.14)

Pouco antes de subir aos Céus, Jesus nos deixou a responsabilidade de compartilhar do seu amor e perdão, não como uma opção, mas um comissionamento (cf. Mateus 28.18-20). Nem sempre temos a sabedoria e a graça para cumprir essa missão; por isso, hoje, quero deixar algumas orientações que aprendo com o próprio autor da nossa Salvação.

O encontro de Jesus com a samaritana, em João 4, é uma profunda lição de amor e evangelismo. Cansado da jornada, Cristo se sentou junto ao poço de Jacó e pediu água à mulher. Esse simples ponto de contato nos relembra que gestos corriqueiros podem abrir portas para o coração das pessoas. Em seguida, a passagem conta que o Mestre despertou a curiosidade dela ao falar a respeito da "água viva". Isso nos instrui a abordar a evangelização de forma gradual, permitindo que o Espírito Santo trabalhe pouco a pouco.

Outra atitude que ele nos mostra é que não devemos julgar os outros por rótulos, pecados ou falhas. Ele sondou o coração daquela mulher, conhecia suas intenções e sabia que apenas ele poderia preencher aquele vazio. Por fim, tocou no ponto central e mostrou que a verdadeira adoração não estava confinada a lugares físicos, mas ligada ao relacionamento genuíno com Deus, em Espírito e em verdade. A história avança e termina narrando a transformação da mulher samaritana, que foi tão radical a ponto de fazê-la voltar para a cidade de onde viera e compartilhar da "Água Viva" a todos que encontrara.

Hoje é dia de refletir sobre como você tem enxergado as pessoas e espalhado as Boas Novas em seu dia a dia. Será que tem visto os outros como Jesus os vê? Ame, aproxime-se, demonstre interesse, seja guiada pelo Espírito, foque no potencial de transformação de cada coração e compartilhe dessa Água, a única capaz de saciar a sede para sempre.

Seja paciente com o processo dos outros

***Sejam sempre humildes e amáveis, tolerando pacientemente uns aos outros em amor.* (Efésios 4.2)**

Uma das virtudes que mais amo é a capacidade que certas pessoas têm de desacelerar para esperar o processo dos outros, especialmente quando estes são seus familiares. Vejo muitas mulheres hoje fazendo coro com uma sociedade que valoriza cada vez mais a rapidez e a eficiência a todo custo, e isso acaba gerando no lar um ambiente pesado e de cobranças. O que precisamos entender é que refletir o amor e a paciência em casa é tão nobre quanto realizar um projeto ambicioso fora dela.

A vida com Deus não diz respeito à velocidade, mas está intimamente ligada à constância e persistência diante dos processos. Devemos reconhecer que, assim como nós, cada pessoa tem seu próprio ritmo e trajeto de crescimento. Paulo nos exorta nesse texto de Efésios a sermos humildes, amáveis e pacientes. Suportar uns aos outros com amor vai além de tolerar diferenças; significa acolher os desafios de nossos pais, irmãos, maridos, filhos com um coração cheio de compaixão e benevolência. Isso não é sinônimo de uniformidade, mas compromisso de andar juntos e vê-los trilhando seus próprios caminhos.

Quando desaceleramos, respeitamos a jornada única que Deus traçou para cada um, o que é particularmente importante em nossa casa, porque lá temos a tendência de ser impacientes com mais facilidade do que quando estamos lidando com colegas de trabalho, por exemplo. É nosso papel criar um ambiente onde os membros da nossa família se sintam valorizados e amados.

Nossa paciência e amor são testemunhos vivos do fruto do Espírito em nossa vida. Ao nos posicionarmos desse modo, também aprendemos a depender mais de Deus e a confiar que ele está trabalhando em nós, em nossos familiares e amigos, mesmo quando não podemos ver. Que o Senhor nos dê a sabedoria, humildade e paciência para desacelerar e esperar o processo daqueles que nos cercam, afinal quantos já não tiveram que desacelerar e esperar por nós também um dia?

Brilhe

***Pois antigamente vocês estavam mergulhados na escuridão, mas agora têm a luz no Senhor. Vivam, portanto, como filhos da luz!* (Efésios 5.8)**

Apesar das trevas que nos cercam, eu e você fomos chamadas para ser a luz que brilha intensamente na escuridão. Por mais estranho que pareça, essa é a melhor oportunidade para testemunharmos a fé, a esperança e o amor que recebemos do Senhor.

Quanto mais a humanidade veste os trajes da dor, loucura, maldade e perversão, mais a nossa luz precisa brilhar. Efésios 5.8 nos recorda de que, embora antes estivéssemos submersos em trevas, agora carregamos a luz de Cristo, portanto devemos manifestá-la como filhas da luz; não por vaidade, mas para glorificar o nosso Pai celestial. É por essa razão que a Palavra instrui: "Não faz sentido acender uma lâmpada e depois colocá-la sob um cesto. Pelo contrário, ela é colocada num pedestal, de onde ilumina todos que estão na casa. Da mesma forma, suas boas obras devem brilhar, para que todos as vejam e louvem seu Pai, que está no céu" (Mateus 5.15-16).

Buscar a vanglória e autopromoção é insensato e incoerente. Por outro lado, é impossível desfrutarmos de plenitude na presença de Deus e o nosso rosto e atitudes não refletirem o brilho celeste ou não atraírem pessoas para perto. Mulher, não tenha medo: permita que o seu testemunho brilhe e irradie luz e esperança a esta Terra mergulhada na escuridão.

Se está com medo, avance

O Senhor é minha luz e minha salvação; então, por que ter medo? O Senhor é a fortaleza de minha vida; então, por que estremecer? (Salmos 27.1)

O medo está o tempo todo tentando nos paralisar. Por meio de sussurros mentirosos, ele sempre dá um jeito de se infiltrar em nossa mente e coração para minar nossa confiança em Deus, esperança e alegria. Contudo, pela graça divina, a Bíblia compartilha verdades que nos sustentam, fortalecem e transformam nossa visão em momentos assim.

Davi, em seus salmos, expressa uma confiança inabalável no Deus que é a sua luz, salvação e fortaleza impenetrável, onde podia se abrigar nas situações de angústia e dor. Mas eu pergunto: confiar faz diferença nos desafios diários? Se o seu marido está no leito de um hospital entre a vida e a morte, sim; se o seu filho passa por uma crise de identidade ou se você perdeu o emprego que garantia o sustento de sua família, sim. Quando estamos tentando lidar com o nosso pior pesadelo, precisamos escolher: confiar ou temer. O salmista decidiu olhar para além das suas inquietações e temores e fixar sua perspectiva no alto, porque descobriu que somente Deus poderia capacitá-lo a avançar, ainda que as circunstâncias tentassem paralisá-lo.

Confiar no Senhor e avançar é um ato de fé, uma declaração de que acreditamos mais na força de Deus do que nas ameaças que enfrentamos. Lembre-se das palavras de Provérbios 24.10: "Se você vacilar no momento de dificuldade, sua força será pequena".

Portanto, não permita que a intimidação pare você. Avance com a certeza de que o Senhor é a sua força. Ele a sustenta, guia e capacita para enfrentar seus medos. Em cada batalha, não se esqueça de que o Senhor é a fortaleza da sua vida e com ele, você será vencedora.

Afie seu machado

Trabalhar com um machado sem corte exige muito mais esforço; portanto, afie a lâmina. Esse é o valor da sabedoria: ela o ajuda a ser bem-sucedido. (Eclesiastes 10.10)

Todo trabalhador precisa de ferramentas próprias para exercer sua profissão. O médico precisa do bisturi; o dentista, da broca; o enfermeiro, da agulha; a professora, dos livros e a lista continua. No mundo espiritual não é diferente: recebemos ferramentas que Deus nos entrega para a execução do nosso chamado.

Eu me lembro da época em que o Senhor me direcionou a iniciar uma mentoria on-line para mulheres. Confesso que foi uma surpresa e tanto quando comecei a receber inúmeras confirmações celestiais de que esse era o caminho que deveria trilhar, afinal eu estava longe de ser amiga das câmeras. O curso seria cem por cento gravado, e isso exigiria uma desenvoltura que eu ainda não possuía. A grande verdade é que senti um desejo fora do normal de desistir e fugir daquele desafio. Aquilo parecia tão distante da minha realidade e capacidade! Tudo o que eu conseguia enxergar era uma mulher tímida, insegura e extremamente comum de uma cidadezinha de Santa Catarina. Porém, encorajada pelo Espírito Santo e algumas pessoas de confiança, passei a "afiar o meu machado". Gradualmente, comecei a estudar e colocar em prática as melhores formas de gravar, reter conteúdo, organizar as ideias e desenvolver minha oratória. O resultado? Mesmo com minhas limitações, preparei-me e consegui vencer esse desafio na época. Ao todo, gravei 275 aulas em um ano.

Poucas coisas promovem tanto o espírito de excelência quanto sermos fiéis com o que está em nossa mão. Na dinâmica de Deus, primeiro você é fiel no pouco, para então, ser autorizada a administrar o muito. E não há nada em nossa vida que evidencie mais esse princípio do que aquilo que recebemos como responsabilidade e ferramenta em nosso cotidiano. Se você é uma mãe, cabeleireira, missionária ou advogada, seja excelente com o que Deus confiou a você. Qual ferramenta lhe foi entregue? Qual é o seu machado hoje? Afie-o.

Fé no dia da aflição

***Assim que chegou ao lugar onde Jesus estava e o viu, caiu a seus pés e disse: "Se o Senhor estivesse aqui, meu irmão não teria morrido".* (João 11.32)**

É difícil crer quando nosso coração está despedaçado e nossas orações parecem não ser ouvidas. Foi assim com Maria, que diante da dor pela perda de seu irmão Lázaro, expressou profunda tristeza e desapontamento a Jesus. Em momentos devastadores, como a morte de um ente querido, uma doença inesperada ou outras tragédias, podemos nos sentir como Maria, lamentando a ausência aparente de Deus. No entanto, são nessas ocasiões que a nossa fé é testada, refinada e fortalecida. Cristo não se ofende com a nossa sinceridade e lágrimas; ele as acolhe e se compadece.

Na história de Lázaro, o Mestre recorda que ele tem o poder sobre a vida e a morte. Em outras situações, ele nos ensina a confiar em sua soberania, ainda que o fim não seja o que esperamos. Passar pelas tribulações não é tarefa fácil, mas ele prometeu que estaria conosco (cf. João 16.33).

Isso significa que, ao sermos surpreendidas por notícias avassaladoras, podemos chorar, lamentar e nos entristecer, mas nunca deixar de confiar. A fé não é a ausência de sinceridade diante da dor e, sim, a certeza de que Deus está presente, cuidando de nós, mesmo nas circunstâncias mais sombrias.

Se você está enfrentando uma temporada dolorosa e conturbada, jamais duvide de que Jesus está ao seu lado, pronto a ouvir seu clamor e enxugar suas lágrimas. Ele é a ressurreição e a vida, e pode trazer nova esperança e restauração. Confie, mulher, e permita que sua fé cresça na convicção de que o amanhã pertence a Deus, e ele sabe o que é melhor.

"O que você quer que eu lhe faça?"

"O que você quer que eu lhe faça?", perguntou Jesus. O cego respondeu: "Rabi, quero enxergar". Jesus lhe disse: "Vá, pois sua fé o curou". No mesmo instante, o homem passou a ver e seguiu Jesus pelo caminho. (Marcos 10.51-52)

Enquanto Jesus passava por Jericó, Bartimeu, um mendigo cego, ouviu falar que o Senhor estava perto e começou a clamar em alta voz: "Jesus, Filho de Davi, tenha misericórdia de mim!". Apesar das tentativas da multidão de silenciá-lo, Bartimeu continuou clamando até que o Senhor parou e o chamou.

Em seguida, o Mestre lhe fez uma pergunta inusitada: "O que você quer que eu lhe faça?". Soa óbvio que um cego desejaria ver. Mas Jesus queria que Bartimeu expressasse claramente seu desejo e sua fé, porque enxergar tem um custo. Por mais que não pareça, essa é uma pergunta difícil de ser respondida. Muitos preferem as trevas, pois se sentem seguros e confortáveis na escuridão. A cegueira, para eles, pode ser muito conveniente.

Hoje, o questionamento de Cristo continua ecoando para nós: "O que você quer que eu lhe faça?", afinal de contas enxergar não é uma imposição. Jesus nos desafia a ver a realidade sobre Deus e nós mesmas, e a perceber as distorções que precisam ser corrigidas em nossa vida; só que a resposta que dermos será determinante para o que estamos prestes a receber. Diante da pergunta, Bartimeu afirmou com convicção: "Rabi, eu quero enxergar". Sua necessidade, fé e vontade foram expostas abertamente diante do Mestre, que o curou dizendo: "Vá, pois sua fé o curou".

Nesta hora, tire um instante para refletir sobre esse questionamento. Leve ao Senhor suas preocupações mais profundas e seus desejos sinceros, mas, principalmente, peça que ele abra seus olhos para enxergar o que por muito tempo você pode estar evitando. Então, com fé, faça como Bartimeu e manifeste com clareza a sua resposta ao Senhor.

Não carregue ofensas, carregue lições

[...] Fiquem atentos para que não brote nenhuma raiz venenosa de amargura que cause perturbação, contaminando muitos. (Hebreus 12.15)

Ofensas brotam em nosso coração como uma raiz de amargura. Se permitirmos que ela cresça, nós nos tornamos vulneráveis às mentiras do Inimigo, que nos contaminam, afastam-nos de Deus e nos impedem de construir relacionamentos saudáveis.

Eu já fui ferida por outras pessoas e entendo o quão difícil é ter de lidar com decepções dolorosas. Mas, conforme amadureci, aprendi algo muito importante: não vale a pena carregar ofensas, se posso carregar lições. Quando nos deixamos ofender, ficamos estagnadas e infrutíferas, pois a amargura é um veneno que nos corrói por dentro e afeta até mesmo os que estão à nossa volta. Por esse motivo, sempre preferi dar lugar à lição e extrair sabedoria das situações difíceis.

As frustrações nos ensinam que devemos guardar o nosso coração e nos posicionar de modo diferente do que fizemos até então. Às vezes, fomos vulneráveis sem antes desenvolver uma intimidade profunda; ou geramos uma discussão desnecessária, pois fizemos mal uso de nossas palavras; ou ainda, temos questões mal resolvidas em nossa alma que precisam ser sanadas.

Mulher, não se feche para novas experiências por conta das decepções que você viveu no passado. Aprenda com os relacionamentos que não deram certo, amadureça por meio dos erros e busque sempre fazer uma autoanálise para adquirir ensinamentos preciosos em meio aos desapontamentos. Abandone as ofensas hoje e faça essa oração ao Pai: “Senhor, que diante de cada acontecimento ruim em minha vida, eu decida sempre aprender uma nova lição em vez de me ofender”.

Dignas de confiança

[...] devem mostrar-se bons e inteiramente dignos de confiança [...]. (Tito 2.10)

Em Tito 2, lemos sobre algumas características que revelam a boa conduta de um cristão. Entre as muitas qualidades que encontramos nesse capítulo, penso que ser digna de confiança é uma das mais valorosas, pois ela reflete a integridade, o comprometimento e a excelência encontrados na vida de Jesus.

Em determinadas ocasiões, algumas de nós se envolvem em confusões e causam desentendimentos por não serem confiáveis: não têm discrição, dizem o que não deveriam, agem impulsivamente, fazem comentários indevidos sobre a vida alheia e falam em momentos inoportunos. Porém, como seremos boas amigas, líderes, mães, esposas e profissionais que fazem a diferença na sociedade se não agirmos como alguém em quem se pode confiar?

Por isso, necessitamos ser forjadas pelo Espírito Santo, para que nos apresentemos como dignas de inteira confiança, cristãs que são irrepreensíveis em todos os ambientes — dentro e fora da igreja —, amigas confidentes, idôneas, suporte em meio à dor, sábias, coerentes, prudentes e dotadas de autocontrole; mulheres que sabem guardar segredos, reconhecem a importância de serem discretas quando necessário e escolhem suas palavras com cuidado para serem ditas na hora certa.

O conselho que compartilho hoje é algo que tenho aprendido na caminhada com o Senhor: seja alguém confiável, que exala credibilidade, e busque as virtudes que estão contidas na Palavra. Elas farão de você uma cristã madura e apta para cuidar dos que estão à sua volta com amor e zelo, como o Pai nos encoraja a fazer.

Reconheça suas falhas

***[...] "Você comeu do fruto da árvore que eu lhe ordenei que não comesse?". O homem respondeu: "Foi a mulher que me deste! Ela me ofereceu do fruto, e eu comi".* (Gênesis 3.11-12)**

Quando Adão foi confrontado pelo Senhor a respeito do seu pecado, não teve coragem de reconhecer a sua falha. Em vez disso, culpou Eva e até o próprio Deus ao afirmar: "Foi a mulher que me deste!". Este é um grande exemplo de como nós, seres humanos, temos a tendência de não confessar nossos erros e, ainda, acabamos por procurar um culpado que possa encobri-los.

Imagine, por exemplo, que você respondeu ao seu marido, filho ou amiga de forma grosseira, e justifica essa postura dizendo: "Eu agi assim porque aquela pessoa me irritou". Perceba que, ao transferir a culpa, deixamos de fazer uma autoanálise, e isso nos impede de crescer. A verdade é que, talvez, o problema esteja em você e em sua falta de domínio próprio, por isso a necessidade de sermos sensíveis ao agir do Espírito Santo em nosso interior diariamente.

Mulher, reconhecer falhas é o caminho para o seu amadurecimento e transformação de caráter. Todos erramos, mas, lamentavelmente, muitos preferem dar um "jeitinho" a mudar, crescer e se parecer mais com Cristo. A partir de hoje, posicione-se, aprenda a assumir as responsabilidades por seus atos e deixe que o Pai transforme a sua mente e coração.

Motivações

SENHOR, *tu me sondas e me conheces.* (Salmos 139.1, NAA)

Eu amo a maneira como Davi se relacionava com o Senhor, porque, constantemente, em suas orações e salmos, ele expressava o seu desejo de ser sondado por Deus. A sonda é um tubo de plástico ou borracha usado por médicos para penetrar as cavidades mais profundas do corpo humano em cirurgias e exames.

Por esse motivo, ao dizer "tu me sondas", Davi estava reconhecendo que Deus, em seu poder e soberania, é aquele que nos conhece intimamente, capaz de revelar nossas motivações mais escondidas e iluminar os cantos mais escuros do nosso interior. Como uma sonda, ele alcança o que não conseguimos enxergar e desvenda o que estava oculto.

Tendo isso em mente, eu gostaria de lhe perguntar: por que você faz o que faz? Já parou para refletir sobre as intenções que estão por trás de suas atitudes? Será que suas ações têm origem em um coração bondoso ou estão atreladas ao seu desejo de suprir certas carências, conquistar poder, influência ou receber aprovação?

Muitas pessoas têm dificuldade em entender quais são de fato as suas motivações e se estão com o coração no lugar certo. Felizmente, o salmo 139 nos traz essas respostas, garantindo que Deus é aquele que pode nos apresentar a verdade e tem o poder de nos guiar pelo caminho correto.

O Senhor não quer que o nosso comportamento seja alterado de maneira superficial. Em vez disso, ele deseja expor as motivações mais profundas do nosso ser, para que sejamos transformadas de modo genuíno. O Pai conhece você, então permita-se ser sondada pelo seu Espírito, e veja a mudança acontecer de dentro para fora.

A mentira tem um pai, não seja a sua irmã

Pois são filhos de seu pai, o diabo, e gostam de fazer as coisas perversas que ele deseja. [...]. Quando ele mente, age de acordo com seu caráter, pois é mentiroso e pai da mentira. (João 8.44)

No Evangelho de João, encontramos uma afirmação reveladora de Jesus a respeito da mentira: ela tem um pai, o Diabo. Desde o Éden, o Inimigo utiliza de falsos argumentos para manipular e seduzir a mente humana, com o objetivo de criar inimizade entre Deus e o homem, e levar este último à morte. O próprio Cristo, quando tentado, teve de combater as falas distorcidas de Satanás acerca da Palavra. Por isso, ainda hoje, devemos estar atentas para não cair nessas armadilhas perigosas.

Tome cuidado; abra bem os seus olhos. Se você caminhar ao lado da mentira, irá se tornar irmã dela, afinal terão o mesmo pai. O Senhor, em contrapartida, é o Deus da verdade. Não há nada nele que seja fingido, enganoso ou hipócrita. Ele é o que é, e por esse mesmo caminho nos ensina a ser também.

Não sei você, mas cresci escutando o ditado: "a mentira tem perna curta". Isso quer dizer que não importa o quanto demore, ela sempre nos levará à ruína. Sejam palavras enganosas, atitudes fingidas, manipulações ou quaisquer meios desonestos usados para conquistar algo, as mentiras sempre trazem consequências. Os seus dias estão contados, e o que for construído sobre falsos alicerces será destruído.

Mulher, não se iluda: tudo o que está encoberto, cedo ou tarde, virá à luz (cf. Lucas 12.2-3). Escolha a verdade como fundamento para a sua vida, tendo em mente que essa é a estrada que aponta para a vida eterna. Apesar de trabalhoso, seu destino é seguro, recompensador, inabalável e real.

Você precisa saber o seu lugar

Em seguida, o diabo o levou até um monte muito alto e lhe mostrou todos os reinos do mundo e sua glória. "Eu lhe darei tudo isto", declarou. "Basta ajoelhar-se e adorar-me". "Saia daqui, Satanás!", disse Jesus. [...]. (Mateus 4.8-10)

As tentações que Jesus sofreu quando estava no deserto nos ensinam muito acerca da maneira como Satanás age. Não existe ninguém mais interessado em nos destruir do que o Inimigo. Por essa razão, ele não mede esforços para tentar nos seduzir e posicionar para longe da vontade divina. No entanto, sabemos bem: é melhor estar no deserto com Deus, do que conquistar os reinos do mundo com o Diabo.

Você precisa conhecer sua identidade e ter convicção a respeito de onde deve estar posicionada. Apenas o conhecimento da verdade e a obediência ao Senhor, libertarão você das armadilhas malignas. Cristo, mesmo com fome, sede e submetido ao calor e pressão extremos, foi capaz de vencer as tentações impostas por Satanás. Ele usou da verdade para rebater as afrontas e mentiras. Mas não parou por aí. Jesus não apenas sabia quem era; ele sabia em que lugar e a qual hora deveria estar em cada ambiente, pois tinha sensibilidade ao Espírito.

Assim como o deserto, certos locais e temporadas são desconfortáveis e tendemos a querer fugir deles, mas algo interessante revelado pelas Escrituras é que Jesus foi levado até lá pelo próprio Espírito Santo. Da mesma forma, nós também necessitamos estar sensíveis à voz do Senhor, a fim de que ele nos direcione para os meios que nos farão amadurecer e crescer em intimidade.

Esta tem sido a minha oração constante: "Pai, não me deixe estar onde o Senhor não deseja que eu esteja. Ajuda-me a não buscar por aquilo que não corresponde ao meu chamado e propósito. Leva-me a um relacionamento mais profundo contigo para que eu entenda que o lugar ao qual pertenço se encontra em ti". Que, neste dia, você escolha fazer essa mesma oração e decida permanecer no centro da vontade do Senhor.

Aumente sua casa

***"Amplie o lugar onde mora, construa mais um cômodo, aumente sua casa, e não economize nisso! Pois logo você transbordará para todos os lados [...]".* (Isaías 54.2-3)**

Isaías, no capítulo 54, traz lindas imagens para descrever a restauração da nação de Israel, que, na época, ainda se encontrava sob o domínio babilônico. Essa promessa de renovo e crescimento próspero não se limita aos hebreus, mas se estende a todo o povo de Deus, que, como Igreja, continuará a se multiplicar pela Terra, apegado à esperança da salvação e encorajado pelo amor imutável do Pai.

O profeta nos convida a "aumentarmos nossas casas", assumindo assim a postura de quem tem expectativa pelo novo do Senhor. É certo que Deus realizará grandes coisas em nossa vida, mas isso requer de nós posicionamento e preparo. Se ele a chamou para ser missionária em uma determinada nação, é preciso renovar seu passaporte, aprender a língua daquele país e estudar sobre a cultura local. Talvez, você se sinta vocacionada para o ensino das Escrituras, então é importante que aprofunde os seus conhecimentos teológicos. Se você tem habilidades na cozinha, aperfeiçoe-as por meio de uma graduação em gastronomia ou outros cursos.

Prepare-se para o que o Senhor está fazendo, porque ele já lhe deu recursos, inteligência e dons que tornam você capaz de cooperar para a expansão do Reino dos Céus. Se, por um lado, Deus age para além da nossa capacidade, realizando o que pensávamos ser impossível, por outro, ele também espera de nós proatividade para desenvolver o que já está ao nosso alcance, como servas boas e fiéis. Então, mulher, "aumente sua casa" e a expectativa pelo transbordar do poder divino em sua vida.

A flor mais preciosa

***[...] Observem como crescem os lírios do campo. Não trabalham nem fazem roupas e, no entanto, nem Salomão em toda a sua glória se vestiu como eles. E, se Deus veste com tamanha beleza as flores silvestres [...] não será muito mais generoso com vocês, gente de pequena fé?* (Mateus 6.28-30)**

Hoje, damos as boas-vindas à primavera. Nessa linda estação, o clima caloroso nos faz esquecer dos dias frios, e as flores começam a brotar, colorindo ruas e praças. Ao observar a forma majestosa como a natureza se comporta, não posso deixar de refletir sobre a beleza, o poder e a bondade de Deus.

Assim como Jesus, convido você a prestar atenção à sua volta. Veja como as árvores crescem e frutificam para alimentar os pássaros que descansam em seus firmes galhos; note os diferentes formatos de plantas e pétalas, e como cada um traz consigo uma elegância particular; perceba o esmero do Senhor ao pensar em cada particularidade de sua obra; olhe ao seu redor e contemple a soberania de um Deus que é detalhista, criativo e se importa com sua Criação.

Mulher, se o Pai cuida tão bem da natureza, por certo também está atento aos pormenores da sua vida. Cristo nos lembra de que somos muito mais valiosas do que o que há na Terra — obras-primas feitas à imagem e semelhança do Criador. Não duvide de seu amor, nem por um segundo. É verdade que, o tempo todo, somos tentadas a pensar que o Senhor está distante, indiferente às nossas dores e sofrimentos. Mas ele é sempre presente e está ciente de tudo aquilo de que necessitamos.

Neste 22 de setembro, entregue suas preocupações a Deus. Escolha contemplá-lo e adorá-lo, e peça ao Espírito Santo que fortaleça a sua fé. Você e eu somos flores mais preciosas do que os lírios do campo, então, creia que ele irá nos cultivar com carinho em seu Jardim.

Viviane Martinello

Plante em silêncio

***[...] É possível colher uvas de espinheiros ou figos de ervas daninhas? Da mesma forma, a árvore boa produz frutos bons, e a árvore ruim produz frutos ruins.* (Mateus 7.16-17)**

Jesus alertou seus discípulos a respeito dos falsos profetas, pessoas que são como lobos em pele de cordeiro: aparentam ser boas e inofensivas, mas suas intenções são maldosas e podem nos conduzir à perdição. Para aprendermos a identificá-las, devemos prestar atenção em seus frutos, suas práticas e o que geram nos que estão por perto.

É por isso que eu admiro mulheres que escolhem plantar em silêncio, pois sabem que suas sementes falarão por si mesmas. Não tentam seduzir os outros com palavras e belos discursos, e você não as verá se gabando por suas conquistas e novos projetos. São as suas atitudes que revelam a boa conduta de seus corações, a sabedoria por trás de suas ações, a paciência, alegria, benignidade e amor que brotam da intimidade com o Espírito Santo. Essas virtudes comunicam a imagem de Jesus que elas carregam em seu interior e dispensam o uso de argumentações articuladas e prepotentes.

Os lobos disfarçados de ovelhas serão desvendados cedo ou tarde, pois não são capazes de gerar frutos alinhados ao padrão celestial. Então, mulher, o conselho que lhe dou hoje é: preocupe-se apenas em ser uma árvore gerada a partir de sementes saudáveis e deixe que os frutos que virão mostrem sua essência. Os que estão ao nosso redor reconhecerão o que carregamos através daquilo que produzirmos. O meu desejo é que eles vejam Cristo em mim e em você.

Seja intencional

Mas, ao olhar para tudo que havia me esforçado tanto para realizar, vi que nada fazia sentido; era como correr atrás do vento [...]. (Eclesiastes 2.11)

Frequentemente, estamos envolvidas em tantas atividades que, assim como Salomão, temos a sensação de que nada mais faz sentido. Projetos, eventos, compromissos, agendas lotadas às vezes parecem ser como correr atrás do vento: algo sem propósito. Talvez, você sinta que sua vida não está progredindo e se desgasta só de pensar no amanhã. Se esse for o seu caso, chegou o tempo de ser intencional.

Agir com intencionalidade significa sair do piloto automático. Quantas vezes você já se viu tão sugada por certas tarefas rotineiras que passou a realizá-las de maneira inconsciente? É como se o seu corpo estivesse ali, mas a sua mente, já cansada e saturada, não está presente. Por isso, temos de compreender bem onde empregar nossos esforços e energia. O foco não deve estar na quantidade e, sim, na qualidade.

Esse tem sido o meu desafio diário. Com tantos afazeres que tentam me arrastar para longe da intencionalidade, vejo-me perdida, vez ou outra, em meio a diversas demandas. É por esse motivo que a nossa atenção tem de estar concentrada naquilo que combina com o nosso propósito, de maneira precisa e assertiva. Assim, não mais correremos atrás do vento; o destino a ser alcançado estará claro diante de nós.

Agora mesmo, tire um instante para refletir sobre o que tem feito no seu dia a dia. Onde o Senhor deseja que você esteja? Quais atividades são a sua prioridade na estação em que se encontra? Para quais áreas da sua vida o Espírito Santo está direcionando o seu foco?

Mulher, creia que Deus lhe dará sabedoria e direcionamento necessários para que, como uma flecha, você acerte o alvo. Não se esqueça, porém, de que é necessário ser intencional. Faça o que está ao seu alcance hoje.

Viviane Martinello

Um instrumento de salvação

E, se uma irmã for casada com um homem descrente e ele estiver disposto a continuar vivendo com ela, não se separe dele. Pois o marido descrente é santificado pela esposa, e a esposa descrente é santificada pelo marido [...]. (1Coríntios 7.13-14)

Há anos, lidero mulheres e percebo que muitas carregam a dor de não terem a companhia de seus maridos na vida espiritual e ministerial. Em seus lares, são as únicas que praticam a leitura da Palavra, oram, buscam ao Senhor, frequentam a igreja e servem sozinhas, enquanto seus cônjuges permanecem em casa.

Hoje, desejo trazer uma palavra de esperança e encorajamento para você que vive essa luta diária — ou que tem familiares e amigos que ainda não conheceram o Senhor Jesus. Apesar das diversas dificuldades, a boa notícia é que você pode ser uma ferramenta de salvação para o seu esposo, parentes e amigos próximos, porque o Espírito Santo tem o poder sobrenatural de transformar os outros por meio de nós. É ele quem convence o mundo do pecado, da justiça e do juízo (cf. João 16.8) e abre os olhos daqueles que ainda estão cegos para o amor de Deus.

Suas ações e palavras podem gerar um impacto profundo em sua família, e você não está sozinha nessa batalha, pois a graça divina nos capacita um dia após o outro. Não permita que o desânimo a afaste do Senhor; continue intercedendo pelo seu marido com fervor, jejue pelo seu lar, profetize cura, libertação e clame por uma mudança de mente em nome de Jesus.

Ame e sirva ao seu esposo como a Palavra ensina, seja paciente, compressiva, mansa, tardia em irar-se, a fim de que ele seja santificado por intermédio da sua conduta, como Paulo aconselha em sua carta aos coríntios. Nas mãos do Pai, você é um instrumento de salvação, então permita-se ser usada com poder, amor e ousadia. Mulher, há esperança para a sua casa e para o seu matrimônio, pois o Deus do impossível trabalha a seu favor. Não desista.

Consulte o Senhor

***Depois disso, Davi perguntou ao* Senhor*: "Devo voltar para alguma das cidades de Judá?". "Sim", respondeu o* Senhor*. Então Davi perguntou: "Para que cidade devo ir?". "Para Hebrom", disse o* Senhor. (2Samuel 2.1)**

Acho admirável quando uma mulher sabe andar de maneira apropriada em cada temporada de sua vida. Deus tem um plano estratégico para nós individualmente, e está nos guiando para um propósito específico, por isso toda fase que vivemos é importante para o nosso crescimento.

Quem sabe você esteja passando por um tempo de escassez e desafios, uma estação de preparo, fortalecimento e amadurecimento. Ou, talvez, esteja desfrutando de uma temporada de abundância, de objetivos alcançados e de cumprimentos das promessas de Deus em sua história. Independentemente do momento em que nos encontramos, existe algo essencial que devemos colocar em prática, a fim de que sejamos capazes de vivenciá-lo com sabedoria, fé e perseverança: consultar o Senhor.

Assim como Davi, não podemos avançar sem ter um direcionamento de Deus, porque é a palavra divina que nos sustentará quando os obstáculos surgirem em meio aos vales, e manterá o nosso coração focado em Cristo no momento em que estivermos no cume das montanhas. Se andarmos sem direção, como chegaremos aonde Deus deseja? Certamente, não nos encontramos no centro de sua vontade por obra do acaso.

Então, hoje, antes de dar início às suas tarefas, separe um momento para consultar o Senhor. Aprenda a ouvi-lo, a receber seus direcionamentos e obedecê-lo em cada estação. Nos vales ou nas montanhas, esteja sempre atenta à sua voz. Deus falou com Davi e ele falará também com você, se estiver disposta a escutá-lo.

Viviane Martinello

O poder da simplicidade

[...] "Veja, moro num palácio, uma casa de cedro, enquanto a arca de Deus está lá fora, numa simples tenda". (2 Samuel 7.2)

No capítulo 7 de 2Samuel, Davi desfrutava de uma época de tranquilidade. O Senhor o havia estabelecido no palácio, deu-lhe descanso de todos os seus inimigos, e sua vida agora estava cercada de prosperidade e regalias. Ao ver que sua casa era tão majestosa, achou injusto que a arca de Deus estivesse em uma simples tenda, e teve a ideia de construir um templo glorioso em que a presença divina pudesse residir. Porém, recebeu a seguinte resposta do Senhor: "[...] Acaso cabe a você construir uma casa para eu habitar?" (2Samuel 7.5).

As intenções do rei não eram maldosas, mas o plano divino era diferente e ia além do que Davi poderia imaginar. Hoje, após milhares de anos, sou constrangida pela simplicidade do coração de Deus quando leio Atos 17.24 e 1Coríntios 3.16 e me dou conta de que, em vez de escolher construções colossais, ele preferiu fazer de nós sua preciosa morada. Ele é Emanuel, o Deus que está sempre conosco.

Não precisamos de muito, pois o Senhor já nos entregou tudo. A maior honra de nossas vidas é sermos casa de Deus e desfrutarmos da sua presença. Nada vale mais do que isso. Neste dia 27, adore-o e, à semelhança de Davi, louve-o em gratidão: "Quão grande és, ó Soberano SENHOR! Não há ninguém igual a ti! Jamais ouvimos falar de outro Deus como tu!" (2Samuel 7.22).

Você pode ser a causa da sua ferida

Depois que Josias terminou de restaurar o templo, Neco, rei do Egito, levou seu exército para Carquemis, junto ao rio Eufrates, e Josias e seu exército saíram para lutar contra ele. (2Crônicas 35.20)

Josias foi um rei que seguiu os mandamentos do Senhor durante a maior parte de seu reinado e fez o que era correto aos olhos de Deus. Porém, suas escolhas insensatas o levaram a um final trágico. Decidiu se intrometer na luta de Neco, rei do Egito, e foi alertado de que aquela atitude culminaria em sua destruição: "O que quer comigo, rei de Judá? Hoje não tenho nada contra você! Estou a caminho da batalha contra outra nação, e Deus ordenou que eu me apressasse! Não interfira com Deus, que está comigo, ou ele o destruirá" (2Crônicas 35.21).

Às vezes, como Josias, também cometemos o erro de interferir em batalhas que não são nossas. Mulher, existem guerras nas quais você não deve se envolver, pois elas só causarão feridas, desgastes, desentendimentos alheios, brigas de parentes e discussões que não lhe dizem respeito. Na maioria dos casos, a atitude mais sábia é se resguardar e não entrar em lutas para as quais Deus não a chamou.

Cuidado com as ações impensadas e palavras e julgamentos indevidos que geram inimizades e contendas, porque, quando nos portamos assim, cavamos a nossa própria cova. Josias agiu contra a vontade do Senhor, intrometendo-se em uma batalha desnecessária, e foi morto pelo exército de Neco.

Sim, há feridas que podem ser evitadas, então esteja atenta à voz do Espírito Santo, a fim de entender o momento correto de agir ou manter distância de determinadas situações prejudiciais. Talvez, você seja a causa de suas próprias feridas, então aprenda a proteger o seu coração.

Um só dia em tua presença

Um só dia em teus pátios é melhor que mil dias em qualquer outro lugar [...]. (Salmos 84.10)

Os judeus tinham o costume de ir ao templo de Deus pelo menos uma vez ao ano, especialmente durante as grandes festas, como a Páscoa, o Pentecostes e Tabernáculos. Essas peregrinações eram ocasiões de renovação espiritual e comunhão com outros crentes. Mais do que apenas um dever religioso, imagino que entrar nos pátios do Senhor fosse um momento de contemplação da sua glória, que despertava temor, êxtase e maravilhamento.

Amo o salmo 84, porque ele é uma bela expressão do anseio profundo pela presença de Deus. Nessa passagem, o salmista reflete sobre a alegria e a bênção de estar na casa do Pai como um valor inestimável. Hoje, temos o privilégio de acessá-la em qualquer lugar e instante, mas é certo que o Senhor também se manifesta de maneira sobrenatural quando nos reunimos para adorá-lo em comunidade. Em momentos assim, coros de alegria se misturam a lágrimas de emoção, pessoas são curadas, restauradas, avivadas e incendiadas pela presença gloriosa de Deus em nosso meio.

Por isso, quando estiver em sua igreja local, não abafe a sua adoração; ofereça o seu melhor culto ao Senhor. Com suas palavras, exalte o nome de Deus, aquele que é majestoso, soberano, grande em bondade e amor. Contemple a sua beleza e formosura, peça a ele que toque o seu coração de um modo mais profundo, aproxime-se da sua glória e permita-se ser transformada pelo Rei dos reis, Senhor dos senhores, que, apesar de sua grandiosidade, inclina-se de seu trono celestial para nos ouvir e se relacionar conosco.

Mulher, busque a presença do Pai com todo o seu coração, e você verá que um só dia aos pés do Senhor vale muito mais do que passar a vida inteira em qualquer outro lugar.

Seja uma agente de mudança

"Pois nem mesmo o Filho do Homem veio para ser servido, mas para servir e dar sua vida em resgate por muitos." (Marcos 10.45)

A sociedade no tempo de Jesus estava profundamente marcada por problemas complexos, incluindo a opressão dos religiosos. Ao longo do seu ministério, o Mestre não apenas contestou o status quo, mas também confundiu os padrões da época quando se apresentou como um rei servil.

Ele revelou que seu Reino não era deste mundo e que seu poder se manifestava através do amor. Quando lavou os pés dos discípulos, uma tarefa reservada aos serviçais, demonstrou que a verdadeira liderança é servil, e esse ato simboliza a essência do seu ministério.

A atitude de Jesus nos desafia a pensar sobre como tratamos os outros e exercemos a nossa fé num mundo ainda marcado por injustiças, sofrimento e maldade. William Wilberforce também é um exemplo de serviço ao próximo e posicionamento firme diante do mal. Membro do Parlamento inglês no século XVIII, dedicou sua vida à luta contra a abolição da escravatura no Império Britânico. Graças aos seus esforços e persistência, o Ato de Emancipação ocorreu e concedeu liberdade aos escravos de todas as colônias britânicas. Sua fé o levou a combater um pecado enraizado no sistema social da época, mostrando que cada um de nós pode gerar mudanças reais se assumirmos nossa posição e tivermos um coração que deseja servir aos outros e manifestar o Reino celestial.

O caminho para a verdadeira grandeza passa pelo serviço, por isso Jesus nos chama a confrontar o mal e a abraçar um estilo de vida que se importa com os outros e honra a Deus. Não seja omissa em relação às injustiças que a cercam; siga o exemplo de Cristo e se torne uma agente de mudança, trazendo a luz do Reino de Deus para um mundo que está em trevas.

Outubro

Rio profundo

Então ele mediu mais quinhentos metros e ali a água era um rio fundo o suficiente para atravessar a nado, mas fundo demais para atravessar a pé. **(Ezequiel 47. 5)**

Você já se banhou em um rio ou até mesmo tentou atravessá-lo a nado? No início, sentimos a segurança do chão sob nossos pés, mas à medida que avançamos, a sensação muda. Começamos a flutuar, experimentamos a correnteza e percebemos que, para continuar, é necessário confiar, entregar-se à água e nadar na mesma direção. Deve ser algo libertador, mas para os corajosos.

Em nossa jornada espiritual, Deus nos convida a abandonar a segurança do raso e confiar nas profundezas da sua presença. Se você ler os versículos anteriores do texto bíblico de hoje, verá que o profeta Ezequiel foi guiado por diferentes níveis, começando nos tornozelos, passando pelos joelhos e cintura, até que a água se tornou um rio impossível de atravessar andando.

Como ocorreu com o profeta, o Senhor deseja nos levar a novas profundidades no conhecimento de quem ele é; e uma das melhores maneiras de colocar isso em prática é por meio da sua Palavra. Talvez, até agora, você tenha permanecido em águas rasas em sua leitura bíblica. Contudo, há um convite para algo mais: descobrir as riquezas espirituais que ainda não experimentou.

Por isso, neste dia, escolha um livro da Bíblia e agarre-se a ele até desfrutar de grandes mergulhos. Permita que o Espírito Santo revele novas verdades e valores espirituais e manifeste sua presença de modo palpável enquanto interage com as Escrituras nesse período. Você pode optar por Salmos e encontrar consolo e louvor; Provérbios, e se deparar com sabedoria prática; ou quem sabe um dos Evangelhos, e se aprofundar na vida e nos ensinamentos de Jesus. Mulher, é tempo de conhecer novos níveis do amor, sabedoria e caráter de Deus, então entre no rio sem medo.

Voando alto

Mas aqueles que esperam no* S*ENHOR renovam as suas forças, voam alto como as águias, correm e não ficam exaustos, andam e não se cansam. **(Isaías 40.31, NVI)**

A águia é um símbolo de liberdade e poder que tem muito a nos ensinar. Certo dia, li que, muitas vezes, antes de voar, ela espera pacientemente por uma corrente de ar quente, e, quando chega, a ave se lança e é elevada a grandes alturas sem muito esforço próprio. No mesmo instante, senti o Espírito Santo ministrar ao meu coração. De forma semelhante, ao confiarmos no Senhor, ele nos faz voar mais alto, renova-nos e nos dá forças para irmos aonde nosso próprio esforço jamais poderia nos levar.

Em Isaías 40, o profeta traça um comparativo entre aqueles que esperam em Deus e as águias. Esperar no Senhor é sinônimo de confiança e movimento, e não de estagnação e inatividade. É na espera que aprendemos a discernir a direção do Espírito Santo, seguir o seu impulso e nos preparar para o que virá em seguida. Às vezes, somos instigadas a correr, outras a caminhar. Mas, em todos os casos, Deus promete que não nos cansaremos nem desfaleceremos.

Mulher, se você deseja ir mais longe, é crucial desenvolver essa sensibilidade espiritual. Não se trata de tomar apenas uma atitude certa, mas de saber agir na direção e momento corretos. Essa percepção é refinada no relacionamento íntimo com Deus, que nos proporciona discernimento, sabedoria e temor.

Em sua busca diária por renovo, tenha discernimento do sopro do Espírito Santo. Não hesite em se lançar ao detectar seu comando, pois é certo que ele a elevará a grandes alturas. Enquanto espera no Senhor, não tenha receio de trilhar a corrida da fé, afinal, a Palavra garante que você e eu não nos cansaríamos nem ficaríamos exaustas. Ele renovará as nossas forças.

Vencendo a covardia

Esta é minha ordem: "Seja forte e corajoso! Não tenha medo nem desanime, pois o* SENHOR*, seu Deus, estará com você por onde você andar." **(Josué 1.9)**

Quando Josué assumiu a liderança depois de Moisés, enfrentou o grande desafio de conduzir o povo de Israel à Terra Prometida. Deus ordenou que ele fosse forte e corajoso, assegurando-lhe que estaria ao seu lado em todos os momentos.

Tenho visto muitas mulheres com coração e posição pastoral se esquivando de seu chamado por medo ou vergonha. Quem sabe você precise lutar contra a timidez e covardia, a fim de obedecer ao seu chamado. Por anos, eu mesma batalhei bravamente contra elas. Ministrar a mulheres ardia em meu peito, mas o medo me impedia de prosseguir. Hoje ainda sinto minhas pernas tremerem e meu batimento cardíaco disparar toda vez que subo em um púlpito, mas resolvi fazer uma escolha: obedecer. Ele prometeu que estaria comigo e me entregou a missão de comunicar a sua mensagem. Ainda que para mim tenha sido difícil — e às vezes ainda é —, aqui estou eu, escrevendo para você, mesmo com minhas limitações, para encorajá-la a avançar.

A ordem do Senhor a Josué é válida para nós hoje. Ele nos convoca a sermos corajosas, não porque confiamos em nossas próprias forças e habilidades, mas porque dependemos da sua presença, que é a fonte de tudo o que necessitamos. Portanto, não permita que o medo, a vergonha ou a timidez aprisionem você. Aprofunde-se em seu relacionamento com Deus, enraíze-se na sua Palavra e obedeça. O resto, deixe com ele.

Óleo reserva

***Então o reino dos céus será como as dez virgens que pegaram suas lamparinas e saíram para encontrar-se com o noivo. As cinco insensatas não levaram óleo suficiente para as lamparinas, mas as outras cinco tiveram o bom senso de levar óleo de reserva.* (Mateus 25.1,3-4)**

A parábola das dez virgens compartilha uma preciosa lição: devemos nos precaver. Como Igreja de Cristo, vivemos à espera do Noivo. Não sabemos o momento exato em que ele voltará à Terra, pois a Bíblia diz que este virá como um ladrão (cf. 1Tessalonicenses 5.2), sem aviso prévio. Por isso, o Mestre nos aconselha a esperarmos o seu regresso com diligência, para que não sejamos pegas de surpresa.

O que diferenciava as virgens prudentes das insensatas era o seu bom senso em levar consigo óleo reserva, a fim de que suas lamparinas não apagassem enquanto aguardavam. Com isso, Jesus estava ensinando que devemos manter a chama do Espírito Santo acesa em nosso coração.

Infelizmente, já conheci muitos homens e mulheres de Deus que esgotaram seu estoque de óleo e desanimaram ao longo dos anos, incapazes de sustentar seus ministérios. As muitas viagens, a correria, a vaidade, o orgulho e a tendência de insistirem em fazer o que não haviam sido chamados para realizar consumiram todo o óleo de suas lamparinas.

Não negligencie o seu tempo a sós com o Senhor, uma vida de devoção, leitura bíblica, oração e jejum; é isso que alimenta o nosso espírito e a paixão por Cristo. Cuidado para que a correria do dia a dia não a anestesie espiritualmente. Não durma no ponto, mulher. Desperte e abasteça sua lamparina, pois o Noivo está prestes a voltar.

Você não conhece o caminho do vento

***Assim como é impossível entender o caminho do vento ou o mistério do crescimento do bebê no ventre da mãe, também é impossível entender as obras de Deus, que faz todas as coisas.* (Eclesiastes 11.5)**

Não é novidade que a vida está cheia de mistérios e incertezas. Assim como não é segredo para ninguém que a maioria de nós, mulheres, quer entender tudo e ter o controle sobre as situações. Porém, Eclesiastes nos relembra que há muitas coisas que estão além da nossa compreensão. Do mesmo modo como não entendemos o caminho do vento ou o desenvolvimento de um bebê no ventre, também não somos capazes de compreender totalmente o que Deus faz.

Essa realidade pode ser desconfortável no primeiro momento, mas também nos traz liberdade. Não precisamos ter todas as respostas, porque confiamos em um Deus onisciente e bondoso, que está sempre zelando pelo nosso bem.

Na vida, podemos nos sentir inseguras e ansiosas sobre o futuro. Talvez você esteja enfrentando uma incerteza em seu emprego – esforça-se, dá o seu melhor, porém não sabe se será promovida ou se haverá cortes na empresa. Ou quem sabe esteja esperando resultados médicos, apreensiva por respostas que determinarão o próximo passo no cuidado com a sua saúde.

Quando nos deparamos com cenários nos quais não temos o controle, em vez de sermos consumidas pelas inquietações e o desejo de resolver por conta própria, temos a chance de escolher baixar a guarda e confiar. Deus é fiel e seus caminhos são mais altos que os nossos. Cada desafio e mistério que se apresenta diante de nós é uma oportunidade para que ele revele o seu poder. Que possamos viver diariamente debaixo dessa convicção e descanso: ainda que não compreendamos, o Senhor é um Pai amoroso.

Ninguém é como o nosso Deus

Grande é o Senhor! Ele é digno de louvor!
Ninguém pode medir sua grandeza. (Salmos 145.3)

Hoje convido você a refletir comigo sobre algo de extremo valor para nós que perseguimos a caminhada da fé: a sublime descoberta da natureza de Deus. Separei alguns de seus atributos para meditarmos.

O primeiro deles é a onisciência. Deus conhece todas as coisas passadas, presentes e futuras. Sabe cada detalhe da nossa vida e o que precisamos antes mesmo de pedirmos. Salmos 139.1-2 declara: "Ó Senhor, tu examinas meu coração e conheces tudo a meu respeito. Sabes quando me sento e quando me levanto; mesmo de longe, conheces meus pensamentos".

Além disso, Deus é onipotente, o que significa que tem todo poder no Céu e na Terra. Não existe impossível em seu vocabulário e nada que não seja sustentado por ele. Jeremias 32.17 afirma: "Ó Soberano Senhor! Tu fizeste os céus e a terra com tua mão forte e teu braço poderoso. Nada é difícil demais para ti!".

Finalmente, esbarramos na onipresença divina, que lhe permite estar em todos os lugares. Salmos 139.7-10 nos assegura: "É impossível escapar do teu Espírito; não há como fugir da tua presença. Se subo aos céus, lá estás; se desço ao mundo dos mortos, lá estás também. Se eu tomar as asas do amanhecer, se habitar do outro lado do oceano, mesmo ali tua mão me guiará, e tua força me sustentará".

Eu e você somos finitas, limitadas ao Universo e completamente dependentes das forças que o regem. Mas o Criador não. Seus atributos revelam facetas de seu poder, perfeição e majestade. Mulher, persista em sua jornada a fim de conhecê-lo. Como o salmista, quanto mais o conhecermos, mais o amaremos e desejaremos louvá-lo.

Viviane Martinello

O conselho amoroso de João

Meus filhinhos, escrevo-lhes estas coisas para que vocês não pequem. Se, contudo, alguém pecar, temos um advogado que defende nossa causa diante do Pai: Jesus Cristo, aquele que é justo. (1João 2.1)

Deus odeia o pecado, e nós também devemos odiá-lo. Mas a forma amorosa com que João fala conosco nesse versículo constrange. É como uma mãe que, carinhosamente, aconselha sua filha a evitar más companhias; e se esta ainda insistir, continuará ao seu lado para ajudá-la a evitar as decisões erradas, mesmo assim. A abordagem de João mostra que, apesar de seus conselhos, ele tem ciência de que somos humanas e falhamos. Por isso, recorda-nos de uma esperança inabalável: Jesus Cristo, nosso intercessor.

Diariamente, cometemos pecados deliberados ou não — desde uma palavra impulsiva que fere o coração de um familiar ou amiga até atos que trazem consequências mais devastadoras. Esses erros revelam nossas imperfeições. No entanto, Jesus está conosco, porque não deseja que permaneçamos nessas práticas. Por outro lado, essa mensagem não é apenas para nos consolar; ela também nos motiva a viver de maneira diferente. Saber que temos um intercessor deve nos inspirar na busca por uma vida sem pecado, esforçando-nos para refletir o caráter de Cristo em nossas ações cotidianas.

Mulher, não se esqueça de que, embora os nossos pecados firam o coração de Deus, a Bíblia nos deixa um lembrete poderoso: enquanto somos chamadas a viver em santidade, também somos consoladas pela verdade de que Jesus não só intercede por nós e nos oferece perdão quando caímos, mas nos concede graça para viver de acordo com o padrão divino.

Aprenda com as formigas

Observe a formiga, preguiçoso, reflita nos caminhos dela e seja sábio! (Provérbios 6.6, NVI)

Não sei você, mas acho esse versículo bem confrontador. Uma das piores coisas é ser chamada de preguiçosa. Essa mensagem é muito relevante para nós hoje, já que a vontade de procrastinar tarefas importantes é algo que a maioria de nós enfrenta. Pior ainda quando confiamos que Deus está zelando por nós, e isso implica deixar a vida passar, contando que ele fará tudo, incluindo a nossa parte.

A Bíblia nos ensina que o esforço diligente e o trabalho árduo são virtudes essenciais para alcançarmos qualquer objetivo. É interessante como as formigas trabalham arduamente sem precisar de supervisão; elas se preparam para o futuro com muito empenho. Nesse sentido, eu lhe pergunto: como você tem agido com relação às tarefas que estão sob os seus cuidados? Tem sido proativa e responsável ou esperado que outros a supervisionem?

Nos versículos 9-11, Salomão diz: "Até quando você vai ficar deitado, preguiçoso? [...] Tirando um cochilo, espreguiçando-se um pouco, cruzando um pouco os braços para descansar, a sua pobreza o surpreenderá como um assaltante [...]". Essa advertência nos lembra que a procrastinação e a falta de iniciativa podem levar a consequências graves. Agora, vale pontuar que o chamado à diligência não se aplica apenas ao trabalho físico, mas também à vida espiritual e emocional. Devemos buscar o crescimento, aprendizado e preparo, enquanto confiamos em Deus e realizamos a nossa parte com dedicação.

Mulher, que você siga o exemplo da formiga e trabalhe com responsabilidade e sabedoria, preparando-se para o futuro e evitando a armadilha da preguiça. Ao fazer isso, não só honrará a Deus, mas também viverá de maneira mais plena e frutífera. Reflita nisso.

Viviane Martinello

Correndo com os cavalos

***Se correr com homens o deixa cansado, como poderá competir com cavalos? [...]* (Jeremias 12.5)**

No capítulo 12 do livro de Jeremias, o profeta apresenta suas queixas ao Senhor e expõe o quanto se sentia cansado e injustiçado por ter de profetizar para uma nação perversa que não lhe dava ouvidos. A resposta de Deus começa com o versículo que acabamos de ler, e houve uma fase da minha vida em que o Espírito Santo insistia em me levar, vez após vez, para essa mesma passagem. Constantemente, quando abria a Bíblia, ali estava o trecho de Jeremias 12.5, e o direcionamento claro do Pai para aquele tempo: "velocidades maiores".

Assim como o profeta, eu também me queixava. As reuniões de mulheres antes eram feitas em minha casa, mas naquele período, começaram a juntar mais de 200 pessoas em nossa igreja, e eu passava todas as tardes de quinta-feira jogada no chão do meu quarto, enquanto dizia ao Senhor, desesperada: "Deus, eu sou tímida, tenho vergonha de falar em público, por que estou nessa situação? Como vou compartilhar a palavra com toda essa gente?". Mal sabia eu que o Senhor estava me preparando para correr com os cavalos, pois eu ainda viria a pregar para multidões de mulheres. Ah, como ele foi paciente, manso e misericordioso comigo.

Mulher, por vezes temos medo do chamado do Pai e nos desgastamos por pensar que a nossa missão é pesada demais. No entanto, o Senhor nos chama para correr com cavalos, sermos corajosas, resilientes, fortes e persistentes. Que perseveremos na corrida, com a convicção de que os planos divinos são melhores do que os nossos. Ele sabe o que faz. Se Deus direcionar, aumente a velocidade.

Fruto do Espírito

Mas o Espírito Santo produz este fruto: amor, alegria, paz, paciência, amabilidade, bondade, fidelidade, mansidão, e domínio próprio. Não há lei contra essas coisas!
(Gálatas 5.22-23)

Não é de hoje que vejo mulheres pedindo oração para se tornarem mais pacientes com seus familiares e nas demais relações da vida, como se o fruto do Espírito fosse adquirido por imposição de mãos.

O Apóstolo Paulo, em sua carta aos Gálatas, descreve o fruto do Espírito como atributos que se manifestam por meio de alguém que anda em intimidade com Deus e sua Palavra, e permite a santificação celestial em sua vida. Cultivá-los é um processo contínuo, que requer nossa cooperação com o Espírito Santo, de forma que nosso caráter vai sendo moldado dia após dia.

Recentemente, ouvi uma história triste. Uma mulher estava muito envolvida no culto, quando o filho começou a chamá-la sem parar dizendo que estava com fome. Então, ela o repreendeu duramente, dizendo: "*Deixa eu* adorar, garoto!". Às vezes, somos enganadas pelas nossas falsas percepções de espiritualidade. Acordamos de manhã calmas e mansas, adorando a Deus, mas no primeiro desafio ficamos irritadas e explosivas.

A paciência, o amor, a amabilidade e todas as outras características do fruto do Espírito são desenvolvidas em nós exatamente quando enfrentamos os desafios diários e nos propomos a reagir como Jesus. O fruto do Espírito não é algo que dê para mascarar ou fingir, mas o resultado de uma conquista que ocorre pouco a pouco, em um processo. Com a ajuda do Espírito Santo, a cada atitude vamos sendo lapidadas e nos parecendo mais com ele. Sem dúvida alguma, temos um trabalho árduo pela frente, e isso não inclui apenas a oração — que é essencial —, mas a decisão de permanecermos ligadas à videira, porque só assim frutificaremos.

Como isso acontecerá?

Maria perguntou ao anjo: "Como isso acontecerá? Eu sou virgem!". (Lucas 1.34)

Ao receber a notícia de que seria a mãe do Salvador, Maria com certeza foi tomada por muitas dúvidas, pois aquilo seria completamente impossível de acordo com a lógica humana. Afinal, como uma virgem poderia engravidar? E essa reação não se limita apenas àquela jovem de Nazaré. Quantas vezes nós também agimos da mesma maneira quando nos deparamos com as promessas de Deus em nossa vida?

Eu e meu marido, Telmo, já recebemos palavras poderosas do Senhor. Quando ainda estávamos passando pelo processo de restauração em nosso casamento, o Pai nos dizia que tinha grandes planos para nós como casal. Éramos duas pessoas que quase haviam se divorciado, lutando para salvar o nosso relacionamento: como poderíamos fazer a diferença na vida de outros homens e mulheres?

No entanto, aquilo que o Senhor tem reservado para nós não se encaixa em nossa realidade natural. Maria não fazia ideia do "como", mas escolheu apegar-se à verdade declarada pelo anjo: "Nada é impossível para Deus". Eu também decidi crer no poder sobrenatural do Senhor e, neste dia, convido você a fazer o mesmo.

Mulher, não perca tempo duvidando. Abra mão dos seus achismos, pare de olhar as circunstâncias com uma ótica humana e seja obediente ao que o Senhor lhe disser. Abandone a sua maneira de fazer as coisas e renda-se ao inesperado agir divino. A verdade é que Deus está à procura de mulheres que, como Maria, digam com fé: "Sou serva do Senhor. Que aconteça comigo tudo que foi dito a meu respeito" (cf. Lucas 1.38).

Como crianças

[...] os discípulos vieram a Jesus e perguntaram: "Afinal, quem é o maior no reino dos céus?". Então Jesus chamou uma criança pequena e a colocou no meio deles. Em seguida, disse: "Eu lhes digo a verdade: a menos que vocês se convertam e se tornem como crianças, jamais entrarão no reino dos céus". **(Mateus 18.1-3)**

Não há outro modo: a condição para entrar no Reino dos Céus é converter o coração a Jesus e tornar-se como criança. É verdade que, quando os discípulos perguntaram quem era o maior no Reino dos Céus, o interesse deles era buscar uma posição de destaque. Jesus, porém, ofereceu a resposta para uma pergunta que eles não buscavam, embora precisassem ouvir. Enquanto os discípulos se preocupavam em serem os maiores, Cristo destacava a preciosidade dos pequeninos, dotados de pureza e humildade.

Ser como criança é nos tornarmos dependentes e confiarmos plenamente. Elas não têm pretensões de grandeza, pois seu prazer está no que é descomplicado. Não duvidam do amor e do cuidado de seus pais; em vez disso, reconhecem que são amadas e vivem com alegria firmadas nessa verdade. Gostam de aprender coisas novas, ficam maravilhadas com os detalhes mais simples, e por isso são ensináveis, entusiasmadas e têm um coração moldável. Temos muito a aprender com elas.

Mulher, lembre-se de que o Reino de Deus começa aqui e agora, então escute o conselho de Jesus e cultive a simplicidade, dependência de Cristo e fascínio pelo amor do Pai. Que, neste dia, como uma criança, você corra para o Senhor com alegria, liberdade e confiança, sem inseguranças ou receios. De braços abertos, ele está pronto para colocá-la no colo e lhe ensinar os seus mistérios.

Suba o monte

Quando o povo ouviu os trovões e o som forte da trombeta, e quando viu o clarão dos raios e a fumaça que subia do monte, ficou a distância, tremendo de medo. Disseram a Moisés: "Fale você conosco e ouviremos; mas não deixe que Deus nos fale diretamente, pois morreríamos!". **(Êxodo 20.18-19)**

No Antigo Testamento, uma das manifestações da presença do Senhor se deu no alto de um monte, ocasião em que muitas vezes se comunicou com Moisés. Nessa passagem do livro de Êxodo, notamos como o povo se sentia inseguro ao se aproximar de Deus, preferindo que Moisés fosse em seu lugar. Em vez de se comunicarem com o Senhor, os israelitas escolheram um intermediário.

Após a leitura desse episódio, é fácil apontarmos a covardia e a falta de iniciativa daqueles homens e mulheres, mas a verdade é que, de vez em quando, nós também nos comportamos como eles. A tendência do nosso coração é frequentemente colocar um "Moisés" para ir adiante de nós. Talvez, você já tenha dito para o seu líder ou pastor algo como: "fale com o Senhor por mim e me diga o que ele revelar" ou "por favor, pergunte a Deus o que devo fazer". Insistimos em permanecer distantes, mas o nosso Deus nos quer próximas dele.

Você pode — e deve — pedir o aconselhamento dos seus líderes, assistir ministrações na internet ou ler livros que edificarão a sua vida espiritual. No entanto, nada substitui um encontro íntimo com o Senhor, pois é em meio à fumaça, os trovões, o som forte da trombeta e o clarão dos raios, que nos tornamos capazes de reconhecer a sua voz e receber os seus direcionamentos específicos. Por isso, neste 13 de outubro, tenha coragem de subir o monte, não apenas para receber direção, mas para ser transformada pela glória majestosa do Senhor. Ele está à sua espera.

Cronos e *Kairós*

Ele fez tudo apropriado ao seu tempo. Também pôs no coração do homem o anseio pela eternidade; mesmo assim, este não consegue compreender inteiramente o que Deus fez. **(Eclesiastes 3.11, NVI)**

A Bíblia nos apresenta duas dimensões de tempo: *cronos* e *kairós*. A primeira se refere ao tempo cronológico, medido por segundos, minutos e horas. É o período que usamos para organizar os nossos dias e atividades. Já o *kairós*, por outro lado, trata-se do tempo oportuno de Deus, quando as situações acontecem de acordo com o seu plano e propósito.

Nossa vida está imersa no *cronos*, com prazos, compromissos e rotinas. Já mencionei dias atrás que nós mulheres somos *experts* em nos deixarmos levar pela pressa e ansiedade, tentando controlar todos os aspectos das estações que vivemos. No entanto, seremos sábias se reconhecermos e aproveitarmos o *kairós* de Deus.

A história de José, no Antigo Testamento, ilustra bem essa diferença. Durante anos, ele viveu em meio a dificuldades e injustiças (*cronos*). Porém, no tempo perfeito de Deus (*kairós*), ele foi elevado a uma posição de grande autoridade no Egito e salvou dezenas de milhares de pessoas, incluindo a sua família.

O Deus de José é o nosso também, por essa razão podemos confiar que ele trabalha no *kairós* e no *cronos*. Eclesiastes nos revela que há uma tensão entre o nosso desejo de entender a eternidade e a limitação em alcançar essa resposta. E isso é um convite para aceitarmos os nossos limites e cultivarmos a paciência, sabendo que Deus faz tudo apropriado em seu devido tempo. Confie, portanto, no dono do tempo; acredite: ele não está atrasado.

Lealdade

Muitos se dizem amigos leais, mas quem pode encontrar alguém realmente confiável? **(Provérbios 20.6)**

Precisamos falar mais sobre lealdade em nossas igrejas e reuniões, pois é por meio dela que o Corpo de Cristo se torna bem estruturado, saudável e pode crescer em amor. Se não pudermos confiar uns nos outros, como iremos desenvolver a prática do discipulado, da confissão de pecados e do amor ao próximo tão abordados pelas Escrituras?

Para mim, uma das características mais marcantes de uma pessoa leal é saber dizer a verdade. Não me refiro àqueles que usam a sinceridade como justificativa para ferir e expor os outros maldosamente; comento daquelas amigas íntimas, que são honestas porque se preocupam conosco e anseiam pelo nosso bem. A falsidade é uma grave falha de caráter, que nos impede de ter relacionamentos verdadeiros e que glorifiquem a Deus. Então, mulher, seja verdadeira e, com amor, diga o que é necessário a fim de gerar cura e transformação.

Além disso, quem é leal sabe honrar seus compromissos e cumpre com o que prometeu. Não manipula os outros nem contamina os que estão ao seu redor com falácias, fofocas e comentários perversos. Pessoas leais amam os outros com dedicação, e por isso podemos contar com elas para construir relações profundas e duradouras.

Confesso que já errei muitas vezes, e é por essa razão que busco a lealdade com afinco e permito que o Senhor molde o meu interior e me transforme em alguém mais parecida com Jesus a cada dia. Carecemos da graça de Deus e do agir do Espírito Santo em nós para que sejamos fiéis, confiáveis e sinceras. Portanto, eu a aconselho que aprenda a aprimorar essa virtude para que muitas mulheres possam encontrar em você a amiga leal que tanto precisam.

Nem quente nem fria

Você diz: "Sou rico e próspero, não preciso de coisa alguma". E não percebe que é infeliz, miserável, pobre, cego e está nu. (Apocalipse 3.17)

Antigamente, para mim, Jesus era apenas uma religião. Eu frequentava a igreja, cantava músicas para o Senhor, servia em alguns ministérios, mas o meu coração não estava ali. Por conta do contexto religioso em que me encontrava e da minha visão embaçada pelos dogmas, não imaginava ser capaz de me conectar profundamente com o Pai e, assim, aos poucos, fui afastando-me dele. No entanto, como já fazia parte de uma comunidade local, não pensava que houvesse algo de errado. Por isso, a minha postura era a mesma da igreja em Laodiceia descrita no livro de Apocalipse: "não preciso de coisa alguma".

Um dos piores enganos é acharmos que temos algo que na verdade não possuímos. Laodiceia estava cega e era incapaz de enxergar a sua pobreza. Mesmo cercada de prosperidade material, vivia um mornidão espiritual e recebeu um alerta severo do Senhor: "Mas, porque é como água morna, nem quente nem fria, eu o vomitarei de minha boca" (Apocalipse 3.16).

Por mais doloroso que seja, temos de nos livrar da ilusão de bem-estar e satisfação, aplicar colírio em nossos olhos e reconhecer uma realidade que talvez não combine com a que pintamos. O devocional de hoje é um incentivo para você clamar ao Espírito Santo e pedir que ele lhe mostre o real estado do seu coração. É possível que você conheça Jesus apenas de ouvir falar, mas ainda não tenha desenvolvido um relacionamento genuíno e profundo com ele. Mulher, busque-o enquanto ainda é tempo e lembre-se das palavras amorosas e misericordiosas do Senhor: "Eu corrijo e disciplino aqueles que amo. Por isso, seja zeloso e arrependa-se" (Apocalipse 3.19).

Viviane Martinello

O caminho difícil

***Agora, se me obedecerem fielmente e guardarem a minha aliança, vocês serão o meu tesouro especial entre todas as nações [...].* (Êxodo 19.5, NVI)**

Em Êxodo, lemos a linda promessa divina dirigida ao povo de Israel. Deus os chamou de tesouro especial, nação separada das demais, que carregaria o seu nome e se moveria de acordo com os seus direcionamentos. Essa aliança se estende a nós também, pois agora fazemos parte da sua família espiritual.

A primeira vez que ouvi a respeito dessa verdade eu era uma menina de apenas seis anos. Nessa ocasião, senti o Senhor falar ao meu coração que eu não caminharia na mesma direção do mundo: "Estou com você e, por causa disso, você se sentirá diferente das pessoas ao seu redor. Não tente ser igual a elas, confie em mim". Mesmo que, na época, eu não entendesse inteiramente o que aquelas palavras significavam, guardei-as em meu coração.

Por toda a minha vida, enfrentei conflitos, frustrações, perdas e fracassos em várias estações, mas aquelas frases continuavam ecoando dentro de mim de novo e de novo. Foi essa mesma voz que me conduziu a obedecer, fazer renúncias, e me encorajou a seguir pela porta estreita, o caminho mais difícil. Porém, apesar de constantemente me tirar da zona de conforto, a direção do Pai me protegeu e me guiou até aqui.

Hoje, sou capaz de listar tantas bênçãos que o Senhor me concedeu e não restam dúvidas de que cada uma delas foi resultado do seu amor e favor, também da minha decisão em obedecer e permanecer na jornada com ele, ainda que não seja fácil em muitos momentos.

A voz que me chamou e capacitou também é aquela que a convoca. Você é diferente e não deve se encaixar nos costumes e modelos desta Terra. Mais do que isso, eu e você somos tesouros especiais de Deus; e essa é uma das maiores recompensas que poderíamos receber. Vale a pena seguir pelo caminho difícil, portanto persista!

Guarde seu coração

Acima de todas as coisas, guarde seu coração, pois ele dirige o rumo de sua vida. (Provérbios 4.23)

Quem nunca perdeu algum objeto por não se lembrar de onde o deixou? Quantas vezes você precisou revirar a casa à procura de uma chave, carteira, um par de brincos ou um batom, porque não os guardou no lugar correto? A verdade é que sempre saberemos onde está o que guardamos com atenção, mas, se não formos cuidadosas, corremos o risco de nunca mais recuperar aquilo que um dia foi perdido.

Isso me faz pensar que, se devemos zelar por aquilo que carregamos em nossas bolsas e mochilas, quão mais importante é o cuidado que precisamos ter com o nosso coração. As Escrituras afirmam que ele dirige o rumo da nossa vida e, portanto, influencia em escolhas importantes e interfere em nosso destino. Se estamos magoadas, ofendidas, ressentidas ou amarguradas, isso gera um impacto negativo nos ambientes que frequentamos, nas pessoas com quem convivemos e em nosso relacionamento com o Senhor.

Guardar significa proteger e vigiar. Ao permanecermos em alerta, impedimos que o Inimigo encontre em nós um espaço para plantar mentiras e acusações. Orarmos antes de agir, buscarmos a direção do Espírito Santo ao tomarmos uma decisão, evitar palavras impensadas e atitudes precipitadas, não responder aos outros quando estivermos com raiva ou frustradas são alguns passos práticos que podemos dar a fim de nos resguardarmos.

Construa um escudo para o seu coração, pois ele é valioso, e mantê-lo seguro é sua responsabilidade. Cuide dele com zelo e diligência, afinal disso depende a sua vida.

Dependência emocional

O nome do Senhor *é fortaleza segura;* o justo corre
para ele e fica protegido. (Provérbios 18.10)

Durante a minha adolescência, eu e meu marido terminamos o nosso namoro algumas vezes antes de nos casarmos, e em todas elas, eu soluçava de tanto chorar, como se fosse o fim do mundo. Apesar de essa ser uma atitude típica de uma adolescente que ainda estava aprendendo a lidar com suas emoções, reconheço que as minhas reações revelavam uma dependência emocional.

Nós, mulheres, temos a tendência de procurar por alguém que nos transmita segurança, e creio que, até certo ponto, isso é natural e saudável, pois só seremos capazes de abrir o nosso coração e de nos comprometermos com um homem em quem possamos confiar. Entretanto, o perigo começa quando depositamos todas as nossas expectativas no outro, e ele se torna a fonte da nossa alegria, autoestima e valor.

A verdade é que a maioria das pessoas com quem convivemos, algum dia, irão nos decepcionar, o que significa que é muito arriscado depositar a nossa segurança em um ser humano cheio de falhas, que está em construção — assim como você e eu — e, por isso, é incapaz de suprir as nossas necessidades. Quando entendemos essa condição, paramos de tentar buscar no outro o nosso valor, e isso nos ajuda a evitar sofrimentos e ilusões.

No entanto, existe uma boa notícia: na presença do Senhor, é possível desfrutar de segurança, proteção e satisfação completas. Há alegria, plenitude de vida, refrigério e consolo em Deus. Nele, encontramos o que mais ansiamos e que ninguém poderia nos oferecer: um amor perfeito.

Uma comida quentinha e uma boa conversa

Quando membros do povo santo passarem por necessidade, ajudem com prontidão. Estejam sempre dispostos a praticar a hospitalidade. (Romanos 12.13)

Eu já vivi momentos de extrema dificuldade e aflição. Além da graça de Deus, que sempre me alcançou em meio às lágrimas derramadas no secreto, contei com a ajuda de pessoas essenciais em minha trajetória. Tenho uma amiga que foi um grande suporte para mim quando passei por um período de crise. Lembro-me de que em muitas ocasiões ela me recebia em sua casa com um simples prato de macarrão e, quando nos sentávamos à mesa, diante daquela refeição singela, eu ouvia palavras de vida que eram cura para o meu coração.

Às vezes, só precisamos ser acolhidas por alguém com uma comida quentinha e uma boa conversa para que nossas feridas sejam saradas. Até hoje, quando me sinto mal, indisposta e triste, sempre percebo o cuidado celestial comigo ao receber convites para tomar um café, almoçar ou jantar com alguma amiga próxima. Como isso me faz sentir amada.

Mulher, você não precisa de muito para ser um instrumento de Cristo na vida de alguém. As Escrituras nos ensinam a sermos hospitaleiras, sempre dispostas a servir, ajudar e receber aqueles que passam por necessidades, sejam elas financeiras, emocionais ou espirituais. Um simples cafezinho com biscoitos, ouvidos atentos e conselhos sábios são suficientes para transformar o dia de uma pessoa.

Aprenda a recepcionar outras mulheres em sua casa com amor, carinho e simplicidade. Escute-as com atenção, edifique-as com a sabedoria da Palavra e tenha para com elas a mesma compaixão de Cristo. Esse gesto de cuidado é mais poderoso do que você imagina.

Viviane Martinello

Vencendo a opressão

***Pois nós não lutamos contra inimigos de carne e sangue, mas contra governantes e autoridades do mundo invisível, contra grandes poderes neste mundo de trevas e contra espíritos malignos nas esferas celestiais.* (Efésios 6.12)**

Depois que entreguei a minha vida para Cristo, o Espírito Santo começou a me revelar bagunças em meu interior que precisavam ser arrumadas. Tive de pedir perdão para algumas pessoas, aprender a controlar o meu temperamento e ajustar problemas de caráter. O que eu não imaginava é que poderia ser oprimida por espíritos malignos.

Certa noite, eu estava deitada em minha cama quando senti um forte peso negativo no ar. Ao olhar para a parte de cima do meu guarda-roupa, vi nitidamente dois demônios. Aquela sensação foi horrível, mas, surpreendentemente, não tive medo. Com ousadia, levantei-me e declarei: "Em nome de Jesus, saiam deste quarto!". De repente, eles desapareceram e, na mesma hora, entendi que o Senhor estava me conduzindo a um processo de libertação.

Curiosamente, temos o costume de lutar contra outras pessoas e pensamos que elas são a fonte dos nossos maiores problemas. No entanto, a Bíblia é clara: não combatemos carne e sangue, pois, na maioria das vezes, o mal reside dentro de nós ou ao nosso derredor.

Neste dia, clame ao Senhor para que ele traga à luz tudo o que precisa ser organizado. Permita que ele coloque a casa em ordem. O nome de Jesus é poderoso para vencer a opressão maligna. Pela graça divina, somos livres e as trevas não têm domínio sobre nós. Seja destemida e posicione-se, o seu Deus é maior que quaisquer governantes, poderes, espíritos e autoridades do mundo invisível.

Corram para vencer

***Vocês não sabem que, numa corrida, todos competem, mas apenas um ganha o prêmio? Portanto, corram para vencer.* (1Coríntios 9.24)**

Eu nunca fui fã de competições. Ainda me lembro de como tinha dificuldade nas aulas de educação física da quinta série; tanto que sempre era a última a ser escolhida na formação dos times. Toda vez passava vergonha e, se a bola viesse na minha direção, fechava os olhos e desviava. Já que não gostava de competir, tinha a tendência de praticar esses esportes “de qualquer jeito”, sem esforço ou dedicação alguma.

Porém, quando me tornei uma discípula de Cristo, o Espírito Santo me recordou desse trecho de 1Coríntios e disse ao meu coração: “Eu chamei você para participar de uma corrida, por isso dedique-se com toda excelência para alcançar a vitória”. Foi então que entendi: Deus não almeja atletas perfeitas, mas que entreguemos o nosso melhor a ele. A corrida com o Senhor nos foi proposta, e eu lhe pergunto: você tem se dedicado? Ou tem trilhado esse percurso “de qualquer jeito”?

Quando Paulo diz “corram para vencer”, ele está encorajando os coríntios a buscarem a Deus com garra e determinação, e essa orientação não mudou. É necessário darmos tudo de nós ao Senhor, e o amarmos de todo o nosso coração, alma e entendimento, pois esse é o primeiro mandamento (cf. Marcos 12.29-30). Deus não se contenta com pedaços do nosso coração e nem com mediocridade. Portanto, mulher, com todas as suas forças, corra a fim de ganhar o prêmio e persevere fazendo isso com o mais alto nível de excelência. O Senhor é digno do nosso melhor.

Viviane Martinello

O seu maior desafio

"Por favor, Senhor!", suplicou Moisés.
"Envia qualquer outra pessoa!". (Êxodo 4.13)

Em certa ocasião, fizeram-me a seguinte pergunta: "qual foi seu maior desafio ao longo do ministério?". Eu poderia responder que fora o cansaço gerado pelos diversos compromissos, as críticas, o cuidado com as pessoas ao falar em público ou talvez as muitas cobranças. Mas a verdade é que um dos obstáculos mais difíceis que já tive de enfrentar foi, sem sombra de dúvida, eu mesma.

Moisés, quando convocado pelo Senhor para libertar Israel da escravidão no Egito, entrou em desespero: "E se não acreditarem em mim ou não quiserem me ouvir? E se disserem: 'O Senhor nunca lhe apareceu'?" (Êxodo 4.1). Mesmo que Deus insistisse em encorajá-lo, ele se achava incapaz, pensando que não conseguiria convencer os hebreus e que não teria condições de liderar todo aquele povo. Por fim, tomado pelo medo, suplicou: "Envia qualquer outra pessoa!".

Ah, quantas vezes eu já agi como Moisés. Vez após vez, tentava provar para o Senhor o quanto eu era incompetente. Por anos, fui o meu maior impedimento e vivia dizendo para mim mesma: "Você não!". Até que chegou o momento em que Deus falou ao meu coração: "Eu a escolhi e farei a minha vontade através da sua vida".

É possível que você também esteja agindo dessa forma hoje e tenha desprezado aquilo que o Criador depositou em seu interior. Se este é o caso, neste dia, eu lhe asseguro sem medo de errar: confie em quem está lhe chamando. Se ele colocou uma responsabilidade em suas mãos, é certo que irá capacitá-la. Creia que o Deus do impossível caminha ao seu lado. Em vez de agir igual a Moisés, faça como Isaías e diga: "Aqui estou; envia-me!" (cf. Isaías 6.8).

Um ano sem televisão

E, se a mão direita o leva a pecar, corte-a e jogue-a fora. É melhor perder uma parte do corpo que ser todo ele lançado no inferno. (Mateus 5.30)

Há muitos anos, eu me recordo de chegar em minha casa e, em vez de ligar a televisão para assistir à novela como de costume, senti o Espírito Santo me direcionar, dizendo: "Quero que você abandone a TV por um ano. Vá para o seu quarto, ajoelhe e passe um tempo comigo".

Eu ainda não tinha o hábito de me relacionar intimamente com Deus, mas obedeci. Ajoelhei-me no chão, estendi as minhas mãos e declarei: "Senhor, a minha vida agora é toda tua e, hoje, faço uma aliança contigo. Mas como devo agir quando a vontade de ligar a televisão surgir?". E ele respondeu: "Filha, até agora, a novela tem discipulado você. No entanto, a partir de hoje, quem a irá discipular sou eu".

Compreendi pouco a pouco que o que eu assistia e ouvia através da tela interferia diretamente no modo como eu me comportava, e que teria de tomar uma decisão drástica para me livrar daquela má influência. Na mesma noite, conversei com o meu marido. Nós quebramos a antena da televisão, e este foi o início de um processo de transformação poderoso em nossa vida.

Jesus disse que, se a nossa mão nos fizesse pecar, era melhor arrancá-la e jogá-la fora. Ou seja, em se tratando da luta contra o pecado e o embaraço — como diz Hebreus 12.1-2 —, temos de assumir uma postura radical. Por isso, mulher, se algum hábito seu a tem impedido de se aproximar de Deus, não hesite em se livrar dele agora. Talvez o seu problema não seja as novelas, mas o tempo gasto nas redes sociais, músicas que não edificam, ou até mesmo certas amizades.

Nesta hora, peça ao Espírito Santo que lhe revele o que necessita ser cortado em sua vida, e tenha prontidão em obedecer. Eu garanto a você que essa atitude será como um divisor de águas na sua jornada com o Senhor.

Que o líder seja o servo

[...] Que o maior entre vocês ocupe a posição inferior, e o líder seja o servo. (Lucas 22.26)

Houve um período em minha vida que o Senhor me direcionou a pausar meus serviços nos ministérios da igreja, para que eu pudesse cuidar de mulheres em prostíbulos e prisões. Foi assim que comecei a ministrar a palavra na ala feminina de presídios.

Eu entrava nas celas com o meu violão e uma Bíblia na mão, e era surpreendente o que o Espírito Santo realizava em nosso meio. As grades não podiam conter o mover sobrenatural do Senhor, e eu vi muitas almas feridas serem restauradas pela presença de Deus com graça e unção.

Aos olhos humanos, aquelas mulheres não tinham nada de precioso para me oferecer, mas eu adquiri aprendizados valiosos ao servir cada uma com o amor de Cristo. Certo dia, eu estava chegando no presídio e senti o Senhor dizer ao meu coração: "Hoje você irá se ajoelhar no meio daquelas mulheres, e elas irão orar pela sua vida". Nós nos reunimos no pátio, eu soltei a Bíblia e o violão e perguntei: "Vocês podem orar por mim?".

Ao me prostrar, entendi o que Jesus quis dizer quando falou aos discípulos: "que o maior entre vocês seja o menor". Elas se aproximaram, constrangidas com o meu pedido, como quem pensa: "Quem somos nós?". No entanto, mal sabiam que estavam sendo usadas por Deus para moldar o meu coração. Eu não era melhor do que nenhuma delas, afinal o Pai amava profundamente a todas nós.

No Reino de Deus, é imperativo assumirmos uma posição humilde. Oro para que, diariamente, o Senhor nos mostre o significado do verdadeiro amor, "pois nem mesmo o Filho do Homem veio para ser servido, mas para servir e dar sua vida em resgate por muitos" (Marcos 10.45).

Cuidado para não cair

Portanto, se vocês pensam que estão de pé, cuidem para que não caiam. **(1Coríntios 10.12)**

O Senhor fala muito comigo enquanto durmo. Em uma noite, tempos atrás, sonhei que havia sido convidada para ministrar em uma grande conferência, mas, para chegar até lá, eu precisava trilhar uma serra íngreme e escorregadia. Comecei a caminhar com muito cuidado, até que avistei vários carros acidentados ao longo da estrada, deixados ali como se fossem uma espécie de alerta quanto ao perigo daquele caminho. Por fim, consegui chegar até o meu destino.

Quando acordei, o Espírito Santo falou ao meu coração: "Cuidado com a estrada que está diante de você, pois ela é perigosa. Muitas pessoas, por andarem distraídas, sofreram acidentes, escândalos graves e se perderam no meio do trajeto. Os carros acidentados representam os erros que cometeram e são como placas sinalizadoras para os que vêm em seguida; por isso, observe-as e seja cautelosa".

Desde então, compreendi que preciso estar sempre atenta para não me esquecer do motivo pelo qual fui chamada, pois a tentação de perder o foco é constante. Meu maior objetivo de vida é continuar sendo uma mulher apaixonada pela presença do Pai, com um coração quebrantado, que carrega a simplicidade do Evangelho. Mas eu, assim como você, careço de precaução.

Hoje é dia de recordar a importância de permanecer vigilante no decorrer da sua caminhada com Jesus. Parafraseando o conselho de Paulo em sua carta aos coríntios: não se distraia se não quiser tropeçar. Que o Espírito Santo nos ajude a continuar de pé, carregando zelo e temor em nosso coração. Mulher, mantenha os olhos fixos no autor e consumador da nossa salvação e tome cuidado para não cair.

Viviane Martinello

Use bem o seu tempo

Ajuda-nos a entender como a vida é breve, para que vivamos com sabedoria. (Salmos 90.12)

Você já sentiu que perdeu seu tempo? Eu já. Descobri que desperdiçá-lo, seja com pessoas erradas ou em demandas infrutíferas, é deixar de investir em algo precioso que não volta. Por esse motivo, prefiro estar nas companhias certas e decido fazer aquilo que é verdadeiramente significativo para mim — sem deixar apenas os dias passarem, mas aproveitando bem as horas e minutos.

Nesse sentido, o salmista nos recorda sobre a brevidade da vida e nos convida a viver com sabedoria. Por isso mesmo nossas escolhas diárias são cruciais. Tenha tempo de qualidade com pessoas de quem possa aprender e receber instruções que são como palavras vindas direto do coração de Deus. Escute os mais velhos e procure se cercar daqueles que são mais experientes que você, pois eles nos ajudam a crescer.

Aprenda também a usar o seu tempo de acordo com o direcionamento do Espírito Santo. Talvez, seja o momento de investir em seu lar, estar mais presente na vida dos filhos, cuidar da casa e do seu casamento. Pode ser que o Senhor esteja chamando você para focar no serviço ministerial e na comunidade local. Ou é possível que esteja numa fase de se dedicar aos estudos, e para isso precise renunciar outras atividades.

Neste 27 de outubro, reflita sobre suas escolhas e pergunte-se: estou investindo meu tempo da maneira correta? Se necessário, faça ajustes. Mudar prioridades e companhias pode ser desafiador, mas é um passo essencial para viver sabiamente.

Autorização de Deus

Pois desci do céu para fazer a vontade daquele que me enviou, e não minha própria vontade. (João 6.38)

Não existe exemplo maior de submissão à vontade do Pai do que Jesus. Se tomamos a decisão de seguir a Cristo, devemos agir e pensar como ele, e isso significa que, agora, em vez de nos movermos com base em nossos próprios anseios, carecemos da disposição em cumprir com os propósitos que estão no coração divino.

Tempos atrás, quando estava no carro com a Isabela, minha filha caçula, ela lançou a seguinte pergunta:

— Mãe, quanto tempo ainda falta para que eu possa me sentar no banco da frente? Eu já sou alta o bastante.

— Ainda falta um ano. Não tem a ver com altura, filha, e sim com maturidade — respondi.

— E quando posso dirigir? — questionou em seguida.

— Vai demorar um pouco mais, Bela. Para estar ao volante, além da maturidade, você precisa de uma autorização.

Sabemos que, para dirigir um veículo, não basta completar a maioridade, necessitamos frequentar a autoescola e passar no teste de direção a fim de adquirirmos uma carteira de motorista que nos dá acesso ao volante. Acredito que a vida com o Senhor siga uma lógica muito parecida, contudo, percebo que muitas de nós estamos impacientes e queremos ocupar determinados lugares sem buscarmos, antes de tudo, a autorização de Deus. Se nem o próprio Cristo se movia de acordo com a sua própria vontade, por que insistimos em agir independentes do Pai?

Mulher, deixe que o Senhor lhe mostre as direções corretas, o momento adequado de parar ou de seguir adiante. Antes de assumir certos cargos ou de aceitar convites, busque a aprovação de Deus e, se preciso, faça como a Isabela, e aprenda a esperar.

Consequências

Quando finalmente caiu em si, disse: "Até os empregados de meu pai têm comida de sobra, e eu estou aqui, morrendo de fome. Vou retornar à casa de meu pai e dizer: Pai, pequei contra o céu e contra o senhor". **(Lucas 15.17-18)**

No Evangelho de Lucas, Jesus conta a parábola do filho pródigo, que tomou posse da sua herança antes do tempo e saiu da casa de seu pai. No decorrer da história, acompanhamos as dificuldades que aquele rapaz enfrentou por levar uma vida desregrada. Falido, frustrado, imundo e faminto, percebeu a insensatez de suas atitudes e regressou ao seu lar em busca de perdão e reconciliação.

Por meio dessa parábola, Jesus nos revela que o Pai celestial está sempre disposto a receber de volta em sua presença aqueles que um dia se afastaram. Mas, para além dessa mensagem, levanto um questionamento: e se o filho pródigo tivesse sido ajudado enquanto estava fora de casa? Se não enfrentasse tantas decepções, provavelmente levaria muito mais tempo para reconhecer o seu erro.

Com isso, gostaria de lhe dar um conselho neste devocional: às vezes, para ajudarmos algumas pessoas verdadeiramente, temos de deixá-las sofrer as consequências de seus atos. Você já se desgastou tentando auxiliar uma amiga ou algum conhecido e percebeu que, mesmo insistindo, não enxergava melhora? Se, por um lado, precisamos estar sempre dispostas a ser suporte para os outros, por outro, é importante compreendermos o tempo de nos afastarmos.

Infelizmente, muitos só aprenderão a lição ao colherem os frutos de suas escolhas. Por isso, não tente controlar os que estão ao seu redor. Cuide, aconselhe e interceda pela vida deles, mas lembre-se de que a dor também pode ser uma boa professora.

Práticas pagãs

[...] Não permitam que alguém do povo pratique adivinhação, use encantamentos, interprete agouros, envolva-se com bruxaria, lance feitiços, atue como médium ou praticante do ocultismo, ou consulte os espíritos dos mortos. Quem pratica tais coisas é detestável ao SENHOR [...]. **(Deuteronômio 18.10-12)**

Nosso país vive imerso na pluralidade de práticas culturais e religiosas, que encontram espaço fértil em nosso meio. Culturas diferentes promovem riqueza, mas também perigo se não conseguirmos separar "o joio do trigo". Infelizmente, cada vez mais cristãos têm se envolvido com expressões que não combinam com a nossa identidade de cidadãos do Reino de Deus. Este devocional é um lembrete: em nossas veias corre o DNA do Céu, portanto fique atenta.

Práticas ocultistas, como horóscopos, cristais, leitura de mãos e amuletos, além de festas de *Halloween* e outras atividades semelhantes buscam orientação e entretenimento em fontes que abrem portas para influências espirituais negativas. Você pode pensar: "Nossa, que exagero! É só uma brincadeira". Mas o mundo espiritual não está de brincadeira. 1Coríntios 10.21 nos alerta: "Vocês não podem beber do cálice do Senhor e também do cálice de demônios. Não podem participar da mesa do Senhor e também da mesa de demônios". Devemos fazer uma escolha clara: seguir a Deus de todo o coração ou nos envolvermos com práticas que o desagradam.

Além disso, nossas crianças precisam ser educadas e alertadas sobre esses perigos. Celebrar a vida, o caráter e a luz de Cristo deve ser o nosso foco, não as trevas e enganos do ocultismo. Que escamas caiam dos nossos olhos para que possamos enxergar a verdade e viver de maneira que honre a Deus.

A reforma continua

Portanto, uma vez que pela fé fomos declarados justos, temos paz com Deus por causa daquilo que Jesus Cristo, nosso SENHOR, fez por nós. Foi por meio da fé que Cristo nos concedeu esta graça que agora desfrutamos com segurança e alegria, pois temos a esperança de participar da glória de Deus. **(Romanos 5.1-2)**

A Reforma Protestante foi um movimento de profundo amor e zelo pela verdade da Palavra de Deus. No 31 de outubro de 1517, Martinho Lutero fixou as 95 teses na porta da igreja do castelo de Wittenberg. Ele, um monge da época, publicou esses argumentos como um protesto contra inúmeros ensinos, práticas e crenças da Igreja Romana que conflitavam com as Escrituras. Ao lado de outros reformadores, buscava restaurar a pureza da fé cristã, enfatizando alguns pilares importantes; entre eles o de que a nossa salvação não vem de obras ou méritos próprios, mas unicamente por meio da graça divina mediante a fé em Jesus (cf. Efésios 2.8-9).

Hoje, vivemos tempos diferentes dos reformadores, com muito mais recursos, conhecimentos e tecnologias, coisas que eles nunca imaginariam ser possíveis. Porém, o chamado à reforma permanece valendo. A Bíblia é imutável, infalível e jamais necessitará de atualizações e modificações. No entanto, nós, como Corpo de Cristo, enfrentamos novos desafios e precisamos constantemente ser reavivados, confrontados e redirecionados pelo Espírito Santo. Só assim não perderemos de vista os princípios bíblicos fundamentais da essência do Evangelho e seremos capazes de seguir com o cumprimento da Grande Comissão na Terra.

Sempre que reflito nessa data, peço ao Espírito Santo que examine o meu interior e realize as reformas necessárias, assim como aqueles homens examinaram a Igreja à luz das Escrituras. Temos vivido com integridade, amor e fidelidade ao Senhor? Será que temos protegido a verdade bíblica em nosso coração e a nossa relação pessoal com Deus? O meu desejo é que o mesmo amor e dedicação que motivaram os reformadores siga nos inspirando a buscar uma fé genuína firmada exclusivamente na Palavra de Deus.

Novembro

O verdadeiro alimento

***Não se preocupem tanto com coisas que se estragam, como a comida, mas usem suas energias buscando o alimento que permanece para a vida eterna, o qual o Filho do Homem pode lhes dar [...].* (João 6.27)**

Após o primeiro milagre da multiplicação, a multidão foi novamente ao encontro de Jesus em Cafarnaum. No entanto, quando chegou até ele, o Mestre a exortou: "[...] vocês querem estar comigo não porque entenderam os sinais, mas porque lhes dei alimento" (João 6.26). Cristo estava dizendo que o povo não tinha interesse em ouvir a sua mensagem; o que desejavam eram mais pães e peixes para que pudessem se alimentar.

Percebo que esse mesmo comportamento se mantém nos dias de hoje. Muitos costumam buscar a Deus, a fim de conseguir bênçãos. São enganados pelo pensamento de que, se cumprirem uma lista de regras ou se comportarem de certa maneira, talvez o Senhor lhes conceda a promoção no emprego, a casa, o carro, um cargo no ministério ou até o relacionamento que tanto desejam.

É claro que não há problema em almejar essas coisas e, como já compartilhei nestas páginas, o Pai tem prazer em nos dar bons presentes. Mas esse não deve ser o foco da nossa caminhada espiritual, afinal somente o que é eterno poderá nos alimentar e satisfazer verdadeiramente. Foi por essa razão que Jesus disse: "Eu sou o pão da vida". Somente ele pode saciar a nossa alma.

Neste dia, ao tirar um tempo para encontrar-se com o Senhor no secreto, deixe de lado os muitos pedidos e concentre-se apenas em desfrutar da sua presença. Ouça o que ele tem a dizer ao seu coração, sem exigir nada em troca, e permita-se ser transformada pelo toque do Espírito Santo. Quando recebemos esse refrigério sobrenatural, entendemos que todo o resto perde o seu valor diante da maravilhosa graça e do abundante amor de Deus. Esse é o verdadeiro alimento.

Quando a grande dor chega

"Ele lhes enxugará dos olhos toda lágrima, e não haverá mais morte, nem tristeza, nem choro, nem dor. Todas essas coisas passaram para sempre". (Apocalipse 21.4)

Em um momento ou outro, a dor sempre chega. Dilacerante e inevitável, não há um ser humano sequer que nunca a tenha experimentado. Contudo, a promessa divina nos traz o conforto de que Deus enxugará nossas lágrimas, e um dia não haverá mais morte, tristeza, choro ou dor.

É nessa esperança que encontramos forças para seguir adiante, com o Espírito Santo ao nosso lado, consolando-nos e sustentando-nos com sua graça quando a vida parece difícil e pesada demais. Assim, o processo de cura do nosso coração, pouco a pouco, começa a tomar forma à medida que nos abrimos ao Senhor. Chorar, compartilhar sua dor, orar e pedir ajuda a pessoas maduras e tementes a Deus faz parte desse tempo de restauração. Inclusive, cada lágrima derramada pode ser uma oportunidade para encontrar o Senhor em meio ao sofrimento. O salmista escreveu: "Conheces bem todas as minhas angústias; recolheste minhas lágrimas num jarro e em teu livro registraste cada uma delas" (Salmos 56.8). Que coisa mais linda.

Ao trilhar o caminho da dor, permita-se também ser aprimorada por ela. Deixe que Deus lhe pegue pela mão e utilize o sofrimento para torná-la ainda mais semelhante a Cristo. Ainda que tudo pareça insuportável agora, lembre-se: dor nenhuma dura para sempre.

Mulher, Deus não a abandonou. Existe vida abundante à sua espera; uma primavera após um inverno rigoroso. Há esperança adiante. Avance. Afinal, o choro pode até durar toda a noite, mas a alegria vem com o amanhecer (Salmos 30.5).

Siga a nuvem

Cada vez que a nuvem se elevava da tenda, o povo de Israel levantava acampamento e a seguia. No lugar onde a nuvem parava, eles acampavam. (Números 9.17)

No deserto, os israelitas eram guiados pela presença do Senhor, que se manifestava em forma de nuvem. Se ela se mantivesse parada, o povo acampava e não seguia viagem até que voltasse a se mover. Hoje, a voz de Deus nos aponta o caminho assim como fazia com Israel, e cabe a nós estarmos sensíveis e sermos obedientes aos seus direcionamentos.

Alguns anos atrás, fui convidada para ministrar no Paraná, e já vinha de uma agenda cheia de compromissos. Eu sabia que, naquele momento, não me encontrava sob a liderança da nuvem como o povo hebreu, mas andava debaixo do meu próprio entendimento. A vontade de Deus era que eu permanecesse em casa, junto à minha família, porém, apesar de ter boas intenções, fui desobediente. Lembro-me de chegar ao quarto do hotel, após o culto, completamente esgotada e com o meu coração apertado. Então, deitei-me na cama e decidi ligar a TV.

Enquanto tirava meu tênis, notei que passava um programa cristão, e ouvi um homem dizer: "Você está num quarto de hotel e está muito cansada". Assustada, olhei para a televisão, e ele complementou em seguida: "Você ministrou para a multidão, mas agora está sem forças e se pergunta o que está fazendo neste lugar. Escute a voz do Senhor". No mesmo instante, comecei a chorar diante de Deus e senti o Espírito Santo dizer ao meu coração: "Volte para sua casa e só se movimente quando a nuvem da minha presença se locomover".

É muito fácil nos deixarmos levar por aquilo que acreditamos ser o certo e, nisso, corremos o risco de nos desviar da direção de Deus. Portanto, ponha de lado o ativismo e permaneça sob o comando da nuvem divina, mesmo que isso signifique ficar no mesmo lugar por dois dias, um mês ou um ano (cf. Números 9.22). Aprenda a viver de acordo com a ordem do Senhor. Siga a nuvem.

O homem que andava com Deus

Aos 65 anos, Enoque gerou Matusalém. Depois do nascimento de Matusalém, Enoque viveu em comunhão com Deus por mais 300 anos e teve outros filhos e filhas. Enoque viveu 365 anos, andando em comunhão com Deus até que, um dia, desapareceu, porque Deus o levou para junto de si. **(Gênesis 5.21-24)**

Não sabemos muito a respeito de Enoque. Sua aparência não foi descrita nas Escrituras. Não temos noção do que fazia para viver, do nome de todos os seus familiares, nem mesmo se chegou a realizar feitos grandiosos ou se desfrutou de uma vida comum e pacata. Mas a Bíblia menciona uma informação importantíssima acerca desse homem: ele andava com Deus.

Segundo o relato bíblico, Enoque foi pai de Matusalém, viveu 365 anos e teve outros filhos e filhas, quando, um dia, sem mais nem menos, desapareceu. O motivo de seu sumiço é ainda mais alarmante do que o desaparecimento em si. "Deus o levou para junto de si". Essa é a resposta que a Bíblia nos oferece ao se referir sobre o paradeiro desse homem.

Não há uma vez sequer que eu não seja brutalmente impactada e constrangida ao reler a história de Enoque. No fundo, sinto como se as Escrituras desejassem nos passar uma mensagem diante de sua biografia tão sucinta: o que importa de fato em nosso enredo de vida é muito pouco.

A comunhão com Deus é o que de mais precioso podemos perseguir em nossos dias nesta Terra. Essa não só foi a lição que a vida de Enoque nos deixou, mas a maior referência que temos desse homem praticamente desconhecido nas Escrituras. Não fosse por duas ou três curtas menções, seria praticamente anônimo para qualquer um de nós. Porém, a Palavra de Deus nos garante que Enoque era conhecido no Céu, e o meu desejo hoje é que eu e você também sejamos.

Viviane Martinello

Perseguição ou colheita?

"Felizes são vocês quando, por minha causa, sofrerem zombaria e perseguição, e quando outros, mentindo, disserem todo tipo de maldade a seu respeito". (Mateus 5.11)

No sermão do monte, Jesus oferece uma palavra de encorajamento para aqueles que sofrem perseguição por causa do Evangelho. Se somos zombadas ou caluniadas por sermos seguidoras de Cristo, isso é um sinal de que estamos caminhando em concordância com o Reino dos Céus e nos opondo à vida pecaminosa desta Terra. A Bíblia intitula esses homens e mulheres como pessoas felizes, pois têm consciência de que estão se movendo na direção certa.

No entanto, às vezes sofremos oposição não por estarmos obedecendo aos mandamentos de Jesus, mas por confusões, inimizades e más escolhas. Mulher, se você está enfrentando as consequências de atitudes ruins, isso se chama colheita, e não perseguição. Nesse caso, é necessário arrepender-se, aceitar a correção do Pai e deixar que o Espírito Santo transforme a sua conduta.

A perseguição chega até nós por amarmos a Cristo mais do que os prazeres do mundo, por nos posicionarmos de acordo com os ensinamentos da Palavra, mesmo que os outros — ou a nossa própria carne — queiram nos influenciar a fazer o contrário. Nisso há honra e vitória. Porém, se as suas ações são geradas por inveja, desavenças, ira e ciúmes, você pode estar apenas colhendo os frutos podres daquilo que semeou.

Neste dia, faça uma autoanálise. As boas obras, palavras mansas e ações generosas são motivos de alegria para os discípulos fiéis de Cristo, que têm como foco agradar o coração do Pai. Em contrapartida, aqueles que insistem em se mover de acordo com os impulsos da carne estão construindo suas próprias armadilhas.

A sanguessuga e suas duas bocas

***A sanguessuga tem duas bocas que dizem: "Mais, mais!" Há três coisas que nunca se satisfazem, ou melhor, quatro que nunca dizem: "É suficiente!": a sepultura, o ventre estéril, o deserto sedento e o fogo abrasador.* (Provérbios 30.15-16)**

Cada vez que abro o livro de Provérbios, encontro pérolas de sabedoria. Uma das mais intrigantes está no capítulo 30, onde menciona a sanguessuga e suas duas bocas que dizem: "Dá, dá!". Essa imagem ilustra a insatisfação que podem corroer a nossa vida se não encontramos contentamento em Deus.

Esse trecho das Escrituras é um lembrete sobre a natureza da ganância, ingratidão e descontentamento, que nunca se fartam completamente. A sepultura sempre está aberta para tragar mais alguém, o ventre estéril anseia por filhos, o deserto continuamente provoca sede e o fogo queima sem cessar. Esses exemplos destacam a realidade ávida de determinados desejos que nos consomem.

Eu e você temos de estar em vigilância constante, pois quantas vezes não somos tentadas a buscar alegria e saciedade em coisas vãs, que jamais poderão dar o que procuramos. Mais redes sociais, mais reconhecimento, mais dinheiro, mais bens materiais, mais isso, mais aquilo e, no fim, permaneceremos com uma sensação de vazio que nunca poderá ser preenchida.

Por outro lado, a sensatez nos convida a buscar em Deus, nossa fonte de provisão e alegria. Assim, em vez de querermos mais e mais daquilo que não é capaz de nos contentar, como a sanguessuga, passaremos a perseguir aquele que tem poder para nos suprir. Mulher, escore seu contentamento em quem pode saciá-lo.

Viviane Martinello

Órgãos vitais

[...] Deus estruturou o corpo de maneira a conceder mais honra e cuidado às partes que recebem menos atenção. (1Coríntios 12.24)

Ao sermos elogiadas, normalmente as pessoas costumam destacar a beleza do que está mais aparente: nossos olhos, nariz, sorriso ou cabelo. Nunca ouvi alguém dizer algo como: "Uau, que lindo pulmão você tem!". A razão é óbvia: o pulmão e outros órgãos internos não podem ser vistos. Porém, apesar de não estarem em evidência, são chamados de órgãos vitais, sem os quais não sobreviveríamos.

Em sua primeira carta aos coríntios, Paulo explica que assim como nenhuma parte do nosso corpo físico é mais importante que a outra, o mesmo acontece com a Igreja de Cristo. Mais que isso, essa passagem instrui acerca de valorizarmos os membros do Corpo tidos como menos honrosos, para que não haja divisão. Vejo muitas pessoas em cargos de destaque em suas igrejas, sob os holofotes, com microfones nas mãos, mas, apesar de ser comum, não é o que Deus mais valoriza.

A verdadeira honra está no cultivo de um coração humilde, quebrantado e cheio do Espírito Santo, que é justamente o que nos manterá vivas espiritualmente. É certo que, em determinados momentos, algumas de nós estarão em maior evidência do que outras, mas precisamos compreender que isso não nos torna melhores do que as mulheres que servem nos bastidores. Não temos de buscar exposição; Deus se agrada daquilo que somos por dentro, independentemente da posição que ocupamos agora.

A pergunta de hoje é: como está o seu interior? Você tem permitido que o Senhor aperfeiçoe sua mente e coração, ou está mais preocupada em ser vista e elogiada pelos outros? Neste 7 de novembro, gostaria de recordá-la que é Cristo quem sustenta a sua vida, não os aplausos dos homens. Pare de se preocupar apenas com o que os olhos humanos podem ver; foque nos órgãos vitais.

Como anda a sua fé?

O Espírito afirma claramente que nos últimos tempos alguns se desviarão da fé, dando ouvidos a espíritos enganadores e a ensinamentos de demônios. (1Timóteo 4.1)

De tempos em tempos, recebo a triste notícia de crentes que se desviaram da fé em Jesus para buscarem outras experiências religiosas ou até o ateísmo. O texto que lemos hoje serve como um alerta sério a mim e a você sobre a realidade da apostasia e a influência de espíritos enganadores nos últimos dias.

A razão pela qual muitos têm procurado falsos ensinamentos tem a ver com dúvidas não resolvidas acerca da fé; a pressão de amigos e familiares; os escândalos na igreja ou de líderes religiosos hipócritas ou crises pessoais devido a situações traumáticas, que os levam a questionar a bondade ou mesmo a existência de Deus. O fato é que o Inimigo trabalha em todas essas circunstâncias para roubar a nossa fé e nos desviar do caminho divino.

Eu não sei como anda a sua fé, mas, haja o que houver, permaneça firme na Verdade. Oro para que o Espírito Santo abra seus olhos espirituais e a faça enxergar que Cristo é a única fonte de salvação e esperança. É exatamente isso que João 14.6 nos garante ao apresentar uma das declarações mais profundas e contundentes de Jesus sobre o seu próprio papel no plano de salvação da humanidade. Ele é o caminho, a verdade e a vida, e a única maneira de chegar ao Pai. Se estamos firmemente alicerçadas nele, não há vento de doutrinas nem falsos profetas, quaisquer outras conjunturas ou filosofias que possam abalar a nossa confiança nele.

Se você tem andado com dúvidas, busque apoio em um líder de credibilidade, leia a Palavra e convide o Espírito Santo para iluminar sua mente e coração. Mantendo o foco em Cristo e nos fundamentos da fé, você jamais se desviará da sã doutrina.

Sua força vem de Deus

***[...] Mas Davi encontrou forças no* Senhor, *seu Deus.* (1Samuel 30.6)**

No capítulo 30 do livro de 1Samuel, lemos sobre o trágico momento em que Davi e seus guerreiros, ao voltarem para sua cidade, encontraram-na devastada e saqueada. A Bíblia também conta que seus filhos e esposas haviam sido capturados pelos amalequitas, o que resultou num desespero profundo em todos. Felizmente, essa história possui um final feliz e, hoje, quero destacar duas atitudes de Davi que o levaram a superar aquele terrível obstáculo.

Primeiramente, ele encontrou forças no Senhor, e creio que só foi capaz de fazê-lo porque era alguém que o conhecia intimamente e contemplava sua grandiosidade — assim foi sobrenaturalmente reanimado. É por essa razão que as Escrituras nos encorajam a constantemente relembrarmos dos atos poderosos de Deus: "Recordarei os feitos do Senhor; recordarei os teus antigos milagres" (Salmos 77.11, NVI).

Em seguida, Davi buscou aconselhamento do alto: "e ele perguntou ao Senhor: — Devo perseguir esse bando de invasores? Irei alcançá-los? O Senhor respondeu: — Persiga-os, porque certamente você os alcançará e conseguirá libertar os prisioneiros" (1Samuel 30.8, NVI). Em toda e qualquer situação, o Senhor é a fonte de sabedoria que nos indica a forma correta de agir. Por isso, devemos criar o hábito de perguntar a ele o que precisa ser feito e confiar em sua liderança.

Como é bom sabermos que o Senhor está ao nosso lado o tempo inteiro. Ao fim do capítulo, lemos: "Nada faltou: nem jovens, nem velhos, nem filhos, nem filhas, nem bens, nem nenhuma outra coisa que fora levada. Davi recuperou tudo" (1Samuel 30.19, NVI). Em Deus, encontramos ânimo e estratégias para encarar as adversidades mais terríveis. É dele, e não de nós, que vem a nossa força.

A beleza das manhãs

***Grande é sua fidelidade; suas misericórdias se renovam cada manhã. Digo a mim mesmo: "O Senhor é minha porção; por isso, esperarei nele!".* (Lamentações 3.23-24)**

Existe algo de especial nas manhãs; certamente porque, como diz a passagem de Lamentações, o Senhor renova as suas misericórdias sobre nós nas primeiras horas do dia. O nascer do Sol traz consigo a oportunidade de começar de novo, de experimentar a fidelidade e a graça de Deus mais uma vez. Para mim, não há nada que traga mais alegria do que abrir a minha Bíblia pela manhã e cavar fundo como quem busca um tesouro enterrado — pepitas de sabedoria e verdades eternas.

A rotina matinal pode ser agitada para muitas de nós, mas priorizar um período para nos conectarmos com Deus logo no início do dia faz toda a diferença. Não é errado escolher outro momento, mas imagine as manhãs como uma chance de reiniciar com uma perspectiva renovada e a tranquilidade para enfrentar o que vier pela frente.

Agora, me diga: como sua rotina mudaria se cada dia começasse com um tempo dedicado a Deus? De que maneira as preciosidades contidas na Palavra e a sua doce presença poderiam influenciar suas decisões e atitudes diárias? Pense nisso e agradeça ao Senhor pelas manhãs e dias que trazem renovo à sua alma. Clame para que ele a ajude a buscar a sua presença como prioridade máxima em sua vida, a fim de que a paz e o amor divinos guiem seus passos.

Lembre-se, mulher, a beleza das manhãs está em experimentarmos da sua misericórdia, graça e fidelidade, porque Deus continua sendo bom apesar de nós.

Nem tudo convém

"Tudo me é permitido", mas nem tudo convém. "Tudo me é permitido", mas não devo me tornar escravo de nada. (1Coríntios 6.12)

Ao longo destas páginas, compartilhei algumas vezes sobre a importância da renúncia na caminhada cristã, mas você sabe o que ela verdadeiramente significa? Imagine que você está passando por instabilidades financeiras e não pode comprar uma roupa que gostaria muito. Nesse caso, está renunciando algo? Creio que não. Na vida cristã, renunciar é abrir mão daquilo que você poderia ter ou realizar para cumprir a vontade do Pai.

Existem determinadas condutas e ações que não são pecaminosas, mas, algumas vezes, Deus nos conduz a abandoná-las com o propósito de nos levar a um nível maior de maturidade espiritual e intimidade em nosso relacionamento com ele.

Eu sempre amei receber visitas em casa. Todos os fins de semana, recepcionava amigos e familiares com a mesa posta e fazia questão de deixá-los à vontade. Porém, tempos atrás, o Senhor me disse: "Filha, eu quero realizar algo novo em sua família e, para isso, você deverá fechar as portas do seu lar". Eu sabia que convidar pessoas para a minha casa não era algo pecaminoso, mas confiei na direção divina para aquela estação da minha vida, e passei a me dedicar mais intencionalmente ao cuidado de minhas filhas e esposo sem que outros estivessem por perto. Com isso, vi e experimentei muitos milagres em meu lar.

O Apóstolo Paulo nos diz que, mesmo que tudo seja permitido, nem tudo nos convém. Na jornada com Cristo, é necessário deixar certas coisas para trás se quisermos continuar avançando. Alguns milagres só acontecerão por meio da renúncia, então seja submissa às instruções do Espírito Santo.

O modo de Deus é melhor

Naamã ficou indignado e disse: "Imaginei que ele sairia para me receber! Esperava que movesse as mãos sobre a lepra, invocasse o nome do Senhor*, seu Deus, e me curasse!* (2Reis 5. 11)

Naamã, o comandante do exército do rei da Síria, era um homem muito respeitado, honrado e bem-sucedido. Por intermédio dele, o Senhor havia concedido diversas vitórias àquela nação. Entretanto, apesar da sua posição elevada e sucesso militar, Naamã sofria de lepra, uma doença bastante grave na época. Em meio ao seu desespero, uma jovem serva israelita sugeriu que ele procurasse o profeta Eliseu em Samaria para receber a cura. A fé descomplicada daquela menina deu início a uma jornada que levaria Naamã a um encontro transformador com Deus.

No entanto, ao chegar na casa de Eliseu, o comandante, que esperava um milagre grandioso conforme sua imaginação, foi surpreendido duas vezes. A primeira, ao se dar conta de que o profeta nem mesmo havia saído para recebê-lo e, a segunda, ao deparar-se com a instrução de um mensageiro para se lavar sete vezes no rio Jordão. Indignado, como lemos no versículo de hoje, aquele homem esbravejou diante daquilo que era incapaz de compreender.

Muitas vezes, nós nos comportamos como Naamã. Criamos expectativas sobre como Deus deveria agir em nossa vida. Idealizamos soluções extraordinárias e imediatas, desejamos milagres visíveis e espetaculares, mas Deus, em sua sabedoria infinita, frequentemente escolhe caminhos incomuns e misteriosos.

O comandante quase perdeu sua cura por causa do orgulho e anseios que havia fantasiado em seu coração. Foi só no momento que obedeceu, submisso ao método divino, que encontrou a restauração que tanto almejava. Do mesmo modo, Deus nos chama a confiar nele, ainda que sua lógica não faça sentido para nós.

Você consegue perceber em sua vida insistências desnecessárias quando o Senhor lhe aponta um caminho diferente do que gostaria? Abandone isso. Abra mão do orgulho, das expectativas e certezas que tem. A tática de Deus pode soar atípica, mas sempre será melhor que a sua.

 Viviane Martinello

Provisão em meio ao nada

O Senhor *é meu pastor, e nada me faltará.* (Salmos 23.1)

Eu e meu marido já enfrentamos momentos de muita escassez e dificuldades financeiras em certas épocas de nossa história. Nessas fases, nosso dinheiro para o supermercado era contado, e havia dias em que não podíamos nos dar ao luxo de comprar itens que não fossem essenciais. Certa vez, estava com muita vontade de comer um chocolate, e lembro-me de perguntar ao Telmo se aquele doce caberia em nosso orçamento; então, ele respondeu: "Não temos dinheiro nem saldo no cartão de crédito, amor".

Eu não costumo sofrer por aquilo que não posso ter, pois compreendi a importância de combater a falta por meio do contentamento em Deus. Naquele mês, não conseguiríamos comprar um chocolate, e aceitei a nossa situação sem reclamar. Porém, o Pai tem o costume de nos surpreender e nos mostra o seu cuidado de maneiras inusitadas.

Na mesma tarde, eu visitei a casa de uma amiga. Enquanto conversávamos, ela disse: "Eu estava no mercado hoje e senti o impulso de comprar algo para você. Acho que essa direção veio de Deus". Foi quando esticou a mão e me entregou uma barra de chocolate. Mal sabia ela o quanto aquele gesto simples era impactante para mim. Senti como se encontrasse o Senhor enquanto passava por um vale, e o ouvisse dizer: "Eu sou a sua provisão em meio ao nada".

Escute, você tem um Bom Pastor, que zela por sua vida nos mínimos detalhes. Como é bom caminhar com esse Deus. Ele sabe exatamente do que precisamos hoje e do que necessitaremos amanhã. Ao nos agarrarmos a essa verdade, aprenderemos a não sentir falta de nada.

Os desafios do amor

O amor é paciente e bondoso. O amor não é ciumento, nem presunçoso. Não é orgulhoso, nem grosseiro. Não exige que as coisas sejam à sua maneira. Não é irritável, nem rancoroso. Não se alegra com a injustiça, mas sim com a verdade. O amor nunca desiste, nunca perde a fé, sempre tem esperança e sempre se mantém firme. (1Coríntios 13.4-7)

Amar é, sem dúvida, um dos maiores desafios da vida. Muitas vezes, confundimos o amor com sentimentos passageiros ou com o simples ato de respeitar alguém, quando na verdade estamos em busca do conforto que a ideia de amor nos proporciona. No entanto, o amor verdadeiro, conforme descrito por Paulo, é recheado de desafios e exige sacrifícios profundos. Amar é uma decisão diária que envolve renúncia constante, a ponto de nos impelir a enfrentar dores e dificuldades.

A conhecida passagem de 1Coríntios descreve as características do amor perfeito e como ele se comporta. A paciência e a bondade nos estimulam a suportar as falhas de quem amamos, compreendendo e perdoando. A ausência de ciúme e orgulho nos leva a colocar a pessoa acima dos nossos próprios interesses e evitar a vaidade e a competição. Não ser grosseira e não exigir que tudo seja feito da nossa maneira diz respeito a um constante exercício de humildade e serviço.

Não ser irritável ou rancorosa requer o controle das nossas emoções e a disposição para perdoar, apesar das discordâncias. Amar de verdade significa se alegrar com a verdade, ainda que ela revele nossos próprios erros e nos convide à mudança.

O amor nunca desiste, nunca perde a fé, sempre tem esperança, mantém-se firme e resiste às maiores provações. Esse tipo de amor transforma, porque nos ensina a amar como Cristo, sacrificial e incondicionalmente.

Mulher, uma coisa é certa: se você não está disposta a sofrer e renunciar, então não ame. Por outro lado, fica a pergunta: seria possível viver sem ele? Eu não acredito, afinal o amor está em nossa essência.

Não varra a poeira para debaixo do tapete

***Portanto, confessem seus pecados uns aos outros e orem uns pelos outros para serem curados [...].* (Tiago 5.16)**

Anos atrás, eu insistia em guardar comigo algo que precisava ser confessado, mas me sentia incapaz de colocar para fora. Mesmo que não praticasse mais aquele pecado, mantê-lo em segredo era como um peso em meus ombros e me gerava uma culpa profunda, a ponto de eu mal conseguir levantar as mãos em adoração nos cultos de domingo.

Um dia, porém, quando estava na igreja, ouvi um pastor dizer algo que impactou o meu coração: "Tudo o que mantemos escondido em nossa vida pode se transformar em um território oportuno para o Inimigo ocupar". Enquanto recusava a confissão, abria um espaço para ataques do Maligno em minha mente, o que me impedia de ser curada. É por esse motivo que a Palavra nos encoraja a praticarmos a vulnerabilidade com nossos irmãos e irmãs na fé, a fim de que estejamos protegidas de qualquer acusação.

Ao fim do culto, criei coragem, procurei um líder e decidi trazer à luz tudo o que ainda permanecia oculto dentro de mim. Em meio à transparência, já não havia escuridão onde o Inimigo pudesse habitar, e senti o Espírito Santo me livrar de toda a culpa que me atormentava. Naquele momento, fui plenamente liberta. Que alívio senti.

A maneira correta de limpar a casa não é varrer a poeira para debaixo do tapete. Temos de abrir as janelas e mover os móveis para que toda a sujeira fique visível. Assim também funciona com a bagunça em nosso interior: só seremos capazes de verdadeiramente arrumá-la quando pararmos de esconder nossas impurezas. Não perca tempo; acesse a cura que está disponível a você através da confissão e vulnerabilidade. Eu lhe garanto: vale a pena.

O poder da intercessão

Quando Jó orou por seus amigos, o Senhor o tornou próspero de novo. Na verdade, o Senhor lhe deu o dobro do que tinha antes. (Jó 42.10)

Após enfrentar sofrimento intenso e questionamentos profundos, Jó foi desafiado por Deus a orar por seus amigos, que o haviam acusado injustamente. Eu extraio lições preciosas da experiência desse homem e seu ato de amor e obediência ao Senhor.

A intercessão é uma forma de oração, e tem muito poder quando decidimos colocá-la em prática em favor de alguém e suas causas. Jó, mesmo em meio à dor e à incompreensão, escolheu perdoar e rogar pelos seus amigos. Ele tirou os olhos de seu sofrimento e mirou nas necessidades dos outros. Orar, especialmente por aqueles que nos feriram, requer humildade e um coração alinhado ao propósito divino. Interceder nos transforma, ensina-nos a amar como Cristo, nos conecta com o coração de Deus e nos torna canais da sua graça e misericórdia.

Outra lição que aprendo é que o Senhor nos abençoa e intervém em nossas próprias situações ao nos preocuparmos mais com os outros do que conosco. A intercessão quebra as barreiras do egoísmo e abre espaço para milagres.

Você está disposta a clamar em favor dos que necessitam da intervenção divina? Jó mostrou-se um verdadeiro amigo e homem de Deus, pois preocupou-se com aqueles que estavam ao seu redor. Que isso nos motive a identificar as carências das pessoas e interceder por elas, mesmo aquelas que nos ferem e perseguem.

Viviane Martinello

Enviadas para restaurar visões

Ananias foi e encontrou Saulo. Ao impor as mãos sobre ele, disse: "Irmão Saulo, o SENHOR Jesus, que lhe apareceu no caminho para cá, me enviou para que você volte a enxergar e fique cheio do Espírito Santo". (Atos 9.17)

Até o capítulo nove do livro de Atos, o discípulo Ananias não havia sido mencionado nas Escrituras. Ao longo dos quatro evangelhos, lemos sobre as histórias e grandes experiências dos doze discípulos de Cristo, mas Ananias, até então, era um desconhecido. Se coubesse a mim decidir, é muito provável que indicaria um desses doze — talvez Pedro, Tiago ou João — para a importante tarefa de restaurar a visão daquele grande perseguidor da Igreja. Penso que seria uma escolha óbvia. No entanto, o Senhor enviou alguém que, pelo que sabemos, não estava em evidência como aqueles outros. A Bíblia o descreve como um homem devoto a Deus, dedicado à lei e muito respeitado por todos os judeus da cidade.

Esse detalhe, que talvez passe despercebido para alguns, chama muito a minha atenção, porque me leva a refletir que o poder de Deus não está limitado a pregadores, líderes, ministros e pastores influentes no país. O Senhor não usa apenas os que são vistos discursando em cima do altar em frente às multidões. Qualquer uma de nós, ainda que sejamos mulheres anônimas, podemos ser enviadas pelo Pai a fim de cumprir sua missão.

Para ser um instrumento nas mãos divinas você não precisa de títulos ou reconhecimento. Não importa se está entre os ditos "famosos" ou se o seu nome é conhecido pelos homens. Basta andarmos com Deus e, assim como Ananias, estaremos capacitadas para restaurar a visão daqueles que se encontram caídos. Eu creio que aquelas que permanecem fiéis e obedientes ao Senhor, farão a diferença em nossa nação, mesmo sem cargos ou posições relevantes, pois estarão dispostas a dizer "Sim, Senhor!", quando ele nos convocar.

Nossa missão é na Terra, mas nossa pátria é no Céu

Nossa cidadania, no entanto, vem do céu,
e de lá aguardamos ansiosamente a volta do Salvador,
o SENHOR *Jesus Cristo.* (Filipenses 3.20)

Muitas vezes estamos tão concentradas na vida terrena que nos esquecemos da pátria a qual de fato pertencemos. Habitamos em um mundo cheio de desafios, mas como mulheres de Deus, temos uma esperança viva que nos diferencia: nossa verdadeira cidadania e identidade são celestiais. Isso significa que estamos aqui de passagem, pois nosso lar definitivo é o Céu, e essa compreensão muda completamente a maneira como vivemos.

Em vez de ocuparmos o coração com os prazeres e preocupações desta Terra, devemos caminhar de acordo com os valores do Reino de Deus, que são justiça, paz e alegria no Espírito Santo (cf. Romanos 14.17). Nossa lealdade precisa estar direcionada a Deus e seus propósitos, assim não corremos o risco de perder a visão da grandiosidade do Céu e da alegria de estarmos com Cristo.

Com essa esperança em mente, aguardamos a volta de Jesus sem nos esquecermos de que temos uma missão fundamental a cumprir. Paulo nos encoraja a seguir seu exemplo e o daqueles que foram fiéis ao Evangelho, honrando a nossa pátria celestial. Ou seja, como embaixadoras de Cristo (cf. 2Coríntios 5.20), nossas palavras e ações devem representar o Céu e impactar os que estão em nosso entorno.

Hoje, eu a encorajo a viver cada dia com os olhos fixos na Eternidade e os pés firmes no chão, lembrando que enquanto estamos aqui, há uma tarefa crucial a ser cumprida. Almas carecem de ouvir sobre a graça transformadora do Evangelho, então compartilhe a boa notícia que você carrega, para que elas também encontrem no Céu o seu lar.

Vença a preguiça espiritual com atitude

[...] pois o espírito está disposto, mas a carne é fraca. (Mateus 26.41)

Você já teve preguiça de realizar alguma atividade? Terminar um trabalho da faculdade, organizar o guarda-roupa, ir para a academia ou resolver qualquer outra pendência que estava adiando há meses? Às vezes, a tarefa parece ser tão trabalhosa, que mal sabemos por onde começar e até pensamos em desistir. Mas, ao darmos o primeiro passo, notamos que aquele suposto "bicho de sete cabeças" não era tão ruim quanto imaginávamos. No final, a sensação de dever cumprido é tão boa que nos faz sentir revigoradas.

Em nossas disciplinas espirituais, acontece o mesmo. Nem sempre temos vontade de estudar as Escrituras e passar tempo em oração. Algumas de nós ficam intimidadas com a quantidade de páginas da Bíblia e pensam jamais serem capazes de ler a Palavra por completo, de Gênesis a Apocalipse. Porém, quantas não foram as vezes que eu disse para mim mesma: "Vou ler apenas um versículo"; e, logo em seguida, via-me estudando um livro inteiro das Escrituras. Isso ocorre porque toda a preguiça espiritual é vencida com atitude.

Sabemos que nossa carne é fraca, mas Jesus também afirmou que o nosso espírito está pronto. Por isso, mulher, não espere a vontade chegar para se dedicar às práticas espirituais. Tenha atitude e lembre-se de que seu espírito está disposto a buscar o Senhor. Comece separando dez minutos do seu dia para fazer o devocional, e você verá que, em pouco tempo, eles se transformarão em vinte e, mais adiante, uma hora parecerá muito pouco. Este é o meu conselho para você hoje: apenas comece.

Inversão de valores

Que aflição espera os que chamam o mal de bem
e o bem de mal, a escuridão de luz e a luz de escuridão,
o amargo de doce e o doce de amargo. (Isaías 5.20)

Nos dias de Isaías, o povo de Israel havia se desviado dos caminhos do Senhor e trocado seus mandamentos pelos desejos de seus próprios corações. O certo passou a ser desprezado, ao passo que o errado era exaltado. Hoje não é diferente: a verdade absoluta de Deus tem sido relativizada e até rejeitada. O que era considerado errado agora é aceito e até celebrado, enquanto os valores bíblicos são ridicularizados.

A inversão de valores é como um espelho distorcido em que o que deveria ser reto e claro aparece deformado e confuso. Talvez você já tenha passado por uma ocasião em que foi ironizada por buscar o bem-estar de alguém, em vez de seus próprios interesses. E o que dizer daqueles que são considerados inteligentes por manipular uma situação e obter benefícios ao mesmo tempo que uma pessoa íntegra é escarnecida?

Tenho certeza de que você também teria diversos outros exemplos a acrescentar nessa lista, porque eles estão, dia a dia, encontrando espaço em nossa vida. Da política à educação; da vida pessoal à profissional, até a religiosa. Diante desse cenário, temos de clamar a Deus por discernimento e sabedoria, a fim de não sermos enganadas pelas mentiras desta Terra. A Palavra ainda é, e continuará sendo, nosso guia e alicerce, mesmo quando for impopular ou difícil de ser praticada. Que possamos nos fundamentar em valores sólidos, mostrando ao mundo que o bem ainda é bom e o mal permanece sendo errado, conforme as Escrituras nos ensinam.

Uma vida bem-sucedida

Quem mais eu tenho no céu senão a ti? Eu te desejo mais que a qualquer coisa na terra. **(Salmos 73.25).**

Há muitos anos, conheci alguém que estava focado em alcançar suas metas. No papel de parede de seu *notebook*, havia a foto de um carro conversível e de uma linda mansão. Ele as guardava consigo, pois dizia que um dia conquistaria todos aqueles bens. Tempos depois, esse indivíduo se converteu e, por causa disso, as fotos em seu computador foram substituídas por uma única imagem: um pastor famoso pregando para milhares de pessoas. "Agora este é o meu sonho... um dia pregarei para multidões", passou a dizer, apesar de não ter pedido a Deus direcionamento acerca de sua nova meta.

Mesmo que seus objetivos tivessem mudado, era perceptível que ele ainda ansiava pelo sucesso terreno. O dinheiro e as viagens foram apenas substituídos pelo desejo de fama e reconhecimento. Aquele homem tinha tido um encontro com Jesus, mas ainda precisava redefinir o conceito de sucesso em sua mente.

Conforme caminhamos com Cristo, experimentamos o que o salmista declara no versículo de hoje: não há nada nesta Terra que possa nos satisfazer como a presença do Senhor, pois nele somos completos. Podemos alcançar multidões através do Evangelho, ser influentes e nos tornarmos relevantes. No entanto, ser bem-sucedida, no Reino de Deus, não tem relação com a grandiosidade do nosso ministério.

O verdadeiro sucesso está em nos tornarmos parecidas com Jesus e encontrarmos no Pai a nossa fonte de prazer, plenitude e alegria. Oro para que a sua maior meta de vida seja permanecer fiel ao Senhor e, que, ao final da caminhada, você faça das palavras de Paulo as suas: "Lutei o bom combate, terminei a corrida e permaneci fiel" (2Timóteo 4.7). Esse é o resumo de uma vida bem-sucedida.

Espere pacientemente

Por que você está tão abatida, ó minha alma?
Por que está tão triste? Espere em Deus! Ainda voltarei
a louvá-lo, meu Salvador e meu Deus! [...] (Salmos 42.5-6)

Não sei como você acordou hoje, mas o importante é que está aqui, ansiosa por mais de Deus. Quem sabe você se encontre em um deserto árido, onde a alegria e a paz parecem miragens. O salmista também passou por tempos assim. Nesses versículos, ele expressa a angústia do coração, questionando a sua alma sobre a própria desolação.

O livro de Salmos está repleto de experiências que revelam a natureza humana: por vezes, alegre; outras, triste; ora cantando uma vitória; em outros momentos, chorando uma perda. Mas há uma boa notícia: em todas elas, o Senhor esteve presente. Assim como as primeiras gotas de chuva trazem vida ao solo ressequido, a presença de Deus é capaz de inundar nossa alma com paz e alegria que independem de circunstâncias. Ele é o nosso Senhor, aquele que não nos abandona nas horas de aflição e em tempos de fartura.

Nossas tristezas e preocupações são como nuvens passageiras que uma vez ou outra não nos permitem enxergar o sol da presença de Deus. Ele, porém, nunca deixou de brilhar além das nuvens. Mesmo quando não o sentimos por perto, o Senhor jamais cessou de cuidar de nós. Ele é constante em seu amor e misericórdia. Portanto, espere pacientemente no Senhor.

Puras e inculpáveis

[...] Levem uma vida pura e inculpável como filhos de Deus, brilhando como luzes resplandecentes num mundo cheio de gente corrompida e perversa. (Filipenses 2.15)

Dias atrás, ouvi a história de uma amiga que estava no trabalho e atendeu a ligação de uma pessoa com quem seu chefe não queria conversar. Assim que passou o recado, ele pediu: "Diga que não estou". Naquele instante, ela entrou em conflito consigo mesma: mentir era errado, mas como desobedecer à ordem de alguém que tinha o poder de demiti-la? Havia contas, aluguel e boletos a pagar; valeria a pena arriscar a sua segurança financeira por causa de uma mentira inofensiva?

— Não posso fazer isso — ela respondeu.

— O quê? — disse o chefe, indignado. — Estou mandando: diga que não estou aqui — insistiu.

— Mas você está, e eu não vou mentir.

Então, vendo que a postura dela era irredutível, ele assumiu a ligação. Minha amiga tinha certeza de que, depois que seu chefe terminasse aquela conversa ao telefone, ela seria mandada embora. No entanto, foi surpreendida ao ouvi-lo dizer: "Eu nunca vi uma profissional com princípios tão bem estabelecidos. A partir de agora, sei que posso confiar na sua responsabilidade e caráter".

Nem sempre fazer o que é certo nos trará benefícios diante dos homens, mas em determinadas ocasiões, sim. Minha amiga foi elogiada pelo seu superior; só que, para além disso, ela agradou ao coração do Pai ao se manter pura e inculpável em meio àquela situação, e é isso o que devemos buscar em tudo o que fizermos.

O meu desejo é que você seja uma mulher corajosa e obediente ao Espírito Santo, mesmo nos momentos mais simples do seu cotidiano, a fim de que a luz de Cristo resplandeça através da sua vida. Em um mundo perverso e corrompido, nós nos manteremos puras e inculpáveis para a glória do nosso Deus, e ele, cedo ou tarde, certamente nos honrará.

Saúde financeira

A bênção do Senhor *traz riqueza, e ele não permite que a tristeza a acompanhe.* (Provérbios 10.22)

O capítulo 10 de Provérbios está entre os mais conhecidos de Salomão. Toda a passagem discorre sobre o contraste entre o comportamento do sábio e do tolo. Nela, Salomão nos ensina que a verdadeira riqueza é um dom de Deus, que não resulta em desgosto ou ansiedade, mas sim, em uma vida plena e abençoada.

Em sua infinita sabedoria e amor, o Senhor deseja que vivamos de maneira abundante (cf. Deuteronômio 28.11-12; Filipenses 4.19). Segundo a perspectiva bíblica, a saúde financeira é um meio para alcançarmos fins mais elevados. Deus se alegra ao usarmos nossos recursos para honrá-lo, ajudar os necessitados e expandir o seu Reino. A Palavra está repleta de exemplos de indivíduos prósperos, como Abraão, Jó e o próprio Salomão, que utilizaram suas riquezas para cumprir a vontade do Senhor.

No entanto, é crucial compreendermos que a nossa estabilidade financeira deve estar alinhada com princípios de integridade, generosidade e responsabilidade. Jesus nos advertiu sobre o perigo de amar o dinheiro mais do que a Deus (cf. Mateus 6.24). Sendo assim, a nossa atitude em relação aos recursos que estão em nossas mãos deve ser de mordomia, reconhecendo que tudo o que possuímos vem de Deus e pertence a ele.

Portanto, mulher, persiga a integridade e generosidade, seja fiel nos dízimos e ofertas, organize suas finanças com cuidado, gaste com sabedoria e respeite seus limites atuais. Assim, sua saúde financeira também será motivo para glorificar ao Senhor e servir aos outros.

Viviane Martinello

Não darei o que não me custe

"Eu lhe darei tudo, ó rei. E que o SENHOR, seu Deus, aceite seu sacrifício". O rei, porém, respondeu a Araúna: "Não! Faço questão de pagar por tudo. Não apresentarei ao SENHOR, meu Deus, holocaustos que nada me custaram" [...]. (2Samuel 24.23-24)

O livro de 2Samuel, no capítulo 24, conta como o pecado do rei Davi culminou com uma terrível praga em Israel. Com o intuito de pôr fim àquela calamidade, o profeta Gade, direcionado por Deus, ordenou que Davi construísse um altar ao Senhor. Prontamente, ele viajou até a terra que pertencia a Araúna, o jebuseu, para cumprir a ordem divina, contudo se recusou a adquirir o terreno e os animais sem pagar algo em troca.

Diante disso, a dúvida que surge é: mas se Araúna estava apenas sendo generoso com o rei, por que este recusou sua oferta? A resposta é simples: a construção de um altar envolve entrega e sacrifício. Por esse motivo, Davi fez questão de investir seus recursos na compra da terra, em vez de oferecer a Deus algo que não lhe custasse nada.

Essa atitude nos ensina algo vital: andar com Deus exige sacrifícios. É verdade que Cristo já pagou o mais alto preço na Cruz e nada do que fizermos poderá substituir ou adicionar valor à sua obra redentora. Ela é suficiente e perfeita. Entretanto, a jornada da fé cristã é uma estrada de renúncias. Custa caro seguir a Jesus, e cabe a nós entregar o melhor a ele.

Por amor, escolhemos fazer de nossa vida um sacrifício vivo ao Senhor. Por vezes, o que depositaremos no altar será o nosso orgulho, tempo, recursos; outras, os nossos sonhos, preocupações, relacionamentos e angústias, nas quais insistimos em nos apegar. Mas, ainda que custe e seja desconfortável, ele é digno. Não entregue a Deus o que não lhe custe nada.

Persuasão

Então Dalila disse: "Como você pode dizer que me ama, se não me conta seus segredos? Zombou de mim três vezes e ainda não me disse o que o torna tão forte!". (Juízes 16.15)

Enquanto a lua lançava seu brilho sobre a Terra, uma linda mulher acariciava suavemente os cabelos longos de Sansão e murmurava palavras doces que seduziam seu coração. Encantado pelo seu charme, ele hesitou algumas vezes, mas sua insistência o levou à exaustão. Naquela ocasião, Sanção dormia em seus braços quando Dalila mandou cortar silenciosamente cada uma das sete tranças que guardavam a força do jovem juiz de Israel. Essa é uma história romântica com um final nada feliz.

A capacidade de persuasão que nós mulheres possuímos pode ser usada para o bem ou para o mal. Dalila escolheu seduzir de forma traiçoeira e acabou provocando uma grande destruição. Manipular quem quer que seja para ganho pessoal traz como consequência situações devastadoras, não só para o traído, mas também para o traidor. Aquela jovem usou sua influência de maneira egoísta e desleal, e o resultado foi ruína e sofrimento. Como mulheres tementes a Deus, nossa postura deve ser de integridade e fidelidade em nossos relacionamentos, porque a confiança é um pilar fundamental em qualquer circunstância.

O modo como falamos, vestimo-nos e agimos tem grande impacto, seja edificando ou levando pessoas ao pecado. Neste 26 de novembro, considere se você está se comportando de modo egoísta ou atraindo outros a Cristo por meio da persuasão.

Lance as sementes

Jesus também disse: "O reino de Deus é como um lavrador que lança sementes sobre a terra. Noite e dia, esteja ele dormindo ou acordado, as sementes germinam e crescem, mas ele não sabe como isso acontece". (Marcos 4.26-27)

É muito provável que você conheça alguém que ainda não entregou sua vida para Jesus: uma amiga no trabalho, na faculdade, ou até mesmo as pessoas de sua casa. Às vezes, apesar de compartilharmos com eles o Evangelho, não notamos indícios imediatos de uma possível conversão. Alguns até nos ouvem com atenção e prometem pensar no assunto, mas não se mostram convencidos, e é comum que nos sintamos frustradas diante dessa aparente resistência.

Jesus, porém, revela que o crescimento do Reino envolve espera e confiança no poder divino. Como um lavrador, nossa tarefa é lançar as sementes — compartilhar a Palavra e testemunhar sobre o amor de Deus — com a convicção de que elas têm a capacidade de germinar mesmo que não saibamos como esse processo acontece.

Haverá momentos em que, em vez de tentarmos insistentemente convencer os outros, precisaremos apenas crer no poder transformador da Palavra de Deus, pois é certo que ela agirá no coração identificado como um solo fértil (cf. Marcos 4.3-20), estando nós acordadas ou dormindo. No fim das contas, não serão palavras rebuscadas ou argumentos teológicos bem elaborados os responsáveis pelo crescimento das sementes, mas sim, o agir sobrenatural do Espírito Santo, que vai além da nossa compreensão.

Se, no dia de hoje, você se lembrou de alguém que carece de um encontro com Cristo, jejue pela vida dessa pessoa, interceda por ela e não deixe de lançar as sementes quando tiver a oportunidade, porque "a terra produz as colheitas por si própria. Primeiro aparece uma folha, depois se formam as espigas de trigo e, por fim, o cereal amadurece" (Marcos 4.28).

As perguntas de Jesus

"Se um homem tiver cem ovelhas e uma delas se perder, o que vocês acham que ele fará? Não deixará as outras noventa e nove nos montes e sairá à procura da perdida?" (Mateus 18.12)

Umas das coisas que amo no método de ensino de Jesus é a maneira como ele revela nosso coração por meio de perguntas. Não foram poucas as vezes que o Senhor me questionou: "Se tal situação acontecesse, o que você faria?"; e o meu coração foi exposto em todas as respostas que lhe dei.

Ao perguntar aos escribas e fariseus sobre o que um pastor faria se uma de suas ovelhas se perdesse, o Mestre desejava trazer consciência àqueles homens acerca do que havia no interior de cada um: legalismo e falta de amor. Mas Cristo não parou por ali; em seguida, ele revelou o seu próprio coração. Como um pastor amoroso, ele disse que deixaria as noventa e nove bem guardadas e buscaria a que estava doente e perdida. O Bom Pastor não desiste do seu rebanho nem quer que nenhuma ovelha se perca.

Hoje ele também nos questiona com o propósito de nos ajudar a amadurecer: "Você está disposta a perdoar como deseja ser perdoada?". Ou quem sabe: "Se você ouvisse as mesmas palavras que acabou de pronunciar para a sua colega de trabalho, como se sentiria?". Ao fazer perguntas, ele não apenas desnuda o nosso coração, mas também o dele. Em suas entranhas há amor e cuidado por mim e por você.

Mulher, as perguntas de Jesus não têm o propósito de nos acusar ou nos fazer desistir de nós mesmas. Elas nos acham, trazem equilíbrio e revelam nosso coração, a fim de que sejamos mais parecidas com ele. O que Cristo lhe pergunta hoje?

Testemunhe

***Depois que aquela geração morreu e se reuniu a seus antepassados, surgiu uma nova geração que não conhecia o* S*ENHOR* *nem tinha visto as grandes coisas que ele havia feito por Israel.* (Juízes 2.10)**

No Antigo Testamento, o Senhor constantemente ordenava que Israel compartilhasse com as gerações seguintes as maravilhas que havia presenciado: "[...] conte a seus filhos e netos como eu ridicularizei os egípcios e lhes fale dos sinais que realizei no meio deles [...]" (Êxodo 10.2). Isso aconteceu quando o povo foi liberto do Egito, e passou a celebrar a Páscoa para jamais se esquecer daquele dia (cf. Êxodo 13.1-16); ou quando as águas do rio Jordão se ergueram sobrenaturalmente, e Deus mandou que os israelitas construíssem um memorial como recordação (cf. Josué 4).

No entanto, no livro de Juízes, lemos que a geração seguinte já não conhecia a Deus. Os grandes milagres que o Senhor realizara tinham sido esquecidos, e o povo havia se voltado para a prática da idolatria. Essa passagem me causa uma tristeza profunda, e serve de alerta para nós. Devemos continuamente trazer à memória o que Deus realizou em nossa vida no passado.

O seu testemunho não pode terminar em você. A cura, os milagres, a restauração e a provisão divinas em sua história devem funcionar como memoriais, a fim de que outros glorifiquem ao Senhor ao se lembrarem de suas trajetórias. Compartilhe o que você tem vivido: os aprendizados, revelações e experiências sobrenaturais da sua jornada com Cristo. Eu e o Telmo faremos a nossa parte para que nossos descendentes sejam uma geração apaixonada por Jesus. E você? Deseja se juntar a nós nessa missão? Comece pelo seu testemunho.

Você é feliz e nem sabe

Posso todas as coisas por meio de Cristo, que me dá forças. **(Filipenses 4.13)**

Certa ocasião, minha filha caçula me perguntou: "Mãe, por que todos os dias não são feriados?". E eu respondi: "Se fosse assim, você se cansaria deles". Como a Isabela, temos a tendência de limitar a nossa felicidade apenas aos dias bons, pois pensamos que ela está contida somente nas épocas de festa, nas férias de fim de ano, nas viagens para o exterior.

Em sua carta aos filipenses, Paulo nos diz que aprendeu a estar contente em toda e qualquer situação, seja nos feriados, nas segundas ou terças-feiras, pois encontrou a verdadeira fonte de alegria e força: o próprio Deus. A Bela achava que precisava de mais feriados em sua vida, no entanto não tinha se dado conta de que a existência dos dias úteis era o que tornava os dias de descanso tão especiais.

Portanto, mulher, aprenda a reconhecer o valor de cada momento, porque, mesmo em meio às estações desafiadoras, Cristo nos dá forças, contentamento e paz. Alegre-se com aquilo que você está vivenciando hoje e não se esqueça de que o Senhor a sustentará nessa fase. Se você tem Cristo em sua vida, já é feliz e talvez nem saiba.

Dezembro

Uma representante à altura

E tudo que fizerem ou disserem, façam em nome do SENHOR *Jesus, dando graças a Deus, o Pai, por meio dele.* (Colossenses 3.17)

Imagine que você não consiga comparecer a um evento importante do trabalho e escolha alguém para ir em seu lugar. Antes de enviá-lo, você dá instruções de como a pessoa deve se comportar, pois as ações dela representarão as suas naquele ambiente. Entretanto, descobre que ela não seguiu suas ordens, falou o que não devia e agiu de modo inapropriado. Como você se sentiria? No mínimo, ficaria decepcionada. Penso que Jesus também se entristece ao ver muitos que se dizem cristãos o representarem de maneira indevida.

Tempos atrás, fiquei impressionada quando visitei o consulado norte-americano, pois, mesmo em território brasileiro, aquele solo pertencia aos Estados Unidos da América, o que significava que a língua, os costumes e as leis vigentes eram referentes a esse país. Da mesma forma, nós temos a responsabilidade de representar o Reino dos Céus na Terra, caminhar de acordo com as leis divinas e atuar em nome de Jesus em tudo o que fizermos ou dissermos.

O jeito como fazemos compras no supermercado, pagamos nossas contas ou tratamos o porteiro do nosso prédio e as pessoas ao nosso redor devem refletir o caráter de Cristo. As Escrituras estão recheadas de decisões e atitudes de Jesus em contextos cruciais, e esse é o nosso manual se quisermos ser excelentes embaixadoras enquanto vivemos neste mundo.

Hoje, convido você a fazer uma autoavaliação acerca do seu comportamento. Sua postura está de acordo com as instruções que Jesus nos dá na Palavra? O Senhor nos deu uma tarefa, e devemos cumpri-la com seriedade. Então, como uma boa imitadora do Mestre, seja uma representante à altura do Reino de Deus.

Uma fé madura

***A fé mostra a realidade daquilo que esperamos; ela nos dá convicção de coisas que não vemos.* (Hebreus 11.1)**

Conforme caminhamos com o Senhor, passamos por alguns momentos que costumo chamar de "secos". São períodos em que, mesmo buscando a Deus no lugar secreto, temos dificuldade em ouvi-lo ou sentir sua presença; fazemos perguntas, mas não obtemos respostas; oramos, mas não enxergamos o agir divino. Nas Escrituras, especialmente no livro de Salmos, encontramos exemplos que descrevem muito bem essa sensação: "Todos os dias clamo a ti, meu Deus, mas não respondes; todas as noites levanto a voz, mas não encontro alívio" (Salmos 22.2).

Se você está experimentando algo parecido, não se desespere. Apesar de angustiantes, essas estações são necessárias, pois amadurecem a nossa fé. É maravilhoso sentir o mover do Espírito Santo de maneira palpável, como se o Céu descesse à Terra, ser tocada profundamente pela Palavra e chorar diante de uma manifestação sobrenatural. No entanto, adquirimos maior maturidade quando, mesmo não vendo, sentindo ou ouvindo, decidimos continuar crendo. Afinal, como lemos no versículo de hoje, a fé é a certeza daquilo que os nossos olhos são incapazes de enxergar.

Mais do que dependermos de sensações, Deus deseja nos conduzir por meio de uma fé ainda mais ousada e sólida. Por isso, persevere e apegue-se às promessas que estão escritas na Palavra, pois elas são verdadeiras e imutáveis. Na continuação do salmo 22, Davi escreve: "Louvem o SENHOR, todos que o temem! [...] Pois ele não desprezou nem desdenhou o sofrimento dos aflitos; não lhes deu as costas, mas ouviu seus clamores por socorro" (vs. 23-24). Essa é a palavra de esperança que deixo a você neste dia. Na perseverança, sua fé se tornará madura.

Viviane Martinello

O que você tem em suas mãos hoje?

"O senhor disse: 'Muito bem, meu servo bom e fiel. Você foi fiel na administração dessa quantia pequena, e agora lhe darei muitas outras responsabilidades. Venha celebrar comigo'". (Mateus 25.23)

Há alguns anos, tudo o que eu tinha em minhas mãos era meu marido, minha filha mais velha e minha casa. Ainda não me envolvia ministerialmente na igreja e, para qualquer um que me questionasse a respeito, eu respondia: "O meu lugar é nos bastidores". Havia momentos em que eu perguntava a Deus: "O que o Senhor quer de mim?". E o Pai me dizia: "Seja uma boa esposa, uma boa mãe e cuide do seu lar".

Então, como os servos fiéis da parábola de Jesus (cf. Mateus 25.14-30), entendi que deveria administrar meus recursos com excelência e ter responsabilidade com aquilo que o Senhor já havia me entregado — e não diria que recebera pouco, pois só quem é mãe e dona de casa sabe o quanto essa função exige de nós. Dediquei-me de todo o coração ao cuidado da minha família e, pouco a pouco, Deus passou a me revelar os próximos passos.

No versículo de hoje, Jesus conta que um dos servos se mostrou apto para receber novas responsabilidades ao zelar pelos recursos que já possuía. Algo muito valioso que aprendo com essa parábola é que a forma como cuidamos do que temos agora define onde estaremos amanhã.

Talvez você esteja com dúvidas em relação ao futuro e não tenha certeza da direção que deve tomar para cumprir os propósitos divinos. Se este é o caso, e você não sabe exatamente qual é o chamado específico de Deus para a sua vida, foque no que está em suas mãos hoje. Quais são as suas responsabilidades atuais? Seja fiel a elas com diligência, amor e dedicação. O seu empenho no presente indicará o quão preparada você estará para as incumbências futuras.

Frustração

Sei que podes fazer todas as coisas, e ninguém pode frustrar teus planos. (Jó 42.2)

Frustrações fazem parte da vida. Quem nunca sofreu por dedicar longos períodos a um projeto e, no fim, vê-lo ruir? Planos que fracassam, sonhos que parecem distantes e expectativas não alcançadas são experiências às quais estamos sujeitas. Nessas situações, a sensação de desânimo pode ser intensa.

Se você já leu a história de Jó, sabe que este homem passou por incontáveis e terríveis desapontamentos. Em um momento, era próspero, saudável e bem-sucedido; no outro, perdeu seus bens, seus filhos e foi acometido por uma grave doença. Porém, ao ouvir a voz de Deus, encontrou descanso e paz em meio aos seus questionamentos. Por mais desafiadores que tenham sido seus sofrimentos, Jó entendeu que poderia se agarrar a uma verdade inabalável: os planos divinos não podem ser frustrados.

Ainda que não alcancemos o que planejávamos, podemos confiar que os desígnios do Senhor são mais elevados que os nossos. Uma aparente derrota pode ser um livramento, uma porta para novas oportunidades ou o tratamento de Deus em nosso caráter. O mais importante de tudo é que se estamos em submissão a ele e confiamos em sua bondade, nenhuma esperança será frustrada.

Depois de seu encontro com o Senhor, Jó afirmou: "Antes, eu só te conhecia de ouvir falar; agora, eu te vi com meus próprios olhos" (Jó 42.5). Ao contemplar e conhecer verdadeiramente a gloriosa presença de Deus, ele se tornou de fato convicto do amor e soberania divinos, mesmo diante das incertezas e dores que enfrentou. Que essa seja sempre a sua postura também. Aproxime-se de Deus, conheça-o intimamente com seus próprios olhos e perceberá que os alvos que você não foi capaz de atingir não têm o poder de derrotá-la se você mantiver sua visão fixa na grandiosidade do Senhor.

Sempre confiantes

"[...] Afinal de contas, quem é esse filisteu incircunciso para desafiar os exércitos do Deus vivo?". (1Samuel 17.26)

Sempre que reflito na história de Davi, adquiro grandes aprendizados. Como um garoto teria a audácia de pronunciar a frase que acabamos de ler na base bíblica de hoje? De onde vinha essa ousadia e senso de responsabilidade em assumir um encargo que nem era seu? Creio que da convicção de quem era o Deus a quem servia. Tudo me faz acreditar que Davi era alguém confiante porque olhava menos para si e mais para Deus.

Temos a tendência de fitar o espelho e procurar ali a nossa confiança, talvez na roupa que vestimos ou no quão ajeitado está o nosso penteado e maquiagem. Pensamos que a nossa aparência é a maior fonte de autoconfiança e, por isso, ficamos frustradas e inseguras ao não atingirmos certo padrão. Existem ainda aquelas mulheres que buscam segurança em suas próprias habilidades, talentos ou inteligência. Mas o que fazer quando nada disso parece ser o suficiente para derrotar os gigantes que enfrentamos em nossa vida?

Ao comparar a altura de Golias com a grandeza do Senhor, ficou claro para Davi a quem estava destinada a vitória. É por esse motivo que um jovem aparentemente fraco e pequeno — se posto ao lado do gigante — carregava tal convicção: Golias poderia ser abalado, mas o Senhor, jamais.

Mulher, pare de procurar em si mesma as armas para vencer suas batalhas. É possível que você se encontre amedrontada por muitos gigantes, porém nenhum deles é maior do que o seu Deus. Carregando essa verdade em nosso coração, caminharemos como Davi, sempre confiantes.

Sem queixas é bem melhor

***Irmãos, não se queixem uns dos outros, para que não sejam julgados. Pois, vejam, o Juiz está à porta!* (Tiago 5.9)**

Em nosso dia a dia, é fácil nos envolvermos em reclamações e críticas, seja por algo que saiu diferente do que planejávamos ou até mesmo por impaciência com os processos das pessoas. No entanto, a Palavra nos adverte a não nos queixarmos uns dos outros. Ao fazer isso, abrimos espaço para o julgamento e esquecemos que o verdadeiro Juiz está às portas.

Recentemente, li uma história bastante divertida sobre uma senhora que estava com seu carro avariado no meio de um congestionamento. Isso é um pesadelo para qualquer pessoa, mas ela manteve a calma e tentou ligar o veículo novamente. Após alguns segundos, o motorista atrás dela começou a buzinar e xingar incessantemente. Depois de alguns minutos de buzinadas contínuas, a senhora saiu do carro, foi até o motorista e disse educadamente: "Senhor, estou com dificuldades para ligar o meu carro. Se puder fazer a gentileza de tentar ligá-lo para mim, ficarei muito feliz em me sentar no seu lugar e buzinar para você". Dei algumas risadas com essa história, mas fiquei pensando se não faríamos o mesmo se estivéssemos no lugar desse homem.

Devemos lembrar que cada um tem motivos para agir de determinada forma. Deus trabalha em diferentes áreas na vida das pessoas e é paciente conosco. Portanto, devemos fazer o mesmo, e não dar lugar à contenda. Ao contrário de críticas e reclamações, precisamos oferecer palavras de encorajamento e amor. De outro modo, atrairemos o julgamento para nós mesmas.

Ore para que Deus lhe dê um coração compassivo e um espírito paciente, capaz de ver o melhor nos outros e ajudá-los a alcançar o seu potencial. Não se esqueça: o Juiz está às portas; deixe que ele faça o julgamento.

Viviane Martinello

A voz que nos convence

Quando ele vier, convencerá o mundo do pecado, da justiça e do juízo. (João 16.8)

Tenho duas filhas com personalidades muito diferentes. Uma é mais contida, e eu constantemente a encorajo com frases do tipo: "Vá, Deus a chamou para isso!"; a outra é acelerada, mas ainda imatura, por isso costumo lhe dizer: "Tenha calma, ainda não é o tempo".

Às vezes, preciso convencê-las a vestir um casaco nos dias frios ou dormir cedo para acordarem dispostas no dia seguinte. Como mãe, tento ajudá-las a entender o caminho correto a seguir e quais escolhas fazer, e o Espírito Santo de Deus também age assim em nossa vida. Em certos momentos, ele nos dá ousadia para avançar; em outros, segura nossos passos e nos faz desacelerar. Em todo caso, é a voz que nos convence a agir da maneira que agradará o coração do Pai.

Ao se despedir de seus discípulos, Jesus disse que enviaria o seu Espírito para nos auxiliar enquanto vivemos neste mundo. É ele quem nos exorta a pedir perdão, mesmo quando pensamos que temos a razão; leva-nos a agir com honestidade, a confessar nossos pecados, a sermos pacientes, justas e íntegras. Manso e humilde, guia-nos ao arrependimento diariamente, para nos transformar em mulheres espiritualmente maduras, resilientes e obedientes a Deus, à semelhança de Cristo.

Assim como uma mãe sabe o que é melhor para seus filhos, o Encorajador deseja nos ensinar e aconselhar, a fim de que vivamos a plenitude do Evangelho. Não seja uma pessoa teimosa, que insiste em caminhar sem ser direcionada por ele. Peça ao Pai que lhe dê sensibilidade à voz do Espírito Santo, e seja obediente ao seu comando.

Sede de Deus

Como a corça anseia pelas correntes de água,
***assim minha alma anseia por ti, ó Deus.* (Salmos 42.1)**

Sei que muitas de nós têm o grande desejo de aprofundar o seu relacionamento com o Senhor, dedicarem mais tempo à leitura da Palavra e ao encontro com Jesus no secreto. No entanto, devido à rotina agitada e às várias demandas do dia a dia, sentem-se incapazes de fazê-lo e, por conta disso, carregam um peso de culpa sobre seus ombros.

Se você se encontra dessa maneira, quero lhe oferecer dois conselhos: pare de idealizar o seu tempo com Deus, pois a manifestação divina não está limitada a formatos específicos; além disso, entenda que quem tem sede pelo Senhor sempre alcançará uma forma de encontrá-lo. Assim como o desejo por água impulsiona a corça a buscar as correntes de águas, a nossa alma carece do Senhor e achará um caminho até ele, mesmo em meio à correria.

Deus é onipresente, e isso significa que podemos acessar a sua presença onde estivermos. Quando lavamos a louça ou tomamos banho, no caminho para a faculdade, na volta do trabalho ou até mesmo na fila do banco ou enquanto cozinhamos, ali o Senhor está. Aprenda a estar sensível ao Espírito Santo não somente ao ajoelhar-se para orar em seu quarto, mas em todos os instantes da sua rotina.

Já tive encontros profundos com Deus em meu quarto, outras vezes, enquanto louvava no banho; e longas conversas com ele enquanto balançava minha filha em meus braços e pedia por ânimo e auxílio. Mulher, o Senhor está conosco mesmo nos dias mais cansativos, em que não conseguimos parar nem ao menos um minuto. O que preciso lhe perguntar é: você tem sede? A fonte está disponível, acessível em qualquer lugar, e jorrará continuamente.

O perigo da ira

Entendam isto, meus amados irmãos: estejam todos prontos para ouvir, mas não se apressem em falar nem em se irar. A ira humana não produz a justiça divina. **(Tiago 1.19-20)**

Uma lição muito preciosa que aprendi em meu relacionamento com o Espírito Santo é não agir de imediato ou dizer algo sem antes refletir, principalmente em meio a discussões com ânimos acalorados. Se deixamos que a ira nos controle, perdemos o domínio sobre nossas falas e ações, o que abre espaço para atitudes pecaminosas que nunca geram bons frutos.

Siga o conselho que está escrito no livro de Tiago e aprenda ouvir o que os outros têm a dizer, mesmo que você se sinta injustiçada. No entanto, não retenha suas emoções sem analisá-las, pois elas nos ajudam a compreender em que estado se encontra o nosso coração. Leve seus sentimentos de raiva e angústia ao Senhor, em vez de descarregá-los impulsivamente em outras pessoas, e deixe que o Espírito Santo lhe mostre a melhor maneira de lidar com as situações que desestabilizam o seu emocional.

Em diversos momentos, corri para o Pai e lhe perguntei: "Senhor, o que eu faço? Como respondo a essa pessoa? Diante desse problema, como devo me comportar? O que esses sentimentos revelam sobre mim?". A verdade é que a nossa ira nos ensina mais a respeito de nós mesmas do que sobre aqueles com quem convivemos.

Nem sempre você estará com a razão, e chegar a essa conclusão é sinal de humildade, maturidade e nos impede de fomentar contendas que em nada acrescentam. Por isso, esteja pronta para ouvir e busque aconselhamento do alto antes de fazer algo do qual poderá se arrepender depois.

É só por ela

Não, irmãos, não a alcancei, mas concentro todos os meus esforços nisto: esquecendo-me do passado e olhando para o que está adiante, prossigo para o final da corrida, a fim de receber o prêmio celestial para o qual Deus nos chama em Cristo Jesus. Todos nós que alcançamos a maturidade devemos concordar quanto a essas coisas. Se discordam em algum ponto, confio que Deus o esclarecerá para vocês. **(Filipenses 3.13-15)**

Olhar apenas para o alto é uma lição que aprendi nesta estação. Ouvir atentamente a voz de Deus e obedecê-la foi uma questão de sobrevivência diante do caos instalado nas adversidades dentro e fora de mim. As instabilidades neste tempo que estamos vivendo abalam tudo, menos a nossa vida com Deus. Esta, na verdade, é fortalecida, apesar dos ventos furiosos, derrubando o que considerávamos seguro ou verdadeiro.

Escolhi olhar para o Senhor. Escolhi me aquietar debaixo de sua soberania. Escolhi suas palavras. Escolhi a quietude e confiança (cf. Isaías 30.15).

Hoje, faço minhas as palavras de Paulo aos filipenses. Não dependo das minhas próprias forças para seguir; no entanto, tenho um foco: esqueço todo o passado ao mesmo tempo em que fixo meu coração no futuro, e corro direto em direção ao convite divino de alcançar a meta celestial e ganhar o prêmio da vitória para o qual Deus nos chama em Cristo.

A minha oração neste dia é que todos conquistem essa maturidade, façam a sua parte e foquem no alto sem jamais esquecerem: é pela graça, e só por ela.

Viviane Martinello

A tua vontade, não a minha

Ele avançou um pouco, curvou-se com o rosto no chão e orou: "Meu Pai! Se for possível, afasta de mim este cálice. Contudo, que seja feita a tua vontade, e não a minha". (Mateus 26.39)

Essa passagem relata um dos momentos mais angustiantes que nosso Mestre enfrentou em seu tempo aqui na Terra. Logo antes de ser levado preso, Jesus rasgou o coração em sua oração no Getsêmani. Tomado por uma tristeza e agonia tamanhas, ele confessou a Deus a sua aflição e pediu: "Meu Pai! Se for possível, afasta de mim este cálice". Cristo não queria passar por aquele sofrimento, mas seu clamor não parou ali. A frase que declarou a seguir é um exemplo a ser seguido por cada uma de nós: "Que seja feita a tua vontade, e não a minha".

Creio que não há maior prova de maturidade espiritual do que esta: submeter-se aos desígnios divinos, mesmo que sejam contrários aos nossos anseios. A Palavra não garante que Deus realizará tudo o que desejamos. Nenhum versículo assegura que você e eu obteremos o relacionamento amoroso, a viagem ou o emprego com os quais sempre sonhamos. Porém, Cristo nos promete paz sobrenatural, alegria, vida em abundância, consolo, provisão, descanso, esperança e a eternidade ao seu lado. Essas são as promessas nas quais devemos nos apegar.

Haverá ocasiões em que a sua vontade não será concedida pelo Senhor e, talvez, você terá de fazer o oposto do que gostaria, mas se a vontade dele é boa, perfeita e agradável, não seria isso uma bênção no fim das contas? Mesmo tomado por dor e sofrimento profundos, Jesus sabia que o Pai era soberano. Que, assim como o Mestre, aprendamos a confiar no caráter e verdades divinos, convictas de que, apesar de nem sempre entendermos a forma como Deus trabalha, ele nos reserva aquilo que é bom, perfeito e agradável todas as vezes.

Um remédio eficiente

O coração alegre é um bom remédio, mas o espírito abatido consome as forças. **(Provérbios 17.22)**

Provérbios nos lembra de que o coração alegre é fonte de cura e vitalidade para todo o nosso ser, mas o abatimento seca os ossos e consome a nossa energia. A ciência moderna confirma essa sabedoria com estudos que revelam que a alegria e o riso podem fortalecer nosso sistema imunológico, aumentar a resistência a doenças e promover uma vida mais longa. Quando nos permitimos experimentar a alegria, liberamos endorfina, um dos hormônios que proporciona felicidade, bem-estar e alivia o estresse e a dor. Em outras palavras, a alegria não só enriquece a nossa alma, mas também revitaliza o nosso corpo.

No entanto, é verdade que não estamos felizes o tempo todo. Quando Deus nos criou, ele nos dotou de uma variedade de emoções que, juntas, imprimem beleza e equilíbrio à nossa vida. Neste mundo enfrentamos desafios, tristezas, lutos e decepções que podem nos abater, contudo, somos capazes de desfrutar da alegria plena, que é um dos pilares do Reino de Deus (cf. Romanos 14.17). Apesar das circunstâncias que nos rodeiam, o povo de Deus caminha contente, pois a presença do Senhor é a fonte da verdadeira alegria.

Um balde com água e uma toalha

Depois de lavar os pés deles, Jesus vestiu a capa novamente, retornou a seu lugar e perguntou: "Vocês entendem o que fiz? Eu lhes dei um exemplo a ser seguido. Façam como eu fiz a vocês". **(João 13.12,15)**

No trecho que acabamos de ler, não encontramos Cristo discursando sobre sua humildade. Acho interessante como, em vez de utilizar palavras, ele escolheu demonstrar, por meio do serviço ao próximo, o caminho para se tornar humilde. Ao lavar os pés dos seus discípulos, o Mestre, aquele que, pela lógica, deveria ser servido, fez-se servo de todos.

Percebo que, constantemente, queremos ter nossas demandas atendidas, e grande parte das dores e mágoas que adquirimos são geradas quando isso não acontece. Se o marido não responde às nossas mensagens na mesma hora, se não somos convidadas para um evento, se uma amiga está ocupada e não pode nos encontrar, nós instantaneamente pensamos: "Ninguém se importa comigo". Mas e nós? Com que frequência nos importamos com as carências dos outros?

Às vezes, estamos tão focadas em nós mesmas, que nos tornamos rabugentas, exigentes e vitimistas. Talvez, o que nos falta é um balde com água e uma toalha, para que abandonemos a necessidade de sermos servidas o tempo todo e aprendamos a assumir uma posição de servas, à semelhança de Jesus.

Mulher, decida honrar os outros através do seu serviço; coloque-se à disposição do seu marido, colegas de trabalho, irmãos de sua igreja local, e alcance-os com um amor constrangedor, bem como os discípulos se sentiram com a atitude de Cristo. O Mestre nos garante: "Agora que vocês sabem estas coisas, serão felizes se as praticarem" (João 13.17).

O menino e o carvão

***Amados, nunca se vinguem; deixem que a ira de Deus se encarregue disso, pois assim dizem as Escrituras: "A vingança cabe a mim, eu lhes darei o troco, diz o* SENHOR*".* (Romanos 12.19)

Ninguém gosta de ser injustiçado ou humilhado. No entanto, certamente você já enfrentou situações assim no decorrer da sua vida. Quando isso acontece, quase sempre, nosso coração obstinado pode buscar meios de se vingar e não levar desaforo para casa. Os versos acima, em contrapartida, revelam a nós uma ordem e uma promessa bem diferentes: nunca se vingue, porque a vingança pertence a Deus.

Toda vez que penso nesse assunto, lembro-me da história do menino que ficou furioso depois de ter sido humilhado por um colega na escola. O pai, percebendo a raiva do filho, propôs uma forma alternativa de vingança: atirar pedaços de carvão em uma camiseta branca, imaginando que ela representava o garoto que o aborrecera. O jovem aceitou a proposta e pôs-se a "trabalhar". Errou algumas vezes, mas acertou outras, e continuou até que todo o carvão acabasse. Ao fim, seu pai o levou diante de um espelho, e o menino ficou surpreso ao enxergar-se sujo da cabeça aos pés. Aquele pai então lhe explicou: "Filho, a vingança deixa você manchado. O melhor caminho sempre será o perdão".

Essa história ilustra a verdade de Romanos 12.19. Jamais devemos nos vingar se não quisermos acabar nos contaminando com amargura, ira e raiva. Deus nos chama a deixar a vingança em suas mãos, confiando que ele é justo e retribuirá conforme seu perfeito julgamento. Perdoar é liberar a outra pessoa e entregar a nossa dor e injustiça diante de Deus, que é quem pode solucionar a questão.

O meu conselho é: frente a um contexto que lhe desperta a ira, procure confiar na justiça do alto e rejeitar a vingança. Abrace o perdão e esteja com o coração livre e as mãos limpas perante Deus.

"Posso ofender a sua mente?"

Muitos de seus discípulos disseram: "Sua mensagem é dura. Quem é capaz de aceitá-la?". Jesus, sabendo que seus discípulos reclamavam, disse: "Isso os ofende?". (João 6.60-61)

Um dia, eu orava em minha casa e senti o Espírito Santo dizer ao meu coração: "Querida, eu posso ofender a sua mente?". Aquele questionamento me pareceu estranho num primeiro momento. Perguntei a Deus o que significava e ele logo respondeu: "Alguns dos meus direcionamentos ofenderão certas convicções que você carrega".

No Evangelho de João, lemos que muitos dos discípulos de Jesus se escandalizaram com o seu discurso, pois interpretaram suas palavras de acordo com a lógica terrena; eram incapazes de abandonar a razão humana para compreenderem as verdades espirituais que o Mestre declarava (cf. 1Coríntios 2.14). Estavam mais interessados nos milagres que Cristo podia fazer do que se aprofundarem nos mistérios do Reino. Por essa razão, recusaram-se a obedecer às palavras do Senhor.

Assim como eles, por muito tempo eu me apeguei a uma racionalidade e a crenças que me impediam de me relacionar com o Senhor profunda e intimamente. Mas, diferentemente dos homens e mulheres que abandonaram Jesus, eu permiti que ele desfizesse certezas vazias que havia construído em meu coração, a fim de experimentar as revelações celestiais que o Pai reservava para mim.

Permita que o Senhor desconstrua certos pensamentos, mentalidades e até mesmo a religiosidade que você talvez tem alimentado durante anos e a impossibilita de enxergar as circunstâncias de acordo com a ótica do Céu. O mover de Deus não se limita a moldes; ele está "fora da caixa", por isso Paulo escreveu que: "a mensagem da cruz é loucura para os que se encaminham para a destruição, mas para nós que estamos sendo salvos ela é o poder de Deus" (1Coríntios 1.18).

Pobres de espírito

***"Felizes os pobres de espírito, pois o reino dos céus lhes pertence".* (Mateus 5.3)**

Penso nas bem-aventuranças como uma joia preciosa cravada nas Escrituras. Quando Jesus ofereceu esse presente àqueles que o ouviam, sua intenção era ensiná-los acerca das verdades simples e complexas do Reino. Elas continuam possuindo o mesmo valor hoje.

O versículo-base que lemos neste devocional, o primeiro das bem-aventuranças, revela-nos a essência da humildade e da dependência de Deus, porque ser pobre de espírito não se refere à pobreza material, mas ao reconhecimento da nossa insuficiência diante das fragilidades da vida.

A verdadeira riqueza não reside nos bens materiais, e sim em um coração aberto e quebrantado pela ação divina. Ser pobre de espírito é estar consciente das suas limitações e, ao mesmo tempo, da imensidão do amor e poder do Pai. É compreender que a nossa força provém daquele que nos sustenta.

A promessa contida em Mateus 5.3 é extraordinária: o Reino dos Céus pertence aos pobres de espírito, já que os orgulhosos e soberbos ficarão de fora. Esse Reino não é apenas uma promessa futura, mas uma realidade que podemos experimentar aqui e agora, à medida que vivemos em comunhão com Deus, permitindo que seu amor e graça transformem a nossa vida. A minha oração é para que esta seja a nossa essência; que busquemos persistentemente a pobreza de espírito, pois assim descobriremos um pouco mais o significado de "bem-aventurado".

Viviane Martinello

Amiga de Deus

No dia do juízo, muitos me dirão: "Senhor! Senhor! Não profetizamos em teu nome, não expulsamos demônios em teu nome e não realizamos muitos milagres em teu nome?". Eu, porém, responderei: "Nunca os conheci. Afastem-se de mim, vocês que desobedecem à lei!". (Mateus 7.22-23)

Certa vez, participei de um curso de transformação de comunidades carentes e, com outras pessoas, atuamos de modo prático em locais de vulnerabilidade social. Naquele grupo de voluntários, em meio a muitos líderes eruditos, uma situação me chamou a atenção: um casal de pastores, que tinham tatuagens e piercings.

Depois de alguns dias servindo juntos, surgiram alguns conflitos entre os participantes. Enquanto muitos se desentendiam, envolvendo-se em confusão, o casal de pastores apaziguava as discussões, solucionando os problemas com sabedoria e autoridade. No dia de encerramento, uma das voluntárias pediu a palavra e confessou que logo no início do treinamento pensou que, por conta da aparência do casal, nem fossem cristãos, mas que após o convívio com eles, deu-se conta de que os dois haviam lhe apresentado um Jesus que ela não conhecia.

Ao encontrarmos o Senhor face a face, ele não fará as contas de quantas profecias entregamos, se temos um visual evangélico, se lotamos estádios em nome de Deus, se operamos muitos milagres ou expulsamos demônios, mas se o conhecemos intimamente. Talvez, muitos líderes religiosos influentes se surpreendam ao não serem reconhecidos por Jesus nos últimos dias. Aquele casal, embora tivesse uma estética que muitos cristãos julgariam estranha, eram verdadeiramente íntimos do Pai.

Jamais se esqueça de que a sua missão aqui na Terra, antes de qualquer outra coisa, é conhecer a Cristo e ser amiga próxima de Deus. Não acredito que terá momento mais inesquecível e emocionante do que, no fim, ouvir do Pai: "Serva boa e fiel, entra no gozo do teu Senhor" (cf. Mateus 25.21).

Que tipo de solo é o seu coração?

Ouçam! Um lavrador saiu para semear. (Marcos 4. 3)

No Evangelho de Marcos 4.3-9, Jesus conta a parábola do semeador, uma narrativa rica em sabedoria e profundidade espiritual. A multidão reunida na praia ouvia atentamente sobre o semeador que saiu para lançar suas sementes. Algumas caíram à beira do caminho, outras em solo pedregoso, outras entre espinhos e outras ainda em boa terra. Mais tarde, a sós com Jesus, os discípulos pediram uma explicação, e o Mestre forneceu os detalhes.

Cada tipo de solo representa uma resposta diferente à Palavra de Deus. Alguns corações são distraídos e endurecidos, permitindo que Satanás facilmente roube a mensagem. Outros são como o solo pedregoso: recebem a verdade com alegria, mas, sem raízes profundas, murcham diante das tribulações. Há também os corações cheios de espinhos, onde as preocupações deste mundo e o engano das riquezas sufocam as boas novas. Mas, por fim, existem os corações férteis, que, ao receberem a Palavra, produzem frutos abundantes.

Que tipo de solo é o seu coração? Jesus nos chama a ser terra boa, a ouvir sua Palavra com receptividade e permitir que ela crie raízes profundas em nossa vida. Devemos estar vigilantes contra as distrações e tentações que tentam sufocar a mensagem do Senhor. Quando permitimos que a verdade de Deus penetre profundamente em nosso ser, ela nos transforma e produz frutos espirituais que, de fato, glorificam a Deus.

Honre seus pais

***Honre seu pai e sua mãe. Assim você terá vida longa e plena na terra que o* SENHOR, *seu Deus, lhe dá.* (Êxodo 20.12).**

Tudo mudou quando compreendi o primeiro mandamento bíblico com promessa. Honra o teu pai e tua mãe, é o que diz a Palavra de Deus. Ela não ordena que os honremos caso sejam bons, admiráveis e tementes a Deus. A Bíblia nos deixa apenas essa instrução: honre-os, se quiser ter vida longa na Terra e que tudo lhe vá bem.

A honra é um princípio que não depende do mérito do outro. É uma escolha que parte de nós. Eu e Telmo pastoreamos há muitos anos e quantas vezes não nos deparamos com pessoas que tinham uma vida emperrada, em que nada dava certo, e quando investigávamos mais a fundo, descobríamos uma desonra no meio do caminho? É como aquela frase popular diz: "Se você quebra um princípio agora, ele também quebrará você mais adiante".

Eu me lembro de uma reunião de mulheres, em 2018, em que decidi pregar sobre esse tema. Ao fim do culto, incontáveis mulheres vieram se confessar, contando suas histórias. Uma delas compartilhou: "Pastora, quando eu tinha quinze, dezesseis anos, eu pulava a janela da minha casa à noite, escondida da minha mãe, e fazia tantas coisas erradas... ela nunca soube! Guardei isso por todos esses anos". Então eu lhe disse: "Não importa quanto tempo tenha passado, volte e peça perdão. Conserte a sua vida e tampe os buracos de desonra que cavou". Mulher, esse também é o meu conselho para você neste dia. Conserte-se. Honre as pessoas, a começar pelas de dentro. Honre seus pais. Rasgue o orgulho. Peça perdão. Valorize-os. Fale bem deles. E nessa estrada, sempre se lembre: quando você planta honra, também colherá honra — o oposto também é verdadeiro.

Quando a fé enfrenta o medo

***A mulher engravidou e deu à luz um menino. Viu que era um lindo bebê e o escondeu por três meses.* (Êxodo 2. 2)**

Imagine que você deu à luz um lindo menino, mas vive em uma época e lugar de grande perseguição religiosa e política, onde entrou em vigor uma lei que obriga a morte de todos os bebês do sexo masculino ainda na sala de parto. Essa foi a realidade que Joquebede, a mãe de Moisés, enfrentou.

Conceber já é uma tarefa desafiadora; imagine então trazer uma criança ao mundo sabendo que seus minutos estão contados. Durante a gravidez, Joquebede sabia dos riscos que corria. Naquele tempo, o rei do Egito havia ordenado a morte de todos os meninos recém-nascidos. Sem a tecnologia de ultrassonografia, era quase impossível saber o sexo do neném com antecedência, o que, certamente, não diminuía o pavor das mães diante da possibilidade de presenciar a morte de seus filhos.

No entanto, essa mulher enfrentou o medo com ousadia e criatividade: ela escondeu seu filho por três meses e, quando não mais pôde tê-lo consigo, colocou-o em um cesto à beira do rio para que a filha de faraó o encontrasse e o adotasse, poupando-lhe a vida. Sua fé não era apenas um sentimento, mas uma ação corajosa que, além de livrar o pequenino bebê, mudou toda a história do povo de Israel. Ela confiou que o Deus que havia lhe entregado aquela criança também proveria um escape perfeito para aquela situação.

Você já se sentiu assim, desafiada a confiar no Senhor mesmo quando tudo parecia estar contra você? Reflita sobre os desafios que enfrenta hoje. Como você pode crer em Deus de maneira ativa? Joquebede nos mostra que, diante de cenários tão incertos, podemos agir baseadas na fé. Deus não falhou com ela e Moisés, e também não falhará comigo e com você.

Não pare agora

As tentações em sua vida não são diferentes daquelas que outros enfrentaram. Deus é fiel, e ele não permitirá tentações maiores do que vocês podem suportar. Quando forem tentados, ele mostrará uma saída para que consigam resistir. (1Coríntios 10.13)

Haverá momentos em nossa trajetória com Cristo que nos sentiremos frustradas e sem forças. Se você está passando por isso, saiba que não está sozinha. Na vida, experimentamos altos e baixos, e isso é inevitável; felizmente, temos um Mestre manso e humilde, que nos ajuda a levantar quando fraquejamos.

É possível que você esteja enfrentando uma temporada de maiores tentações e fraquezas. Dia após dia, tenta batalhar contra elas, mas tem pensado em desistir. Hoje, escrevo estas palavras para reforçar uma verdade bíblica: as tentações que enfrentamos não são maiores do que podemos suportar. Sabe o que isso significa? Que o Senhor não permitirá que sejamos tentadas além de nossas forças.

A Bíblia é clara e, inclusive, como mostra o versículo: "[...] ele mostrará uma saída para que consigam resistir". Concentre-se, portanto, na sua busca pela presença de Deus e não pare agora. Fixe os seus olhos naquele que tem poder para nos sustentar e nos oferece graça em abundância a fim de vencermos os maus desígnios da carne. Lembre-se das palavras de João: "[...] o Espírito que está em vocês é maior que o espírito que está no mundo" (1João 4.4).

Mulher, quem luta ao seu lado já venceu as tentações, a morte e o pecado. Eu lhe garanto: no Senhor, você encontrará forças. Se Deus prometeu, ele é fiel para cumprir.

O que as pessoas dizem a seu respeito?

***A boa reputação vale mais que grandes riquezas; ser estimado é melhor que prata e ouro.* (Provérbios 22.1)**

Pense nas pessoas que você mais admira, talvez uma amiga próxima, um familiar ou uma figura pública. O que as torna especiais? Provavelmente, o que chama a sua atenção a respeito delas não são os bens materiais que possuem, mas a maneira como vivem e tratam os outros, o que lhes permitiu construir uma boa reputação ao longo dos anos.

Sabemos que somos incapazes de agradar a todos, e não devemos viver à mercê dos achismos e opiniões alheias. Por outro lado, como imitadoras de Cristo, nossa missão é dar um bom testemunho diante dos homens (cf. Mateus 5.16). Isso exige intencionalidade para cultivar um caráter alinhado com os valores do Céu. Significa fazer o que é certo e buscar agradar a Deus por meio do amor ao próximo.

Provérbios 22.1 nos lembra que a boa reputação e ser estimada são tesouros muito mais valiosos que prata e ouro — e foi Salomão, um dos reis mais prósperos da história de Israel, quem fez essa afirmação. Com isso em mente, eu a questiono: o que as pessoas mais próximas têm a dizer a seu respeito? Pergunto, pois são elas que realmente observam a maneira como você se comporta. As características que seus pais, seu marido, seus melhores amigos e seu chefe usariam para descrevê-la são as mesmas que as Escrituras utilizam para descrever a vida de Jesus? Neste dia, reflita sobre isso.

Nosso testemunho, aquilo que os outros veem em nós, pode abrir portas para que pessoas se acheguem a Cristo. Que nossa reputação seja um reflexo natural de uma vida vivida com integridade e amor, porque a verdadeira riqueza está em sermos estimadas por quem somos em Cristo, não pelo que possuímos.

Viviane Martinello

Uma mentalidade de líder

Tenham entre vocês o mesmo modo de pensar de Cristo Jesus, que, mesmo existindo na forma de Deus, não considerou o ser igual a Deus algo que deveria ser retido a qualquer custo. Pelo contrário, ele se esvaziou, assumindo a forma de servo [...]. **(Filipenses 2.5-7, NAA)**

Quando vou a festas ou celebrações, costumo observar a forma como as pessoas se comportam. Algumas estão ali somente para se divertirem, comerem e, quando chega o fim do evento, vão embora. Mas há outras que se mostram dispostas a ajudar o anfitrião; arrumam as cadeiras, procuram por uma vassoura e se preocupam em organizar a bagunça que foi deixada. Acredito que esses últimos são aqueles que carregam a mentalidade de um líder.

De acordo com os princípios ensinados por Jesus, quem lidera deve sempre se colocar à disposição do próximo. Ocupar cargos de liderança não deve garantir maiores privilégios ou regalias, mas sim responsabilidades para com os liderados. É por isso que um verdadeiro líder se torna servo, assim como Cristo o fez. Mesmo sendo Deus, ele não se vangloriou ou agiu com arrogância. Pelo contrário, tornou-se homem, andou com os pecadores, foi humilde e assumiu a responsabilidade da sua missão na Terra até o fim.

Você também exerce papéis de liderança, seja no trabalho, na faculdade, na igreja ou na família. E o Pai espera que você tenha o mesmo modo de pensar de Cristo, com um coração menos voltado para si mesma, dedicado ao cuidado do próximo, de maneira a honrar e glorificar o nome de Deus.

24 de dezembro

Agentes que influenciam a cultura

O SENHOR *estará com vocês enquanto estiverem com ele! Sempre que o buscarem, o encontrarão. Mas, se o abandonarem, ele os abandonará.* (2Crônicas 15.2b)

Você já se pegou incomodada com a letra de uma música, com o vocabulário de alguém ou o comportamento de certas pessoas? Para o cristão, alguns aspectos da cultura ao redor causam tristeza e incômodo, não por preconceito, mas por ferirem valores que são preciosos para Deus. Durante seu reinado em Judá, o rei Asa desempenhou um papel crucial na reforma cultural e espiritual do seu povo, que estava imerso em práticas pagãs. Ele tomou medidas decisivas, ordenando que o povo buscasse o Senhor e obedecesse aos seus mandamentos, conforme descrito em 2Crônicas 14.4.

No decorrer da História, diversos homens e mulheres com forte convicção cristã também exerceram influência transformadora na cultura, como C. S. Lewis (na literatura); Rembrandt Harmenszoon van Rijn (na pintura); Johann Sebastian Bach (na música); Andrei Tarkóvski (no cinema) e Isaac Newton (na Ciência).

Nós estamos imersos em uma cultura que não possui compromisso com Deus e seus valores, portanto temos a tarefa de influenciar os ambientes que frequentamos. Cada oração, cada ato de amor, excelência, bondade e justiça conta como uma fagulha que pode incendiar as pessoas ao redor. Não subestime o impacto que sua vida pode causar. Defenda a verdade com afinco e coragem, e viva de maneira a refletir os princípios do Reino de Deus.

O rei Asa encheu-se de ousadia para cumprir sua missão, porque Deus estava ao seu lado, conduzindo todo o processo. Enquanto estivermos com o Senhor em seu propósito de redimir a cultura, ele permanecerá conosco.

Viviane Martinello

Mais do que um feriado no calendário

***Pois um menino nos nasceu, um filho nos foi dado. O governo estará sobre seus ombros, e ele será chamado de Maravilhoso Conselheiro, Deus Poderoso, Pai Eterno e Príncipe da Paz.* (Isaías 9.6)**

Para a maioria de nós, o Natal costuma ser um dia agitado. Acordamos cedo e já damos início aos preparativos para a reunião de família: limpamos a casa, preparamos a comida e nos arrumamos. Em seguida, os parentes começam a chegar e enchem o ambiente com falatórios animados e risadas, as crianças correm pela sala, os pratos são postos na mesa, compartilhamos presentes e contamos histórias.

Sim, é um tempo de festa, mas, em meio à celebração e correria, você se lembra do motivo de estar comemorando? O Natal vai além de uma mesa farta e uma lista de presentes; é mais do que um feriado no calendário ou uma reunião entre amigos e familiares. Neste dia, celebramos aquele que nos concedeu a vida eterna, o Filho de Deus que derrotou a morte, livrou-nos da prisão do pecado, sarou nossas feridas, deu-nos um propósito e um futuro vitorioso ao seu lado.

Hoje, enquanto desfruta da companhia dos seus entes queridos, que você traga Cristo à memória, o menino que nasceu, cresceu, viveu em nosso meio e amou os seus até o fim. Para os momentos bons e maus, ele permanece sendo a nossa esperança, e é por isso que, ano após ano, comemoramos o dia 25 de dezembro.

Alguns se contentam com os presentes, outros apenas aproveitam a folga do trabalho, mas nós sabemos que Jesus é a razão da nossa alegria e o centro da festa. Com o coração grato, enquanto ansiamos por sua volta, continuaremos a relembrar o dia em que a humanidade encontrou salvação e vida eterna. A Cristo sejam dados toda a glória, honra e louvor: ele nasceu, morreu e está vivo. De fato, temos muito o que celebrar.

Um Natal atípico

E, estando eles ali, chegou a hora de nascer o bebê.
Ela deu à luz seu primeiro filho, um menino.
Envolveu-o em faixas de pano e deitou-o numa manjedoura,
porque não havia lugar para eles na hospedaria. (Lucas 2.6-7)

Como foi o seu Natal? Mesa farta, família reunida, presentes trocados com sorrisos e muita alegria? Ou você está passando distante daqueles que ama, enfrentando desafios financeiros ou lidando com a dor da perda de alguém querido? Quem sabe você tenha colocado um sorriso nos lábios, uma roupa linda, mas o seu coração estava em pedaços.

Com certeza, o cenário que Maria e José enfrentaram no dia do nascimento do filho tão aguardado não foi fácil e nem o previsto. Não planejaram uma viagem a Belém no final da gravidez de Maria, muito menos o nascimento do Salvador em um estábulo. Apesar das circunstâncias adversas, o verdadeiro significado do Natal se manifestou naquela simplicidade e adversidade — bem diferente do que provavelmente tinham em mente.

Deus escolheu um momento e lugar inesperados para revelar o maior e melhor presente de todos: Jesus. E é nesse espírito que devemos encontrar consolo, paz e esperança. Esse contexto tão diferente pode ser uma oportunidade para redescobrirmos o verdadeiro propósito da celebração: a chegada de Cristo, que trouxe luz em tempos de escuridão. Ao nos voltarmos para ele, encontraremos forças para superar as dificuldades e expectativas para dias melhores. Meus natais nem sempre foram isentos de problemas e situações complicadas, mas eu e minha família decidimos celebrar com gratidão as dádivas de hoje.

Que possamos nos lembrar de que, assim como no primeiro Natal, a beleza e esperança podem surgir nas circunstâncias mais simples e improváveis. Deus está conosco, e esse é o motivo principal para celebrarmos.

Viviane Martinello

Permaneça no alto da torre

Subirei até minha torre de vigia e ficarei de guarda. Ali esperarei para ver o que ele diz, que resposta dará à minha queixa. **(Habacuque 2.1)**

No livro do profeta Habacuque, encontramos palavras sinceras e o clamor angustiado de um homem insatisfeito com a situação de seu povo. De acordo com o primeiro capítulo, Habacuque já apresentava suas orações ao Senhor há muito tempo e, como não recebia respostas, sentia-se impaciente: "Até quando, SENHOR, terei de pedir socorro? Tu, porém, não ouves [...]." (Habacuque 1.2).

Quantas vezes já nos encontramos nessa posição? Passamos dias, semanas e meses clamando a Deus, porém sua resposta parece tão demorada que chegamos a pensar que ele não nos escuta. Sei que o silêncio divino e a longa espera podem ser angustiantes, mas não podemos nos esquecer das palavras de Jesus a respeito do Pai: "Tu sempre me ouves [...]" (João 11.42).

É certo que os ouvidos de Deus estão atentos às nossas palavras. Mais do que isso, ele já as conhece antes mesmo que as pronunciemos (cf. Salmos 139.4). Por isso, mulher, quero encorajá-la a permanecer na torre de vigia, como fez o profeta Habacuque. Leve suas queixas, preocupações e ansiedades ao Senhor e continue vigilante, sensível à voz do Pai, com a convicção de que o Espírito Santo falará ao seu coração.

Lembre-se de que você é amada por Deus, e ele lhe proverá auxílio em tempo oportuno, de acordo com a sua soberania e sabedoria sem medidas. No fim, Habacuque não só recebeu uma resposta, mas um encontro com a maravilhosa presença divina, que lhe deu um ânimo novo: "O SENHOR Soberano é minha força! Ele torna meus pés firmes como os da corça, para que eu possa andar em lugares altos [...]" (Habacuque 3.19). Que assim seja em sua vida também.

Lista de presentes

Toda dádiva que é boa e perfeita vem do alto, do Pai que criou as luzes no céu. Nele não há variação nem sombra de mudança. **(Tiago 1.17)**

Presentear é uma das coisas que mais amo fazer. Sempre imagino a alegria da minha família e amigos recebendo mimos que tive o prazer de escolher, pensando no bem-estar e satisfação de cada um. Mas acredito que você, assim como eu, encontra dificuldades nessa tarefa, que deveria ser apenas divertida e prazerosa. Saber a cor do brinquedo que a criança gosta; a numeração da roupa da amiga; se o que sua mãe precisa é de fato o que planejou comprar; conciliar o orçamento; enfim, são questionamentos que podem gerar certa preocupação.

Por mais que desejemos, não conseguimos presentear de forma perfeita, mas Deus sim. Sua generosidade, soberania e onisciência o capacitam a nos oferecer os presentes certos, sem que precisem de troca. Hoje, quero convidá-la a refletir sobre a origem de todas as dádivas em sua vida. Pense nas bênçãos, grandes e pequenas, que recebeu: o sorriso de alguém, a beleza da natureza, a realização de um sonho, o simples fato de que está respirando. Cada um desses mimos tem uma origem: eles vêm do nosso Pai, que é imutável, fiel e constante, como as manhãs que ele mesmo criou. Em um mundo onde tudo parece mudar rapidamente, é reconfortante saber que o nosso Deus permanece o mesmo.

Às vezes, podemos sentir que estamos perdendo mais do que ganhando, que os desafios superam as bênçãos. No entanto, Tiago nos recorda que, independentemente das provações, todas as boas dádivas vêm do alto. O Senhor conhece nossas necessidades e nos supre com sua infinita bondade.

Que neste fim de ano, junto à sua lista de presentes a oferecer, você possa também elencar as dádivas perfeitas recebidas de Deus e agradecer. Você verá que a gratidão renovará a sua confiança no Senhor. Seus dias serão mais alegres e seu coração se encherá de paz e esperança. Seja grata.

Viviane Martinello

Você precisa sonhar

***Confie ao* SENHOR *tudo que você faz, e seus planos serão bem-sucedidos.* (Provérbios 16.3)**

Eu acredito em sonhos. Não como meras fantasias distantes e inatingíveis, mas como visões que vêm de Deus, que inflamam nosso coração, despertam-nos na madrugada e nos consomem até que se tornem realidade. Quando nos dispomos a sonhar com os planos de Deus e buscamos a sua direção, começamos a entrar em cooperação com ele no cumprimento dos propósitos para os quais ele nos convocou.

Martin Luther King Jr., respeitado em todo o mundo por sua luta contra a discriminação racial nos Estados Unidos da América, tornou-se um dos mais importantes líderes do movimento pelos direitos civis dos negros. Em seu célebre discurso *I have a dream*, o pastor e ativista norte-americano compartilhou o anseio do seu coração: “Eu tenho um sonho de que os meus quatro filhos pequenos viverão um dia numa nação onde não serão julgados pela cor de sua pele, mas pelo conteúdo de seu caráter (Sim, Senhor). Hoje, eu tenho um sonho!”.[1] Esse homem empenhou toda a sua vida para ver negros e brancos sentando-se lado a lado no transporte público, tendo os mesmos direitos de voto, trabalhando nos mesmos empregos e recebendo o mesmo tipo de tratamento, pois acreditava que todos os homens foram feitos à imagem e semelhança do Criador.

Apesar de ter enfrentado os horrores desse período tão triste e cruel da História, ele não desistiu daquilo que um dia fez arder seu coração. Luther King Jr. não apenas sonhou com o fim da segregação racial, mas também planejou seus passos para alcançar essa visão.

Quais sonhos têm feito companhia às suas noites? O que tem incendiado seu coração? Ver sua família servindo ao Senhor? Um projeto com crianças carentes? Quem sabe o Pai a tem chamado para levar uma palavra de esperança aos que estão nas prisões? O Senhor conta com você, por isso ele a engravida de sonhos celestiais. Se você se dispuser a sonhar com os planos de Deus, por certo ele a guiará, abrirá portas, colocará pessoas estratégicas em sua vida e a fortalecerá para realizar grandes coisas para ele.

---

1 PARALELO, Brasil. **O discurso de Martin Luther King!** “Eu tenho um sonho” na íntegra e com análise. Disponível em: Entenda O Discurso de Martin Luther King Na Íntegra (brasilparalelo.com.br). Acesso em: jul. 2024.

Você cresceu o suficiente?

***Quanto ao mais, irmãos, já os instruímos acerca de como viver a fim de agradar a Deus e, de fato, assim vocês estão procedendo. Agora lhes pedimos e exortamos no* SENHOR *Jesus que cresçam nisso cada vez mais.* (1Tessalonicenses 4.1, NVI)**

Piscamos os olhos e lá se foi mais um ano, pois parece que há pouco tempo tínhamos acabado de celebrar sua chegada. Talvez você não tenha tido a oportunidade de realizar tudo o que planejou, mas há uma tarefa muito oportuna a ser feita em qualquer época do ano: checar nosso crescimento espiritual.

Crescer em estatura é algo visível; só de olhar é possível perceber que uma criança está se desenvolvendo. Até mesmo as feições revelam que aquele bebezinho agora está se tornando uma mocinha ou mocinho. Em contrapartida, quanto à nossa maturidade espiritual, temos de fazer uma avaliação mais detalhada. O crescimento espiritual é um processo contínuo, que envolve oração e intimidade com Deus; o estudo da Palavra, que deve nortear nossos pensamentos e ações; o amor ao próximo, demonstrando compaixão, paciência e amor incondicional às pessoas; a santidade e a pureza, pois Deus nos chama a uma vida de consagração; serviço e comunhão, já que o envolvimento na igreja, usando nossos dons e talentos, é parte da nossa contribuição na edificação dos outros.

Se de fato crescemos, todos esses comportamentos, ou pelo menos grande parte deles, já fazem parte do nosso modo de pensar e agir, porque é isto que o Espírito Santo realiza em nós: alinha as nossas atitudes as de Cristo, nosso modelo por excelência.

Aproveite as últimas horas deste fim de ano e faça um balanço, clamando ao Espírito Santo que revele áreas onde você precisa amadurecer. Lembre-se: o crescimento espiritual não é uma meta a ser atingida, mas uma jornada a ser vivida dia após dia, com fé, amor e dedicação ao Senhor.

Há uma certeza

Certamente a bondade e o amor me seguirão todos os dias de minha vida [...]. **(Salmos 23.6)**

É quase inevitável não ficarmos reflexivas no fim do ano. A sensação é de que, da noite para o dia, quando o relógio marcar meia noite, ganharemos uma nova chance de cumprirmos com nossas metas e tirarmos certos projetos do papel. Ao mesmo tempo, porém, olhamos para trás e avaliamos tudo o que vivemos até aqui: os erros, acertos, planos que não foram alcançados.

Ao analisar este ano, é possível que você pense: "Estou aliviada que ele tenha acabado!". Ou pode ser que se sinta grata pelas experiências incríveis que viveu. Algumas de nós alcançaram seus objetivos; para outras, talvez, os acontecimentos não aconteceram conforme o planejamento. Seja qual for o seu sentimento neste dia, há uma certeza para todas nós: a bondade e o amor de Deus continuarão a nos seguir hoje, no ano que vem, no próximo, e pelo resto de nossas vidas.

Independentemente do que você tenha enfrentado nesses últimos doze meses — as decepções, as conquistas, as lágrimas de tristeza e felicidade, as novas amizades que adquiriu, velhos amigos que se distanciaram, as mudanças, o amadurecimento, os sonhos realizados —, a verdade que deve permanecer em seu coração é esta: Deus é bom. Essa convicção nos acompanha em todos os dias, sejam eles cheios de dificuldade ou repletos de alegria, pois os anos passarão, mas a bondade do Senhor sobre nós permanecerá para sempre.

Mulher, antes de começar a planejar os próximos meses, tire um tempo para agradecer pela bondosa mão do Senhor que a acompanhou e sustentou até aqui. Em meio aos vales e montanhas da caminhada, ele foi fiel e continuará sendo. Você pode não saber em detalhes como será o seu próximo ano, mas Jesus lhe garante: "Permaneçam em mim, e eu permanecerei em vocês [...]" (João 15.4).

Anotações

anotações

anotações

anotações

anotações

anotações

anotações

anotações

Esta obra foi composta em *Literata*
e impressa por Expressão e Arte sobre papel
Offset 70 g/m² para Editora Vida.